21世纪高职高专规划教材
（财经类）

网 络 营 销

主　编　梁春晶　高　博
副主编　赵学峰　刘生慧
参　编　王媛媛　龚昌义　唐文萍　郭春丽

机 械 工 业 出 版 社

本书吸收了国内外有关网络营销的理论和方法，以互联网技术环境为基础，以网络营销策略为主线，详细阐述了网络营销的基本理论、网络营销的支撑条件、网络营销环境、网络营销市场调查、网络消费者行为分析、网站策略、网络产品策略、网络营销定价策略、网络营销渠道、网络营销服务策略、网络广告及网络营销管理与评价等内容。本书理论叙述精练，采用任务驱动式项目编写法，每个项目以引例入手提出问题；在教材内容设计上，每个项目按实践技能要求分解为几个任务，在问题和任务的驱动下，激发读者的学习兴趣，让读者在真实任务中探索着学习，在教学过程中体现互动、交流、协作的本质特征，适应于培养应用型人才的要求。

本书可作为2年制和3年制高职高专电子商务、营销类专业及各种培训班教材，也可作为有关企事业单位的管理人员、营销人员的参考用书。

本书配有电子教案，凡一次购书30本以上者免费赠送一份电子教案。请与本书策划编辑余茂祚联系（联系电话010－88379759；邮箱 yumaozuo@163.com）。

图书在版编目(CIP)数据

网络营销/梁春晶，高博主编.—北京：机械工业出版社，2010.11
21世纪高职高专规划教材. 财经类
ISBN 978－7－111－32277－1

Ⅰ.①网… Ⅱ.①梁…②高… Ⅲ.①电子商务—市场营销学—高等学校：技术学校—教材 Ⅳ.①F713.36

中国版本图书馆CIP数据核字（2010）第203696号

机械工业出版社（北京市百万庄大街22号 邮政编码100037）
策划编辑：余茂祚 责任编辑：牟桂玲
版式设计：霍永明 责任校对：李锦莉
责任印制：杨 曦
北京蓝海印刷有限公司印刷
2011年1月第1版第1次印刷
169mm×239mm ·17.25印张·333千字
0001—4000册
标准书号：ISBN 978－7－111－32277－1
定价：25.00元

凡购本书，如有缺页、倒页、脱页，由本社发行部调换

电话服务
社服务中心：(010)88361066
销 售 一 部：(010)68326294
销 售 二 部：(010)88379649
读者服务部：(010)68993821

网络服务
门户网：http://www.cmpbook.com
教材网：http://www.cmpedu.com
封面无防伪标均为盗版

前　言

本书是由机械工业出版社组织全国90多所高等院校经验丰富的教师编写的普通高等教育“十二五”规划教材、21世纪高职高专规划教材套书中的一本。

网络营销主要是指企业借助于网络技术和信息技术来实现企业营销目标的一种新的营销方式。它为企业掌握市场需求、开拓全球市场、参与国际竞争、减少中间环节、降低营销成本等提供了现代化的信息手段。目前，网络营销的发展迅速，以坚定踏实的步伐走向务实和成熟，其主体也由IT厂商、媒体和电子商务服务商转为传统企业。无数的传统企业正结合自己的营销实际，大规模地进入网络营销领域。互联网蕴涵着无限营销机会，所有面向21世纪的企业，都不能对互联网和网络营销视而不见，充耳不闻。对于企业来说，如何适应网络经济，如何建立网上商务模式，如何改变企业的经营战略，如何在网上开发商机，等等，已成为迫切需要解决的问题。

本书吸收了国内外有关的网络营销理论和方法，遵循教材编写的科学性、系统性、实用性和可操作性的原则，力求体系完整、内容新颖、结构合理、资料翔实和可读性强。本书的特点是理论叙述精练，采用任务驱动式项目编写法，每个项目以引例入手提出问题；在教材内容设计上，每个项目按实践技能要求分解为几个任务，在问题、任务驱动下，激发读者的学习兴趣，让读者在真实任务中探索着学习，在教学过程中体现互动、交流、协作的本质特征，适应于培养应用型人才的要求。

本书共有12个项目，编写分工为：项目十一由佳木斯大学梁春晶编写；项目四、项目九由中州大学高博编写；项目一、项目二由辽宁机电职业技术学院赵学峰编写；项目十二由兰州工业高等专科学校刘生慧编写；项目三、项目八由安徽经济管理干部学院王媛媛编写；项目五由义乌工商职业技术学院龚昌义编写；项目六、项目十由佳木斯大学唐文萍编写；项目七由佳木斯职教集团郭春丽编写。

本书在编写过程中，得到了许多兄弟院校的大力支持，在此表示感谢。

由于编者水平有限，书中难免存在疏漏和不妥之处，恳请读者批评，指正。

编　者

目　录

项目一　网络营销概述

学习目标

◆ 了解网络营销的概念、特点，以及网络营销过程中存在的误区

◆ 理解开展网络营销的模式及步骤，网络营销对传统营销的冲击

◆ 掌握网络营销内容、方法，以及网络营销与传统营销的整合策略

引　　例

宝洁公司是世界最大的日用消费品公司之一。在《财富》杂志最新评选出的全球500家最大工业、服务业企业中，排名第75位。宝洁公司全球雇员超过11万人，在全球70多个国家设有工厂及分公司，所经营的300多个品牌的产品畅销140多个国家和地区，其中包括洗发、护发、护肤用品、化妆品、婴儿护理产品、妇女卫生用品、医药、食品、饮料、织物、家居护理及个人清洁用品。

宝洁公司是世界著名的实施多品牌战略的企业，其品牌经营之道一直为业界所称颂，大多数成为营销经典教材，其中宝洁公司和赛百威公司的合作是网络营销的又一成功案例！

1. 客户品牌分析　润妍是宝洁公司众多品牌中的一个。润妍倍黑中草药洗润发系列产品是宝洁公司在全球的第一个针对东方人发质和发色设计的中草药配方洗润发产品。

1）目前润妍品牌尚处于市场导入期，所以其营销传播主要以品牌形象宣传为主，以提升品牌的认知度为目标。

2）品牌目标消费群的定位是年轻的职业女性，其特征描述为率真、年轻的便装美人和忙碌而心情平和的成熟女性。

3）品牌传播概念：专为女性设计，表现东方女性的自然之美。

2. 客户产品分析　润妍倍黑中草药洗润发系列包括洗发露和润发露，洗护分开，使秀发得到真正滋润。产品主要利益点表现如下：

1）含有水润精华素，给秀发深层滋润。

2）使秀发真正黑亮。

3）清新的香味让人愉悦。

4）首次推出免洗润发露，可随时随地呵护秀发。

3. 客户需求目标　润妍品牌网站访客量与注册用户数；紧密配合网下营销

活动。

4. 赛百威解决方案　基于润妍品牌产品的基本面和竞争环境，赛百威国际制定了有针对性、突出互动媒体特点的网站建设解决方案，同时配以网上推广方案和网下营销活动。

下面通过几个方面来说明品牌互动、产品互动、与消费者沟通互动以及润妍站点的网络推广等方案的实施情况。

（1）品牌互动　利用计算机的技术特点，加强润妍 LOGO 的视觉冲击力，通过 flash 技术使飘扬的绿叶（润妍品牌标志）在用户浏览网站栏目时随之在画面上闪动。通过润妍品牌图标链接，大大增加润妍品牌与消费者的互动机会。润妍是一个适合东方人使用的品牌，又有中草药倍黑成分，所以主页色彩设计上只用了黑、白、灰、绿这几种颜色。但以黑、灰为主，东方的味道。广告创意采用一个具有东方风韵的黑发少女来演绎东方人黑发的魅力。飘扬的黑发和少女的明眸将“尽洗铅华，崇尚自然真我的东方纯美”表现得淋漓尽致。网站上建立紧扣“东方美”、“自然”和“护理秀发”等主题的内页，加深润妍品牌联想度。

（2）产品互动　润妍网站提供了丰富的产品介绍、护发知识、品牌近期活动预告、跟踪报道等内容，告知消费者的同时，可刺激其购买欲望。提供新产品试用装赠品，让消费者尽快认知产品。

（3）与消费者沟通、互动

1）通过“润妍俱乐部”的在线活动，消费者将填写好的资料通过 E - mail 寄回网站，网站的数据库即可进行处理。网络提供了清晰辨识消费者的功能，并能有效统计、管理消费者名录，锁定目标消费者。

2）通过区别消费者的不同喜好，网站可以“一对一”传递消费者关心的信息。

3）通过“东方丽人手册”互动项目，可以充分交流、分享美发知识。

4）与润妍产品相关的“自然多”在线游戏设计让消费者在娱乐中了解产品，并配以精彩图片和电视片。

5）“谈天阁”鼓励访问者留言、投稿和建议。

6）利用“意见回馈”系统，企业可以及时回应消费者的不同问题。通过“一对一”的沟通和互动，将促使目标消费者相信润妍是属于“我”的品牌。

（4）润妍站点的网络推广　赛百威在多年实际推广的经验上，对网站推广技巧进行了简单归纳：搜索引擎注册技巧、制造事件技巧、传统方式推广技巧、网站分析技巧、目标电子邮件宣传技巧、讨论组 BBS 宣传技巧、网站合作技巧和网络广告技巧等。在本次润妍网站的推广中，便充分使用了这些技巧。通过对润妍网站及营销目标进行严谨细致的分析，赛百威认为网站推广以网络媒体为主，配合传统媒体，利用整合营销传播的方式进行，以便发挥最大的宣传功效。

具体操作如下：

1）网络广告表现形式。目前网络广告效果最直接的影响因素就是网络广告的表现形式。这次润妍网络广告创意表现可谓独具匠心，它利用了多种软件技术，将多种网络广告表现形式进行组合，形成了新的网络广告表现形式：鼠标触动的下拉式 Banner、Button 与 Cascading Logo 和鼠标触动的结合、互动式 Flash Banner 等。

2）网络广告的媒介策略

① 媒体选择标准

a. 具有较高的目标受众比例。

b. 具有较高的品牌知名度，形成品牌互补。

c. 广告表现可承载性。

d. 广告效果的可监控性。

e. 合理的媒体采购价格。

② 媒体选择范围

a. 知名综合门户网站的相关频道。

b. 区域性覆盖网站。

c. 知名女性垂直网站。

③ 网络媒体投放的区域：以大中城市为主。

3）网下活动。策划了店内促销、润妍俱乐部、试用装派发、润妍女性电影专场等活动。

润妍网站通过网站互动方案实施取得了显著的效果：在国内著名生活服务类网站投放图标的单日点击率最高达到了35.97%；在国内生活类网站的平均点击率为23.51%；所有网站投放总平均点击率为9.29%；网站建成后两周内的访问人数超过11万人；推广期后网站会员人数增至8万人；网站访问者平均驻留时间为8min。

（资料来源：http：//www.soft6.com/corp/35233/）

思 考 题

1. 润妍洗发水品牌网站的网络营销目标是什么？
2. 润妍洗发水品牌网站通过网络营销活动取得了哪些成果？

任务一 网络营销概述

20世纪90年代初，互联网的飞速发展在世界范围内掀起了网络应用的热潮，尤其是实力强劲的各大企业，纷纷利用互联网技术进行信息整合，探索利用互联网的特点改造企业的运营方式，以提高企业的竞争力，网络营销随之应运而生。从润妍洗发水品牌网站的网络营销实践来看，通过网络营销改变了传统的商务活动方式，密切了企业与客户的联系程度，提升了客户满意度，提高了企业的服务效率，也给企业的发展提供了无限商机。

互联网作为继广播、报纸、杂志、电视之后的第五种媒体——数字媒体，其发展之迅速有目共睹。互联网用户以几何级数增加，已经成为商家青睐的传播媒体，众多的生产厂家和销售商已经意识到互联网这块大蛋糕。

1.1.1 网络营销的产生和发展

1. 网络营销的产生　近年来，随着互联网的普及以及上网人数的不断增长，网上购物、网络广告、网络客户服务、电子邮件营销等已极为常见，网络营销已经成为企业最重要的营销方式，人们的日常生活和工作与网络营销的结合日益紧密。从企业角度来看，企业可以利用互联网收集、发布和处理营销信息，企业网站已经成为电子商务、网络营销的一个基础性平台和企业实力、营销能力的符号。企业通过自己的网站，可以销售商品、投放网络广告、收集客户信息，以及实现客户关系管理，互联网已成为企业经营管理、营销运作的又一战场。

网络营销是随着互联网进入商业应用而逐渐产生的，在互联网的商业应用之前，网络营销的价值并没有得到明显的体现，网络营销的产生不过是十几年的时间，而其获得广泛应用并发挥重要作用更是近几年的事情。回顾几个与网络营销相关的事件，从中可以了解网络营销的产生和发展历程。

1971 年，电子邮件诞生，但在 20 世纪 70 年代并没有在市场营销领域应用。

1994 年，网络广告诞生。同年 10 月 14 日，美国著名的 Wired 杂志推出了网络版 Hotwired，其主页上开始有 AT&T 等 14 个客户的 Banner 广告。1997 年 3 月，我国在天极网（www. chinabyte. com. cn）发布了第一个商业性的网络广告。

1994 年，基于互联网的搜索引擎出现，如雅虎等，从此人们可以在互联网上搜索。

1995 年，世界上最大的网上书店亚马逊成立。

1996 年，美国的两位律师合著《网络赚钱术》。书中介绍了通过互联网发布广告信息，只花费 20 美元的上网通信费用就吸引 25000 个客户，赚取 10 万美元的成功案例。

从以上事件可以看出，真正的网络营销诞生于 1994 年。1996 年以后，网络营销进入了一个相对快速的发展阶段，网络营销的理论、方法与实践都有了较大的突破。

2. 网络营销的发展　网络营销发展的技术基础是互联网，伴随着网络技术和信息通信技术的发展，网络用户数将成倍增长，网络接入更容易，电子商务将成为网络的重要应用，网络在家庭、教育、商业中的应用更加普及。网络营销将呈现以下特点：

（1）网络媒体和技术将更有利于产品的销售　网络的防火墙技术、信息加密技术更加成熟，这将提高网络系统在产品销售方面的效率。随着安全电子支付的推行，令消费者感到不安的网上付款的安全问题将会迎刃而解，从而促使网上销售的大发展。例如客户有意购买计算机，只要登录相关网站，轻击鼠标，即可完成购买过程，而不受天气等因素影响，产品由物流配送系统送达。企业之间的商务活动通过电子数据交换，自动完成单据的传输，实现产品销售和购买的自动化。

（2）企业的营销管理决策更趋理性化　网络消费者的文化素质较高，在购买方面表现出更多的理性，不受舆论环境的影响。同时网上市场调研的效率和效果好，使企业能够及时了解和掌握消费者需求的变化，避免了生产的盲目性。消费行为的理性化和市场调研的科学化，使企业的营销决策可以建立在对市场的正确认识上，从而使企业以消费者为中心的营销决策更加合理。

（3）网络广告将大有作为　网络广告将以传统广告无法比拟的优势迅速发展。首先是网络广告的费用低廉，大约相当于传统媒体的1/10，广告内容不受篇幅限制，传播范围不受地域限制。同时，网络广告实现了与消费者的即时互动，变信息的单向传输为信息的双向交流，变强势营销为软营销。

1.1.2　网络营销的概念、内容和方法

1. 网络营销的概念　网络营销（Cyber Marketing、Internet Marketing 或 e－Marketing）是利用计算机网络、现代通信技术以及数字交互多媒体技术来实施营销活动，它能更有效地促进个人和组织交易活动的实现。按照这个定义，网络营销包括新时代的互联网传播媒体、数字电视网、电子货币支付方式等。网络营销贯穿在企业经营的整个过程中，包括市场调查、客户分析、产品开发、生产流程、销售策略、售后服务、反馈改进等各个环节。

2. 网络营销的内容　网络营销作为新的营销方式和营销手段，并没有脱离营销活动的基本目的，也没有改变营销活动的主要内容，只是在营销的实施和操作过程中与传统方式有所区别。在互联网上进行网络营销主要包括以下内容：

（1）网上市场调查　主要利用互联网的交互式的信息沟通渠道来实施调查活动。互联网是信息海洋，利用网上调查工具，可以提高调查效率和调查效果。在利用互联网进行市场调查时，重点是如何利用有效的工具和手段调查并收集整理资料。在互联网上获取资料不是难事，关键是如何在信息海洋中获取想要的信息和分辨出有用的信息。

（2）网上消费行为分析　互联网用户是一个特殊群体，有着与传统市场群体截然不同的特性，因此要开展有效的网络营销活动，必须深入了解网上用户群体的需求特征、购买动机和购买行为模式。互联网作为信息沟通工具，正成为许

多兴趣和爱好趋同的群体聚集交流的地方，并因此在网上形成了一个个特征鲜明的网上虚拟社区。了解这些虚拟社区的群体特征和偏好是分析网上消费者行为的关键。

（3）网络营销策略的制定　不同企业在市场中处在不同地位，在采取网络营销实现企业营销目标时，必须采取与企业所处地位相适应的营销策略，因为网络营销虽然是非常有效的营销手段，但企业实施网络营销时是需要进行投入并带有风险的。与此同时，企业在制定网络营销策略时，还应该考虑产品周期的影响。

（4）网上产品和服务策略　网络作为有效的信息沟通渠道改变了传统产品的营销策略，特别是渠道的选择。在网上进行产品和服务营销，必须结合网络特点重新考虑产品的设计、开发，重新包装传统品牌，因为传统的优势品牌在网络市场并不一定是优势品牌。

（5）网上价格营销策略　网络上进行信息交流和传播，从诞生开始就是自由、平等和免费的，因此网上市场的价格策略大多采取免费或者低价策略。制定网上价格营销策略时，必须考虑互联网对定价的影响和互联网本身独特的免费方式。

（6）网上渠道选择与直销　互联网对企业营销影响最大的是对企业营销渠道的影响，企业借助互联网的直接特性建立的网上直销模式，改变了传统渠道中的多层次的选择、管理与控制问题，最大限度地降低了渠道中的营销费用，从而获得了巨大成功。但企业建设自己的网上直销渠道必须进行一定投入，同时还要改变传统的经营管理模式。

（7）网上促销与网络广告　互联网是一种双向沟通渠道，它的最大优势是沟通双方可以突破时空限制直接进行交流，而且简单、高效，费用低廉，因此在网上开展促销活动是最有效的。但网上促销活动的开展必须遵循一些网上信息交流与沟通规则，特别是遵守一些虚拟社区的礼仪。网络广告是最重要的促销工具，主要依赖互联网的第五类媒体功能，即网络广告具有交互性和直接性，具有传统的报纸、杂志、广播和电视等传统媒体发布广告无法比拟的优势。

（8）网络营销管理与控制　在互联网上开展网络营销活动，将面临许多传统营销活动没有遇到的新问题，如网络产品质量保证问题、消费者隐私保护问题，以及信息安全问题等。这些都是网络营销必须重视和进行有效控制的问题，否则网络营销效果会适得其反。这是由于网络信息传播速度快，而且网民对令其反感的问题反应比较强烈和迅速的缘故。

3. 网络营销的方法　网络营销职能的实现需要通过一种或多种网络营销手段，常用的网络营销方法除了在搜索引擎注册之外，还包括交换链接、病毒性营销、网络广告、信息发布、许可 E－mail 营销、邮件列表、个性化营销、会员制营销、网上商店等。下面简要介绍这十种常用的网络营销方法及其效果。

（1）搜索引擎注册与排名　这是最经典并且最常用的网络营销方法之一。现在，虽然搜索引擎的效果已经不像几年前那样有效，但调查表明，搜索引擎仍然是人们发现新网站的基本方法。因此，在主要的搜索引擎上注册并获得最理想的排名，是网站设计过程中主要考虑的问题之一。网站正式发布后尽快提交到主要的搜索引擎，是网络营销的基本任务。

（2）交换链接　交换链接或称互惠链接，是具有一定互补优势的网站之间的简单合作形式，即分别在自己的网站上放置对方网站的 LOGO 或网站名称，并设置对方网站的超级链接，使用户可以从合作网站中发现自己的网站，达到互相推广的目的。交换链接的作用主要表现在以下几个方面：获得访问量，增加用户浏览时的印象，在搜索引擎排名中增加优势，通过合作网站的推荐增加访问者的可信度等。更重要的是，交换链接的意义已经超出了增加访问量的意义，更重要的意义在于业内的认知和认可。

（3）病毒性营销　病毒性营销并非真的以传播病毒的方式开展营销，而是通过用户的口碑宣传网络，使信息像病毒一样，利用快速复制的方式向数以千计、数以万计的受众传播和扩散。病毒性营销的经典范例是 Hotmail. com。现在几乎所有的免费电子邮件提供商都采取类似的推广方法。

（4）网络广告　几乎所有的网络营销活动都与品牌形象有关，在所有与品牌推广有关的网络营销手段中，网络广告的作用最为直接。标志广告（Banner）曾经是网上广告的主流。进入 2001 年之后，网络广告领域发起了一场轰轰烈烈的创新运动，新的广告形式不断出现。新型广告由于克服了标准条幅广告条承载信息量有限、交互性差等弱点，获得了相对高一些的点击率。研究表明，网络广告的点击率并不能完全代表其传播效果，网络广告对那些浏览而没有点击广告的、占浏览者总数 99% 以上的访问者同样产生作用。

（5）信息发布　信息发布既是网络营销的基本职能，又是一种实用的操作手段。通过互联网不仅可以浏览到大量商业信息，同时还可以自己发布信息。最重要的是将有价值的信息及时发布在自己的网站上，以充分发挥网站的功能，比如新产品信息、优惠促销信息等。

（6）许可 E－mail 营销　基于用户许可的 E－mail 营销比传统的推广方式或未经许可的 E－mail 营销具有明显的优势，比如可以减少广告对用户的打扰，增加潜在客户定位的准确度，增强与客户的关系，提高品牌忠诚度等。开展 E－mail 营销的前提是拥有潜在用户的 E－mail 地址，这些地址可以是企业从用户、潜在用户资料中自行收集整理，也可以利用第三方的潜在用户资源。

（7）邮件列表　邮件列表实际上也是一种 E－mail 营销形式，邮件列表也是基于用户许可的原则，用户自愿加入、自由退出。有所不同的是，E－mail 营销直接向用户发送促销信息，而邮件列表是通过为用户提供有价值的信息，在邮件内容中加入适量促销信息，从而实现营销的目的。邮件列表的主要价值表现在四个方面：①作为公司产品或服务的促销工具。②方便与用户交流。③获得赞助或者出售广告空间。④收费信息服务。邮件列表的表现形式很多，常见的有新闻邮件、各种电子刊物、新产品通知、优惠促销信息、重要事件提醒服务，等等。

（8）个性化营销　个性化营销的主要内容包括：用户定制自己感兴趣的信息内容，选择自己喜欢的网页设计形式，根据自己的需要设置信息的接收方式和接受时间等。个性化服务在改善顾客关系、培养顾客忠诚度以及增加网上销售量方面具有明显的效果。据研究，为了获得某些个性化服务，在个人信息可以得到保护的情况下，用户才愿意提供有限的个人信息，这正是开展个性化营销的前提保证。

（9）会员制营销　会员制营销已经被证实为电子商务网站的有效营销手段，国外许多网上零售型网站都实施了会员制计划。会员制几乎覆盖了所有行业。国内的会员制营销还处在发展初期，不过已经看出电子商务企业对此表现出的浓厚兴趣和旺盛的发展势头，曾一度是中国电子商务旗帜的时代珠峰公司（My8848. net）于 2001 年 3 月初推出了“My8848 网上连锁店（U－Shop）”会员制营销的形式。从 2010 年的情况来看，国内各大航空公司网站，都采取了包括会员制机票订购在内的多种网络售票方式，如南方航空公司（http：//ec. csair. com/B2C/modules/order/simple/showflights. jsp）就提供了会员制的市场营销方式，密切了企业与会员客户的关系，实现了双盈。

（10）网上商店　建立在第三方提供的电子商务平台上，由商家自行经营的网上商店，如同在大型商场中租用场地开设的专卖店一样，是一种比较简单的电子商务形式。网上商店除了通过网络直接销售产品这一基本功能之外，还是一种有效的网络营销手段。从企业整体营销策略和顾客的角度考虑，网上商店的作用主要表现在两个方面：一方面，网上商店为企业扩展网上销售渠道提供了便利的条件；另一方面，建立在知名电子商务平台上的网上商店增加了顾客的信任度。从功能上来说，对不具备电子商务功能的企业网站也是一种有效的补充，对提升企业形象并直接增加销量具有良好的效果，尤其是将企业网站与网上商店相结合，效果更为明显。

1.1.3　网络营销的特点

随着互联网技术发展的成熟以及联网成本的逐渐降低，互联网络像一种“万能胶”将政府、企业以及个人跨时空连接在一起，使彼此间的信息交换变得“唾手可得”。市场营销中最重要也最本质的是组织和个人之间的信息传播和交换，如果没有信息交换，交易也就是无本之源。网络营销具有如下特点：

1. 跨时空　营销的最终目的是占有市场份额。由于互联网具有超越时间约束和空间限制进行信息交换的特点，使脱离时空限制达成交易成为可能，因此，企业能有更多的时间和更大的空间进行营销，可以 24h 随时随地提供全球性营销服务。

2. 多媒体　互联网被设计成可以传输多种媒体的信息，如文字、声音、图像等，使为达成交易而进行的信息交换可以多种形式存在和交换，可以充分发挥营销人员的创造性和能动性。

3. 交互式　互联网可以展示商品目录，连接资料库，提供有关商品信息的查询，与顾客作互动式沟通，收集市场情报，进行产品测试与消费者满意度调查等。

4. 拟人化　互联网上的促销是一对一的、理性的、消费者主导性的、非强迫性的、循序渐进式的，而且是一种低成本、人性化的促销，避免了推销员强势推销的干扰，并通过信息提供、交互式交谈，与消费者建立长期良好的关系。

5. 整合性　互联网上的营销可由商品信息至收款、售后服务一气呵成，因此也是一种全程的营销渠道。另一方面，企业可以借助互联网将不同的传播营销活动进行统一设计规划和协调实施，以统一的传播资讯向消费者传达信息，避免因传播途径的不一致性而产生消极的影响。

6. 超前性　互联网是一种功能强大的营销工具，它同时兼具渠道、促销、电子交易、互动顾客服务以及市场信息分析与提供等多种功能。它所具备的一对一营销能力，符合营销的未来发展趋势。

7. 高效性　计算机可以储存大量的信息，对消费者查询，可传送的信息数量与精确度远超过其他媒体，并能适应市场需求，及时更新产品或调整价格，因此能及时有效地了解并满足顾客的需求。

8. 经济性　通过互联网进行信息交换，代替以前的实物交换，一方面可以减少印刷与邮递成本，无店面销售，免交租金，节约水电与人工成本；另一方面可以减少由于迂回多次交换带来的损耗。

9. 技术性　网络营销的信息传递及服务是通过强大的技术性支持来完成的，网络营销的成熟与否在很大程度上取决于其技术使用的范围和先进程度。

10. 成长性　互联网使用者成长迅速并遍及全球，使用者多属年轻、中产阶级、高教育水准者，由于这部分群体购买力强而且具有很强的市场影响力，因此是一个极具开发潜力的市场渠道。

网络营销作为一种全新营销理念，具有很强的实践性，它的发展速度是前所未有的。现在很多公司都上网淘金，虽然大多数公司还未见收益，甚至出现亏损，但没有一个公司愿意放弃。因为人们知道 21 世纪是信息世纪、网络世纪，营销也必将是信息化的、网络化的。因此，应加大投入的力度，搞好网络营销的基础设施建设，以积极的态度、饱满的热情去挑战 21 世纪。

1.1.4 网络营销的优势和误区

1. 网络营销的优势　随着社会经济的发展，企业间的竞争也越来越激烈，市场的性质也由卖方市场向买方市场转变，消费者的地位逐渐提高，消费者占主导地位的经济时代已经到来。互联网是网络营销发展的基础，它有五大特点：互动性、虚拟性、私人性、全球性和永恒发展性。网络营销这种建立于互联网上的新型营销模式，具有其独特的优势。

（1）网络营销具有极强的互动性，是实现全程营销的理想工具　实行全程营销是营销实践中必须遵循的一个原则，即从产品的设计阶段就开始充分考虑消费者的需求和欲望。然而，传统营销由于企业和消费者之间缺少沟通渠道或沟通成本过高，使全程营销的理想无法实现。消费者一般情况下只能针对现有产品提出建议和批评，对产品制造和设计阶段的营销过程则难以涉足。此外，大多数中小企业也缺少足够的资金和渠道用于了解消费者的各种潜在需求，只能靠自身能力进行主观判断或参照市场领导者的策略。

在网络环境下，这种状况将会有较大的改观。企业可以通过电子布告栏、网上论坛和电子邮件等方式，以很低的成本在营销的全过程中对消费者进行及时的信息搜索，而消费者则有机会对产品从设计到定价和服务等一系列的问题发表意见。通过这种双向互动的沟通方式，提高了消费者的参与性和积极性，更为重要的是通过这种互动，企业可以进行产品的测试和消费者的市场调查，便于企业把握市场的真正需求，提高企业营销决策的针对性，有助于实现企业的全程营销目标。

（2）网络营销具有较好的经济性，有助于企业降低经营成本　利润是企业永远的追求，在产品的价格受市场控制，企业只是价格的接受者的情况下，降低成本就成了企业的最大的利润源泉。对企业来说，网络营销最具吸引力的一点就是它能降低企业的交易成本，为企业节省巨额的促销和流通费用，包括通信费用、调研费用、市场拓展费用等。交易成本的降低表现为以下两个方面：

1）运用网络营销可以降低企业的采购成本。企业采购原材料往往是一项程序复杂的过程，通过计算机网络的商务活动，企业可以加强与主要供应商的协作联系，形成一体化的信息传递和信息处理体系。目前已经有一些大公司通过商业增值网络，使用电子数据交换建立电子采购系统，降低了劳动力、打印和邮寄成本。有资料表明，使用EDI（Electronic Data Interchange，电子数据交换）进行无纸化办公通常可以为企业节省5%～10%的采购成本。企业也可以通过网络在全球范围内寻找最优的原材料，或直接向生产者订货，获得更低的采购价格。

2）运用网络营销手段可以降低促销成本。尽管网站的建立和维护需要一定的投资，但与其他销售渠道相比，使用互联网的成本已经大大降低了。首先是降低了宣传材料费用。产品信息和公司信息等都存储在网络服务器中，所有的营销材料都可线上更新，从而可以大大节省打印、包装、交通、存储等费用。其次，可以节省广告费用。一般地说，网上促销的成本只相当于直接邮寄广告的1/10，利用互联网发布广告的平均费用仅为传统媒体的3%。再次，网络营销可以降低调研费用。互联网可以以较低的费用完成市场调查活动。

（3）网络营销强调个性化，有助于企业更好地满足消费者的需求　网络营销是一种以顾客需求为导向，强调个性化的营销方式。网络营销比传统营销的任何一个阶段或方式，更能体现顾客的“中心”地位。顾客将拥有更大的选择自由，他们可根据自己的个性特点和需求，在全球范围内不受限制地寻找满意的商品，进入感兴趣的企业网址，获得更多的相关信息，使购物更加个性化。企业利用网络营销可以联络全世界的人群，且无时间、地域限制地展示商品目录，连接资料库并提供有关商品的查询，及时了解市场的变化。消费者个性消费的发展促使企业重新考虑营销战略，把消费者的个性需求作为提供产品、服务的出发点。但要真正实现营销的个性化必须解决促销费用的问题。网络营销的出现则为解决这一难题提供了可行的途径。企业的各种促销信息可以在网络上以很低的成本发送并根据需要随时修改，企业可根据消费者反馈的信息和要求通过自动服务系统提供特别服务。如一家销售户外活动商品的商家，在网络上开展了定制旅行袋的业务，允许顾客利用自己的计算机和网络自行设计和修改旅行袋的式样、材料、颜色、尺寸、装饰和附件等，也可绣上自己的姓名或其他标志。接下来，只需等待商家把带着个性风格的产品送上门来。

（4）网络营销使消费者购物更加方便，有助于企业提高营销的效率　在传统的购物活动中，从商品买卖的过程来看，一般需要经过唤起需要、收集信息、看样、选择商品、确定所需购买商品、付款结算、包装商品、取货（或送货）等一系列过程。这个买卖过程大多数是在售货地点完成的，再加上购买者为购买商品所花费的路途时间等，无疑使他们必须付出很大的精神和体力成本，短则几分钟，长达数小时。消费者希望付出较小的购物成本完成购物，节省更多的时间和精力以从事一些有益于身心健康的活动，充分享受生活。网络营销的优势就在于能够改变这种局面，使购物过程不再是一种沉重的负担。

1）售前。销售方通过网络向消费者提供丰富生动的商品信息及相关资料，如专家评价、用户意见、质量认证等，而且网站的界面友好，操作方便。顾客的购物环境不受干扰，可以通过互联网理智地比较同类产品的各项指标后再作出购买决定。

2）售中。消费者坐在家中的计算机前即可逛虚拟商店购物。通过互联网进行购物或网络营销，一切都变得非常简单。

3）售后。顾客在购买后若发现商品有问题，可以随时与商家联系，得到来自卖方的及时技术支持和服务（如订单查询、售后服务等）。

总之，网络营销简化了购物环节，节省了消费者的时间和精力，将购买过程中的麻烦减到最小，购买的过程方便快捷，同时提高了买卖双方的交易效率。

(5) 网络营销突破经营的时空限制，有助于企业提高市场占有率　利用网络，企业可以突破时空的限制。传统企业每天的营业时间一般是 7 ~ 11h，而网络购物则可以是 24h。这种 24h 不间断的服务有利于增加企业与顾客的接触机会，更好地发挥潜在的销售能力。通过互联网可以突破地域位置的限制，可以即时连通国际市场，减少市场壁垒，真正形成全球社区。企业的市场覆盖范围扩大，销售量增大，企业的市场占有率也相应提高。

2. 网络营销存在的认识误区　网络营销是企业整体营销战略的一个组成部分，是建立在互联网基础之上、借助于互联网来实现一定营销目标的一种营销手段。许多企业在网络营销认识上存在以下一些误区：

(1) 网站推广等于网络营销　网站推广是网络营销中的一项重要内容，但网站推广并不等于网络营销，它只是网络营销的基础性内容而已。当前，许多网络应用服务企业大举网络营销的旗帜，而推行的服务却仅仅是一些网站推广的服务，这给传统企业造成了网站推广就是网络营销的误解，这对于企业科学地开展网络营销活动产生了诸多不利的影响。

首先，造成企业缺乏对网络营销的全面认识，不能科学地制订网络营销目标与计划；其次，单纯的网站推广其营销效果大打折扣，企业往往发现，虽然访问量上去了，搜索引擎也都登录了，却也不过如此，没有带来多少客户订单。这是由于相关配套的网络营销措施与举动不到位造成的，就如同企业针对地方市场投放大量的电视广告，却在商场和街头难觅企业和产品身影一样。所以在开展网络营销的时候，首先要认识到网站推广不等于网络营销，要制订包括网站推广在内的系统的、周密的网络营销计划，才能切实看到效果。

(2) 网络营销是孤立存在的　许多企业开展网络营销的随意性很大，往往是根据网络公司的建议方案，说做就做了，而网络营销方案中的活动内容几乎没企业营销部门什么事，网络营销成了网络公司的表演秀。事实上，网络营销应纳入企业整体营销战略规划之中。网络营销活动不能脱离一般营销环境而独立存在，网络营销应看做是传统营销理论在互联网环境中的应用和发展。

(3) 电子商务等同于网络营销　许多企业往往将电子商务同网络营销等同起来，或者认为电子商务包含网络营销，或者网络营销包含了电子商务。事实上，电子商务同网络营销虽有共同点，但更多的是不同点，两者是互不包含的。

电子商务是利用互联网进行的各种商务活动的总和，与之相关的是必须解决法律、安全、技术、认证、支付和配送等多方面的问题。

网络营销的一个重要职能是进行网上产品分销，主要包括建立网上产品展示平台、建立网上产品分销渠道等工作。网络营销同电子商务的共同点是围绕企业和产品进行宣传、展示和促销。网络营销主要是从市场营销的角度利用互联网展开的系列活动，而电子商务则着重于通过互联网，达到企业产品零售或分销的整个流程的实现。两者的主要分界线就在于是否有交易行为的发生。

（4）网络营销是万能的　网络营销是现代企业的重要营销手段，但就目前而言，网络营销还不能完全代替企业的现有营销形式，网络营销还必须结合企业整体营销战略规划，同各种营销形式协同作战，才能更好地发挥作用，所以网络营销不是万能的。

（5）开展网络营销易如反掌　有人认为，网络进入的门槛很低，因此，网络营销易如反掌，每个企业都可以轻松开展网上营销。

美国德尔塔航空公司的首席信息官查尔斯·费尔德把网站比喻成一座冰山。他说："你能够看见的那一部分非常简单，很不起眼。但水下面的部分工程浩大。所以，你最好不要凭臆想行事。"

事实上，网络营销是一项系统工程，不仅仅因为它在网络营销的过程中，将采用一种全新的技术和手段进行商务运作，更重要的它是一种影响企业未来生存的选择，一种现代企业的经营能力和竞争实力的表现和反应。

网络营销开辟了一个崭新的天地。在网络时空中，用户获得了以前从未掌握的大量信息，研究、审视和处理这些信息，需要新的能力，需要新的知识。我们面对的许多问题，可能是传统思维所无法想象的。在网络营销的过程中，商业的基本流程变了，同顾客和分销商的关系变了，获得数据的渠道和方法变了，定价的基本原则和策略变了，网络营销人员面对的是完全新奇而又陌生的课题。这里，新技术和新思维所带来的碰撞和激荡是巨大的。

但是，网络上任何宝藏的获得是需要网络营销技能的。只有伴随着这种技能的增长，我们驾驭网络营销的能力和水平才能不断地增长，才能真正领略网络营销中的无限风光。轻易地就能在网络营销中获得丰硕成果的想法是不现实的。那种认为只要产品上网，就会财源滚滚来，以为只要轻击鼠标就可以一蹴而就，一劳永逸的想法是不切实际的。

1.1.5　网络营销的实施层次

根据互联网在企业营销活动中的应用程度，由初级阶段到高级阶段主要有以下几个层次的营销活动：

1. 网络信息发布　在网络营销的最初阶段，企业可以利用各种网络技术资源，开展全方位的信息发布工作。在网络信息发布阶段，企业网络营销的重点是，把传统市场营销活动中，企业及其产品信息发布与宣传工作的全部或部分通过互联网来完成。把互联网作为一种新的信息传播媒体应用而开展的初级阶段的网络营销活动，这是企业网络营销最基本的应用方式。

2. 网络营销调研　网络营销调研阶段是企业利用各种网络技术资源进行信

息收集、整理与分析的过程。在此阶段，企业网络营销活动的重点是通过互联网完成企业全部或部分营销调研活动。

企业通过掌握的营销信息，从中发现消费者的需求动向，是企业开展网络营销活动的重要内容。网络营销调研主要有通过互联网服务提供商或专业的网络营销调研公司的网站进行营销调研和企业通过自己的网站进行营销调研两种方式。

3. 网络营销联系　网络营销联系阶段的主要内容是：在互联网上实现与供应商、分销商、最终用户的信息沟通与联系，而其他诸如谈判、合同签订、交易结算等工作还在网下进行。

4. 网络直接销售　网络直接销售是指实现网上信息发布、网上订货、网上结算，甚至网上配送的网络营销活动。

互联网为企业之间、企业与消费者之间的全方位沟通提供了良好的条件。网络直接销售是一种高效率、低成本的市场交易方式，代表了一种新型的经营模式。对于买方来说，网络直接销售，省去了中间环节，并能提供更为详细的商品信息，从而使买方能更快、更容易地比较商品特性及价格，使其在选择上居于主动地位，而且便于其与众多的销售商保持联系。对于卖方而言，这种模式几乎不需要销售成本，而且及时完成交易。因此，网络直接销售对企业来说，也是一种拓展市场、增强竞争力的有效途径。

5. 网络营销集成　网络营销集成是指企业市场营销活动的全过程基本上都在网上完成。这一阶段，企业依靠网络与供应商、制造商、营销中介、消费者之间建立密切的联系，并通过网络收集、传递信息，从而根据消费者需要，充分利用网络伙伴的生产能力，实现产品设计、制造及售后服务的全过程。这是最高层次的网络营销阶段。

网络营销集成是对互联网的综合应用，是互联网对传统商业关系的重新整合，它使市场营销在企业中的核心地位真正确立下来。企业的任务不是生产产品，而是根据消费者的需要，组合现有的内外部资源，高效地输出能满足消费者需要的产品，并提供全方位的网上服务。在这种模式下，产品价值链上的各企业通过网络紧密联系、相互融合，并充分发挥各自的优势，形成协作进行市场竞争的战略联盟关系。

成功地应用这一模式的代表是思科公司。思科公司通过互联网把顾客、潜在购买者、供应商、合作者和雇员紧密联系在一起，形成有机统一的运作主体。其中70%的产品制造通过外包完成，并由外包商送到顾客手里。对于寻求技术支持的要求，有70%是通过网络来实现。这种经营模式节约了大量的销售成本，而且大大提高了顾客满意度。

1.1.6　网络营销与传统营销

网络营销是在传统营销的基础上发展起来的新生事物，它与传统营销有着千丝万缕的联系，但网络营销的独特之处，又决定了它与传统营销有着本质的区别。网络营销作为一种全新的营销理念，具有很强的实践性。正确认识、深刻理解传统营销与网络营销的联系与区别是网络营销取得成功的秘诀之一。

1. 网络营销与传统营销的相同点

（1）两者都是企业的一种经营活动　它们所涉及的范围不仅限于商业性内容，即所涉及的不仅是产品生产出来之后的活动，还要扩展到产品制造之前所开展的各项活动。在市场经济中，企业必须按市场需求组织生产，在生产前按目标市场的需求，确定产品内容、商标与广告策略、定价以及制定销售策略等都是市场营销的重要工作；把产品卖出去后，也并不是营销的结束，还需要确保消费者在消费过程中达到满意要求；之后还需要通过反馈回来的信息指导企业新一轮的经营活动，如要了解消费者对产品的满意程度，消费者提出的进一步要求，消费者向社会传播的产品信息内容、竞争者的动向、企业信誉等。因此应当从产品制造前到消费后的产品活动全过程来把握营销的内容。

（2）两者都需要通过组合发挥功能　它们并不是单靠某种手段去实现目标，而是要开展各项具体营销活动。在低层次的竞争中，营销目标比较简单，就是把东西卖出去，因而基本的手段就是促销。而此时促销的制约因素也比较少，因而实现过程也不复杂。由于现代企业的营销环境发生了深刻变化，营销已无法直接达到预计目标，而需要进行策划，因而必须系统地考虑。首先，现代企业的市场营销目标已不仅仅是某个目标，更重要的是要追求某种价值的实现，这时的目标已成为企业所要达到的境界，实现这样的目标要调动多种关系，制定出各种策略，最终才能够实现预计所要达到的目标。按照这样的要求，搞好营销需要一种综合能力。

（3）两者都把满足消费者需求作为一切活动的出发点　企业作为营利的经济实体，开展营销活动必须具有营利动机，但企业的营利应是满足消费者需求的报酬。正是从这一基本点出发，为消费者服务，特别是售后服务才是营销的重要组成部分。满足消费者需求不能仅建立在营销者良好的主观愿望上，而是要通过调查了解消费者的需求点是什么。许多企业营销的失败，并不是不重视产品质量，而且提供的产品功能很多，承诺的服务项目也不少，但这些与消费者实际上最关心的内容不吻合，因而所进行的努力没有得到应有的回报。如果能把消费者实际的需要调查清楚，然后有针对性地去满足消费者的需要，不但能使消费者满意，而且还能使企业降低成本，使买卖双方都能受益。

（4）两者对消费者需求的满足，不仅是现实需求，而且包括潜在需求　在消费者还没有意识到某种需求存在或者还不了解某种需求是可以得到满足的时候，企业的营销有责任通过唤醒、引导、激发、创新，将潜在的需求转化为现实需求。但有一点必须坚定不移，那就是出发点都是为了提高消费者的生活质量，使消费者通过购买商品和劳务获得最大的满足，决不允许有任何损害消费者利益的现象发生。

2. 网络营销对传统营销的冲击　在网络营销中，除了应掌握营销过程的基础（包括消费者需求研究、市场调研、产品开发、定价分销、广告、公关、销售等）外，还要了解网络特性对企业传统经营管理的冲击，并以此制定相应的网络营销策略。

（1）网络营销对营销战略的影响　网络营销使企业的营销战略发生变化。互联网具有公平、公正、公开的特性，一方面网络营销将削弱大公司所拥有的规模经济的竞争优势，从而使小企业更容易参与全球的市场竞争；另一方面开放的网络世界使市场竞争透明化，企业取胜的关键越来越依赖于对获取的信息的分析和应用，进而采用更具竞争性的营销战略。

网络营销还会影响企业的跨国经营战略。网络的跨时空特征使企业跨国营销的成本降低，每个企业都可能进行跨国营销。这就要求企业不但要熟悉跨国市场顾客的特性，以争取信任并满足他们的需求，还要安排跨国生产、运输和售后服务，并通过网络来安排这些跨国业务。任何实施跨国网络营销的企业，都必须选择一种适当的商业模式，并要明确这种新型媒体所传播的信息和进行的交易对其现存模式产生的影响。

（2）对传统营销策略的冲击　传统营销依赖多种间接甚至直接渠道，通过大量的人力或广告投入市场。这些在网络营销中将显得不那么必要了。在网络时代，人员推销、市场调研、广告促销、经销代理等传统手法，将与网络结合，并充分运用网上的各种资源，形成以最低成本投入，获得最大市场销售量的新型营销模式。

1）网络营销对传统的标准化产品的冲击。作为一种新型媒体，互联网可以在全球范围内进行市场调研。通过互联网厂商可以迅速获得关于产品概念和广告效果测试的反馈信息，也可以测试顾客的不同认同水平，从而更加容易地对消费者行为方式和偏好进行跟踪。因而，在互联网大量使用的情况下，对不同的消费者提供不同的商品将不再是天方夜谭。

美国一家出版商联机书屋（Online Bookstore）把即将出版的书的某些章节用各种语言装载到互联网上，以便于全球范围的访问者“品读”。样品书中包含有与作者及其他相关材料有关的信息，它的独特之处在于：当来自全球的访问者在“品读”之后产生对本书的需求时，它可将材料译成访问者的当地语言，以符合其当地化的需求。这种顾客化方式的驱动力是最终消费者，而非按惯例由国外分销商的兴趣决定。同时，互联网的新型沟通能力又加速了这种趋势。因此，怎样更有效地满足各种个性需求，是每个上网公司面临的一大挑战。

2）网络营销对品牌的全球化管理的冲击。与传统企业的单一品牌和多品牌的决策相同，对上网公司的一个主要挑战是如何对全球品牌和共同的名称或标志识别进行管理。如果只有一个品牌的公司允许其他地方性机构根据需要发展自己的有本地特点的区域品牌，当多个有本地区域特点的品牌分别以不同的格式、形象、信息和内容进行沟通时，虽然给消费者带来了某种程度的便利，但也会引起他们的困惑。另一方面，如果为所有区域品牌设置统一品牌形象，虽然可以利用知名品牌的信用带动相关产品的销售，但也有可能由于某种品牌的失利导致全局受损。因此，是实行统一品牌形象策略还是实行本地特点的区域品牌策略，以及如何加强区域管理是上网公司面临的现实问题。

3）对定价策略的影响。如果某种产品的价格标准不统一或经常改变，客户将会通过互联网认识到这种差异，并可能因此引起客户的不满。所以相对于目前的各种媒体来说，互联网先进的网络浏览和服务器会使变化不定的且存在差异的价格水平趋于一致，这将对分销商分布海外并在各地采取不同价格的公司产生巨大冲击。例如，如果一个公司对某地顾客提供20%的价格折扣，世界各地的互联网用户都会了解到这个交易，从而可能会影响到分销商或本来并不需要折扣的业务。另外，通过互联网搜索特定产品的代理商也将认识到这种价格差别，从而加剧了价格歧视的不利影响。总之，这些因素都表明互联网将导致国际间的价格水平标准化或至少缩小国别间的价格差别。这对于执行差别化定价策略的公司来说不能不是一个严重问题。

4）对营销渠道的冲击。通过互联网，生产商可与最终用户直接联系，中间商的重要性因此而有所降低。这将造成两种后果：一是由跨国公司所建立的传统的国际分销网络对小企业竞争者造成的进入障碍将明显降低；二是对于目前直接通过互联网进行产品销售的生产商来说，其售后服务工作是由各分销商承担的，但随着他们代理销售利润的消失，分销商将很有可能不再承担这些工作。所以在不破坏现存渠道的情况下，如何提供这些服务将是网上公司不得不面对的又一个问题。

5）对广告障碍的消除。首先，相对于传统媒体来说，由于网络空间具有无限扩展性，因此在网络上做广告可以较少地受到空间篇幅的局限，尽可能地将必要的信息一一罗列。其次，迅速提高的广告效率也为网上企业创造了便利条件。例如，有些公司可以根据注册用户的购买行为快速地改变向访问者发送的广告；有些公司可根据访问者特性，如硬件平台、域名或访问时搜索主题等有选择地显示其广告。

（3）对传统营销方式的冲击　随着网络技术迅速向宽带化、智能化、个人化方向的发展，用户可以在更广阔的领域内实现声、图、像、文一体化的多维信息共享和人机互动功能。“个人化”把“服务到家庭”推向了“服务到个人”。正是这种发展使传统营销方式发生了革命性的变化。它将导致大众市场的终结，并逐步体现市场的个性化，最终应以每一个用户的需求来组织生产和销售。

（4）网络营销对营销组织的影响　互联网相继带动企业内部网的蓬勃发展，使企业内外部沟通与经营管理均需要依赖网络作为主要的渠道与信息源。其带来的影响包括：业务人员与直销人员的减少，组织层次的减少，经销代理与分店门市数量的减少，渠道缩短，虚拟经销商、虚拟门市、虚拟部门等企业内外部虚拟组织的盛行。这些影响与变化，都将促使企业对组织再造工程的需要变得更加迫切。企业内部网的兴起，改变了企业内部的作业方式以及员工学习成长的方式，个人工作者的独立性与专业性将进一步提升。因此，个人工作室、在家上班、弹性上班、委托外包、分享业务资源等行为，在未来将会十分普遍，也使企业组织重整成为必要。

任务二　网络营销的基本理论

由于网络本身的特性和消费者需求的变化，使网络营销在很多方面有别于传统营销，传统营销理论已经不能胜任对网络营销的指导。但网络营销仍然属于市场营销理论范畴，它在强化了传统市场营销理论的同时，也提出了一些不同于传统营销的新理论，是对市场营销理论的扩展和延伸。目前网络营销主要建立了网络直复营销、网络软营销、网络整合营销和网络关系营销几个基础理论。

1.2.1　网络直复营销理论

1. 网络直复营销　美国直复营销协会为直复营销下了一个定义：直复营销是一种为了在任何地方产生可度量的反应和达成交易而使用一种或多种广告媒体的相互作用的市场营销体系。网络作为一种交互式的可以双向沟通的渠道和媒体，可以很方便地为企业与消费者之间架起桥梁，顾客可以直接通过网络订货和付款，企业可以通过网络接受订单、安排生产，并直接将产品送给顾客。所以简单地说，网络直复营销是指生产厂家通过网络直接分销渠道销售产品。主要的做法有两种：一是企业在互联网上建立自己的网站，申请域名，制作主页和销售网页，处理有关的销售事物；二是委托信息服务商在其网站上发布信息，企业利用有关信息与客户联系，直接销售产品，虽然在这一过程中有信息服务商参与，但主要的销售活动是在买卖双方之间完成的。网络直复营销促成产需直接见面，企业也可以直接从市场上搜集到第一手的资料。从销售的角度来看，网络营销就是一种直复营销。网络直复营销中的“网络”就是互联网，即营销所使用的媒体；“直”其实是直接的意思，即不通过中间商而直接通过网络媒体连接企业和消费者；“复”是指企业与顾客之间的交互，顾客对企业有一个明确的回复（买还是不买），企业可以统计到这种回复的数据，由此对营销的效果作出评价。所以基于互联网的直复营销将更加符合直复营销的理念。

2. 在互联网上的网络直复营销具体表现　直复营销表现为以下几个方面：

（1）直复营销的互动性　直复营销作为一种相互作用的体系，特别强调营销者与目标顾客之间的双向“信息交流”，以克服传统市场营销中的“单向信息交流”方式在营销者与顾客之间无法沟通的弱点。互联网作为开放、自由的双向式的信息沟通网络，企业与顾客之间可以实现直接的一对一的信息交流和直接沟通。企业可根据顾客的需求进行生产和营销决策，在最大限度满足顾客需求的同时，提高营销决策的效率和效用。

（2）直复营销的跨时空性　直复营销活动，强调在任何时间、任何地点都可以实现企业和顾客的“信息双向交流”。互联网的全球性和持续性的特征，使顾客可以在任何时间、任何地点直接向企业提出要求和反映问题，企业也可以利用互联网低成本的跨时空的与顾客交流。

（3）直复营销可以实现营销的一对一服务　直复营销的关键是为每个目标顾客提供直接向营销者反映的渠道，企业可以根据顾客反应找出不足，为下一次直复营销活动作好准备。互联网的方便、快捷，使顾客可以方便地通过互联网直接向企业提出建议和购买需求，也可以直接通过互联网获得售后服务。企业也可以从顾客的建议、需求和要求的服务中，找出企业的不足，改善经营管理，提高服务质量。

（4）直复营销的效果是可以测定的　直复营销的一个最重要的特性，就是营销活动的效果可以预测。互联网作为最直接、简单的沟通工具，可以很方便地为企业与顾客之间的交易提供沟通支持和交易平台，通过数据库技术和网络控制技术，企业可以很方便地处理每一个顾客的订单和需求，而不用理会顾客的规模大小和购买量的多少。这是因为互联网的沟通费用和信息处理成本非常低廉。因此通过互联网可以最低成本、最大限度地满足顾客需求，同时了解顾客的需求，细分目标市场，提高营销效率和效用。

网络营销作为一种有效的直复营销形式，由于互联网的特性，它的效果是可测试的、可评价的、可度量的和可控制的。因此，可以利用这一特性改进营销决策的效率和营销执行的效用。例如，网络直复营销商麦网 2000 年推出它的电子商务网站（http：//www. m18. com），在线销售商品多达 5 万种，并为用户提供全国快递送货服务和网上直接支付服务，互联网使一家传统的直复营销商成为了一个网络直复营销商。

1.2.2　网络软营销理论

1. 网络软营销的含义　网络软营销理论认为，企业在进行市场营销活动时，必须尊重消费者的感受和体验，让消费者乐意主动接受企业的营销活动。它实际上是针对工业经济时代的以大规模生产为主要特征的“强势营销”而提出的新理论。

2. 网络软营销与传统的强势营销的区别　强势营销是工业化大规模生产时代的营销方式，传统营销中最能体现强势营销特征的两种营销手段是传统广告和人员推销。这两种营销方式企图以一种信息灌输的方式在消费者心中留下深刻的印象，而不管你是否需要和喜欢它的产品和服务，这就是一种强势营销。人员推销也是如此，它根本不考虑推销对象是否需要，只是根据自己的判断，强行开展推销活动。

在互联网上，由于信息交流是平等、自由、开放和交互的，它强调的是相互的尊重和沟通，用户都比较注重个人的体验和隐私。在网络上开展以企业为主动方的强势营销可能会遭到唾弃和报复。例如，美国某著名公司没有征得用户的同意，在网上对其用户强行发送电子邮件，结果导致用户的“邮件”报复，使该公司的邮件服务器处于瘫痪状态。

这种现象的产生，可以从网络特点和消费者个性化需求的角度来解释。在网络发展的初期并没有商业化的意味，因为网络发展的基本目的和原因之一就是为了信息的共享，降低信息沟通的成本，这与商业的目的是不相吻合的。在当今开放的互联网上，信息是充分共享的，交流的成本低廉，传递的速度快捷，致使其必须有一定的控制机制（如网络礼仪），否则会造成信息的泛滥。

概括地说，软营销与强势营销的根本区别在于：软营销的主动方是消费者，而强势营销的主动方是企业。消费者在心理上要求自己成为主动方，而网络的互动性使这种要求变为可能。网上消费者通常不欢迎那些不请自到的广告，但他们会在个性化需求的驱动下上网寻找相关的信息，企业应注意引导和创造机会，一旦有消费者找到站点，就要使出浑身解数把顾客留住，并让其满意而归。

3. 网络软营销应遵循的原则　网络营销还必须遵循一定的原则，这就是网络礼仪。网络礼仪是网上一切行为都必须遵守的规则，网络营销也不例外。软营销的特征主要体现在“遵守网络礼仪的同时，通过对网络礼仪的巧妙运用而获得一种微妙的营销效果”。网络礼仪是随着互联网发展而不断完善的、良好的、不成文的网络行为规范，如不使用电子公告牌张贴私人的电子邮件，不在网上随意传递带有欺骗性的信息等。

网络软营销的实施开展，离不开对网络社区的利用。网络社区是指那些具有相同兴趣和目的、经常相互交流和互惠互利、能给每个成员以安全感和身份意识的互联网上的单位和个人所组成的团体。在网上人们利用电子邮件、网络论坛、新闻组等网络工具，就共同感兴趣的话题展开讨论，形成如计算机、游戏、摄影爱好者或某名人等社区。

1.2.3　网络整合营销理论

在传统市场营销策略中，由于技术手段和物质基础的限制，产品、价格或服务、宣传和销售的渠道，以及商家所处的地理位置等就成了企业经营、市场分析和营销策略的关键性内容。美国密歇根州立大学的麦卡锡将这些内容归纳为市场营销策略中的4P组合，即产品（Product）、价格（Price）、地点（Place）和促销（Promotion）。

以4P理论为代表的传统的市场营销理论的经济学基础是厂商理论，即利润最大化。4P的出发点是企业的利润，而没有把顾客的需求放到与企业的利润同等重要的地位。而网络的特性使顾客的地位得到提升，顾客不仅增强了参与营销过程的主动性，而且其选择的主动性也得到了加强。由于互联网具有信息丰富的特征，因此顾客在网上的选择余地也变得很大。在满足个性化消费需求的驱动下，企业必须寻求一种新的营销思想，满足消费者的需求，否则将失去市场。由于网络的互动性使顾客能够真正参与到整个营销过程中来，所以网络营销首先要把顾客整合到整个营销过程中来，从他们的需求出发开始整个营销过程，同时考虑企业的利润和顾客的需求，这是整合营销理论的第一个层面。

传统的4P理论并不是被抛弃了，因为企业仍然有利润要求，营销当中的产品、价格等问题仍然存在。所以，传统的4P理论应该与以消费者为中心的4C理论很好地整合，逐步形成和完善网络营销中的整合营销理论，这是整合营销理论的第二个层面，即传统理论和现代理论的整合。

4C分别指Customer（顾客）、Cost（成本）、Convenience（便利）、Communication（沟通）。4C营销理论是以消费者需求为导向，重新设定了市场营销组合的四个基本要素：瞄准消费者的需求和期望。首先要了解、研究、分析消费者的需要，而不是先考虑企业能生产什么产品；先了解消费者为满足需求所愿意付出的成本，而不是先给出产品定价；先考虑交易过程中如何方便消费者，而不是先考虑销售渠道的选择和策略；注重营销过程中与消费者的沟通，通过互动、沟通等方式，将企业内外营销不断进行整合，把消费者和企业双方的利益无形地整合在一起。

据此，以舒尔滋教授为首的一批营销学者从顾客需求的角度出发研究市场营销理论，提出了基于4P市场营销组合理论的4C组合理论。其要点如下：

1. 网络营销的产品和服务以消费者为中心　以消费者为中心实际上是以消费者的需求和欲望（Consumer's wants and needs）为中心。由于互联网具有很好的互动性和引导性，消费者可以通过互联网络，在企业的引导下对产品或服务进行选择或提出具体要求，企业可以根据消费者的选择和要求及时进行组织生产并提供服务，使消费者能跨时空地得到满足；另一方面，企业可以及时了解消费者的需求，并根据消费者提出的要求组织生产和销售，提高企业的生产效率和营销效率。如美国Dell计算机销售公司，在1995年还是亏损的，但在1996年，他们通过互联网来销售计算机，业绩得到100%的增长。Dell公司在互联网上开设了专供营销站点（http：//www. dell. com），用户通过互联网，不仅可以在公司设计的主页上能任意选择各种类型的计算机产品，而且还可以根据消费者的需要随意配置和组合计算机产品，公司的生产部门可按用户要求组织生产，并在规定的时间内送货上门、安装调试。因此公司可以实现零库存生产，特别在当前计算机部件价格急剧变化的年代，零库存生产不仅可以降低库存成本，而且还可以避免因高价进货带来的损失。为了方便用户在网上购买，Dell 公司将用户分为大型企业、中型企业、小型企业和家庭用户，而且为了更好地满足全球不同地区市场的需要，在推行网上直销时专门针对不同地区提供特定的网上直销。

2. 网络营销的产品分销以方便消费者为主　网络营销应先把分销渠道放在一边，着重考虑怎样给消费者提供方便，以使其方便地购买所需要的商品。网络营销是一对一的分销，是跨时空进行销售的，消费者可以随时随地利用互联网进行订货和购买商品（取得服务）。以法国钢铁制造商犹齐诺·洛林公司为例，该公司创立不到十年，由于采用了电子邮件和世界范围的订货系统，从而把加工时间从 15 天缩短到 24h。该公司通过内部网络与汽车制造商建立联系，从而能在对方提出需求后及时把钢材送到对方的生产线上。

3. 网络营销产品和服务的价格以消费者能接受的成本定价　暂时把定价策略放在一边，而研究消费者为满足需求所愿意付出的成本，并以此来组织生产和销售。企业以消费者为中心进行定价，必须测定市场中消费者的需求以及对价格的认同标准，否则以消费者接受的成本定价就是一句空话，不能落实到实处。企业在互联网上则可以很容易地实现这些要求，消费者可以通过互联网向企业提出自己可以接受的成本，企业根据消费者的成本提供柔性的产品设计和生产方案供消费者选择，直到消费者认同并确认后再组织生产和销售。所有这一切都是消费者在公司的服务器程序的引导下完成的，并不需要专门的服务人员，因此成本也很低。美国通用汽车公司，是美国三大汽车公司之一，历年高居全球 500 强企业排行榜，但其网上的站点并不以汽车王国自居，公司允许消费者在互联网上通过公司的引导系统，自己设计和组装满足自己需要的汽车，消费者首先确定接受的价格标准，然后系统根据价格的限定，从中显示满足要求式样的汽车，消费者还可以进行适当的修改，公司最终所生产的产品恰好能满足消费者对价格和性能的要求。

4. 从强势促销转向以与消费者的沟通和联系为主　传统的促销是以企业为主体，通过一定的媒体或工具对消费者进行强制的灌输，以加强消费者对企业和产品的接受度和忠诚度。消费者在此时是被动的，企业缺乏与消费者的沟通和联系，这种促销方式使企业的促销成本逐年上升。互联网上的营销是一对一和交互式的，消费者完全可以参与到企业的营销过程中来。因此借助互联网企业更能加强与消费者的沟通和联系，更能了解消费者的需求，也更能引起消费者的认同。例如，通用电气公司，在 20 世纪 90 年代构建了遍及全球的电子邮件网。互联网普及后，通用电气公司利用其新平台更加丰富多彩、迅速便捷的特点，强化了企业与消费者之间的交互联系，增加了面向全球的网络营销功能。通用电气公司原来的应答中心也从开始的“技术支持基地”或反馈工具，演化成客户关系管理的核心机构。其作用是在个体层面上促进与消费者的交谈，以刺激合作、进行交际，了解消费者所希望的产品或服务的特殊性，介绍产品或服务等。

1.2.4 网络关系营销理论

网络关系营销理论包括两个主要的观点：一是在宏观上认识到市场营销会对范围很广的一系列领域产生影响，包括顾客市场、劳动力市场、供应市场、内部市场、相关者市场，以及影响者市场（政府、金融市场）；二是在微观上认识到企业与顾客的关系不断变化，市场营销的核心应从过去的简单的一次性的交易关系转变到注重保持与顾客的长期的关系上来。企业是社会经济大系统中的一个子系统，企业的营销目标要受到众多外在因素的影响，企业的营销活动是一个与消费者、竞争者、供应商、分销商、政府机构和社会组织发生相互作用的过程，正确理解这些个人与组织的关系是企业营销的核心，也是企业营销成败的关键。

网络关系营销的核心是保留住顾客，为顾客提供高度满意的产品和服务价值，通过加强与顾客的联系，提供有效的服务，保持与顾客的长期关系，并在与顾客保持长期关系的基础上开展营销活动，实现企业的目标。关系营销的实施需要一定的精力和费用，但这不会损害企业的利益，企业反而会得到更多的回报。有关研究表明，争取一个新顾客的费用是保持一个老顾客的费用的 5 倍。因此，加强与顾客关系并建立顾客的忠诚度是可以为企业带来长远利益的，网络关系营销理论提倡的就是企业与顾客的双盈。互联网作为一种有效的双向沟通渠道，使企业与顾客之间可以实现低成本的沟通和交易，是企业与顾客建立长期关系的有效保障。这是因为，首先，企业利用互联网直接接受顾客的订单，顾客通过互联网表达对产品和服务的要求，而企业利用互联网了解顾客的需求。其次，企业利用互联网可以更好地为顾客提供服务并与顾客保持联系，互联网不受时间和空间限制的特性能最大程度地方便顾客与企业的沟通，顾客借助互联网可以在最短的时间内获得企业的服务。企业也可以通过互联网与相关的企业和组织建立关系，实现双盈的发展，互联网能以低廉的成本帮助企业与企业的供应商、分销商等建立协作伙伴关系。

项 目 小 结

网络营销是在激烈的市场竞争环境中，为适应企业的业务整合、满足顾客的需要而产生的，它是传统的商务过程与信息技术和网络技术的完美结合。本项目描述了网络营销的概念、发展和内涵，系统地介绍了网络营销与传统营销的关系，详细论述了网络营销的基本理论，分析了电子商务和网络营销的关系以及网络营销的内容，阐述了网络营销活动中具有实用价值的网络营销基本理论。

关键概念

1. 网络营销　Cyber Marketing
2. 传统营销　Traditional Marketing
3. 市场调查　Market Research
4. 电子商务　E - commerce
5. 企业　Enterprise

复习思考题

1. 什么是网络营销？网络营销的内容有哪些？
2. 与传统市场营销相比，网络营销有哪些特点？
3. 常见的企业对网络营销的误区有哪些？

实践与训练

1. 登录希网（www. cn99. com），使用指定的免费或收费电子邮箱，订阅该网站的电子杂志与邮件列表，尝试创建自己的邮件列表。

2. 登录凡客诚品网（www. vancl. com），了解该网站具有的网络营销功能。

案例分析

上海正广和网上购物有限公司是由上海梅林正广和股份公司控股，海南海虹股份有限公司等参股，于1998年6月成立的股份有限公司。

正广和是一家老字号的饮料企业，也是上海最早推出桶装水的品牌企业，并拥有大量的高忠诚度的消费者。1993年底，正广和集团的高层决策者面对当时上海市民强烈要求改变饮用水质量和桶装水市场被国际品牌垄断的现状，敏锐捕捉市场信息与机遇，在企业逆境中，决定实施战略转移——组建饮用水公司。1995年，正广和饮用水公司正式成立，当时每桶水（19L）的生产成本为16元，加上利用货车、面包车把水直接送到顾客家中的运输成本，每桶水的成本高达28元。根据分析，成本较高的主要原因是运输成本太高。经过深入分析，一条思路在最高决策者的脑海中形成：何不先把水集中送到一个个站点，再由这一个个站点把水送到附近的顾客家中。那么，这一个个的站点应归结到哪一个点上呢？居委会一般位于交通便利之地，与街道居委会合建送水站，便成为集团实施这一发展战略的重点。到1997年，正广和饮用水公司在全市已拥有37万顾客，近90个供水站，形成了“一个电话，送水上门”的售水网络，用户数量不断增长，市场占有率达到40%以上。

最初，正广和萌发了“电话商务”的念头，即将自己的商品单分发到消费者手中，消费者只需打一个电话，便可送货上门。当一个遍布全市区日益完善的送水网络系统已构建起来并正常运行后，1997年8月，梅林正广和集团的高层决策者以其敏锐的战略眼光提出：如何充分利用现有的日益成熟的送水系统对顾客进行直接营销活动，最大限度地利用企业资源，提高企业的竞争实力。此时，香港维他奶公司为了大规模进入上海市场，要求与梅林正广和的送水网合作，成为进入正广和送水网络的第一家供货公司。梅林正广和集团自己的产品，如梅林罐头、正广和饮料、光明冷饮也陆续上网销售，正广和的送水网转化为送货网。

1999年5月19日，股市井喷行情引发的网络概念及对信息化社会的深刻认识，使集团最高决策层意识到已经营了3年的遍及崇明、南汇外所有区县的送货网络是国内为数极少的“地下配送网”，是本企业独有的“核心竞争力”。这一送货网能提供实实在在、及时有效的物流服务，加上一开始就开通的订水电话，及此后于1999年1月1日开通的订货电话，“地网+天网”具有极其广阔的商业前景。于是集团高层决策者们提出利用已有的物流配送网络和市场基础，通过直接营销的方式开展适合中国现有国情的电子商务。

梅林正广和集团的高层决策者们认为：电子商务领域最大的优势在于商品配送系统，梅林正广和拥有建立在完善的商品配送系统基础上的直接销售模式及知名度和美誉度极高的品牌资产。在网络出现后，这一模式能与网络比较容易地全面结合。可以说，网络为梅林提供了一种更强有力的使这些优势得以合理延伸的手段，更加拉近了梅林与顾客之间的距离。

上海梅林在股票市场上从1999年12月中下旬上市，连续上涨，成为2000年元旦后带领股市上升的网络股的领头羊，并被选入《上海证券报》等多种证券类报刊的“网络股指数”。由于适时进入电子商务领域，这个本已死气沉沉的国有大型企业出现了生机。2000年3月20日，梅林正广和在北京、广州同时开通网络。同日，凡持招商银行“一卡通”的用户，只要登录其网站就可在网上完成看样订货、网上支付的购物活动。在北京、广州开通网络后，梅林正广和还将使这一业务拓展到成都、西安、武汉等10多个城市。由移动网络提供Wap技术的移动电子商店于2000年5月22日正式开通，是国内首家真正投入运营的移动电子商店。同时，努力将“正广和”塑造成为一种服务品牌，还把业务范围扩展到网上订机票业务、网上家政服务等方面。

（资料来源：《经济管理》主编　成刚　李令德）

思 考 题

1. 案例中上海梅林正广和主要开展了哪些网络营销活动？
2. 案例中上海梅林正广和的网络营销中还有哪些不足？

项目二　网络营销的支撑条件

学习目标

◆ 了解 Internet 的接入方式、电子支付安全协议及电子商务的相关法律

◆ 熟悉电子支付的概念及种类

引　　例

云南丰富的探险旅游资源是云南国际探险旅行社的主要服务产品，对外国探险爱好者有足够的吸引力。再看互联网上的虚拟市场。海外，特别是美国有数千万网民，全球加在一起就更可观了，其中不乏探险爱好者，不乏寻求刺激的旅游度假者，同时很多科学考察项目也对云南情有独钟。可以看出云南国际探险旅行社的市场主要在海外，而且通过互联网招徕国外客户的营销环境已经具备。

云南国际探险旅行社主要考虑了两个方面的问题，一是网站导航台的注册；二是如何通过网站取信客户。

在导航台的注册方面，着重抓的是排位，即当浏览者使用诸如 China adventure travel 之类的关键词在导航台上进行检索时，旅行社的网址始终显示在第一屏。这样的网址注册会获得非常好的点击率。

访问的人多了，网站要靠丰富而有质量的信息留住他们，要让他们将你的网站加入书签（Bookmark）中，或者传播给他人。同时对萌生咨询念头的访客要牢牢地抓住。怎么抓，先要取信于人。

远隔万里不能谋面，不能实地考察，这是网络营销的弱点。对此云南国际探险旅行社从以下几个方面入手来显示自己的实力与信誉。

1）充分利用网页图文并茂的特点，将公司形象地、全方位地展示给客户。在构造信息空间时，严格遵循全面、客观、真实地反映自己，反映中国旅游环境的原则，不粉饰，不夸张。

2）对客户的电子邮件咨询快速回答，对所有问题给予翔实的答案，如导游的照片、旅行用车、紧急救援等。服务全部落实在细微之处，打消客户的疑虑，获得最大的信任。

目前，云南国际探险旅行社的多数顾客都来自网上，每个客户每天的消费都在 100 美元以上，获利颇丰。

（资料来源：《网络营销案例评析》主编　吕应斌　储节旺）

思　考　题

1. 客户通过云南国际旅行社的网站平台获得了哪些信息?

2. 网络营销平台的建设应注意哪些事项?

任务一　网络营销平台

网络营销是建立在网络技术基础之上的。作为企业，在选用网络营销方式之前，必须了解相关的网络技术及必备条件，搭建好网络营销平台。

网络营销平台是建立在Web平台之上的，并配以相应的支持网络营销的应用软件和保证网络安全及电子支付需要的软件。网络营销平台是企业开展网络营销活动的基础和保证。要建立网络营销平台，企业通常要做连接Internet、选择ISP（互联网服务提供商）、建立网站和申请域名几个方面的工作。

1. 连接Internet　企业开展网络营销必须连接Internet。一般有服务器托管方式和通过公用网络两种接入方式。服务器托管是将信息载体的服务器交给ISP进行管理。通过公用网络接入Internet又有单机拨号IP接入、局域网专线接入和广域网接入等方式，企业可以根据自己的实际需要来选择。

（1）单机拨号IP接入方式　拨号IP接入方式是使用一台计算机模拟一个终端，并通过电话线与一个Internet主机相连的最简单的方式。为了做到这一点，客户首先必须使用别的Internet主机作为自己计算机进入Internet的连接点。同时客户还要在自己的计算机上安装一种称为PPP（点到点协议）的程序。一旦在两个计算机间建立了电话连接（使用调制解调器），PPP就会让客户的计算机拥有TCP/IP的功能。这样就可以使客户的计算机成为一个具有正式电子地址的真正的Internet主机了。采用拨号IP接入方式需具备如下条件：

1）一台计算机。由于是作为主机使用，最好为中、高档等计算机，有较大的内存和硬盘空间。

2）一台调制解调器。由于Internet使用电话线路传送信息，但电话线路只能传送模拟信号，而计算机识别的是数字信号，因此调制解调器的作用就是将两种信号进行转换，以利于信息在网络上的传递。通常所说的32kbit/s或者56kbit/s等就是指该调制解调器每秒转换信号的数量。

3）一根电话线。通过调制解调器以PPP方式接入Internet，可以是拨号连接，就是在需要的时候连接，在不需要的时候断开连接；也可以是专线连接，就是使用专用电话线（Dedicated Phone Line）一天24h总是连接在Internet网络上，这种方式费用较高。企业应当根据自身的情况进行选择。

4）浏览器软件。目前流行的这类软件是 Netscape 和 IE 浏览器，此外还可以从网络上获得许多免费软件。注意：使用的软件应该与 PPP 兼容。

5）服务商。这里主要指网络接入服务商。当客户申请上网时，可由服务商提供一个账号，有此账号才能将计算机连接到 Internet 上。

（2）局域网专线接入方式　如果本地的计算机较多而且有多人需要同时使用 Internet，可以考虑把这些计算机连成一个以太网（如常用的 WindowsNT 网），再在网中选择一台计算机作为 Internet 网络代理服务器，并在其上运行代理服务器软件，局域网中所有其他计算机都通过代理机间接地连接到主机上。如果代理机是采用 PPP 方式入网，每台间接入网的计算机上所显示的效果和单台计算机入网时的效果类似，只不过如果局域网中同时有多人使用 Internet，那么传输数据的速度可能要慢一些，这种方式是一种比较经济的多客户系统，而且局域网上的多个客户可以共享一个“地址”。

（3）广域网接入方式　如果本地有比较大的多客户主机或者多台主机已经连接成一个广域网，可考虑采用路由器的方式把上述网络作为一个子网连接到一台已经在 Internet 上的主机上，使整个子网上的客户都可以使用 Internet。这种方式的优点是适用于客户较多的情况，可以使用多个 IP 地址。缺点是路由器的价格较高，当子网与相连的主机距离较远时通信线路的费用也比较高。

2. 选择互联网服务提供商　互联网服务提供商是指网络接入服务提供者。当网络用户申请上网时，互联网服务提供商为用户提供一个账号，用户依据此账号将计算机连接到 Internet 上，通常互联网提供商提供 ISP 的区号和电话号码，用户的登录名称、登录密码、电子邮件地址，以及电子邮件服务器的名称、账号、密码等。在选择互联网服务提供商时应考虑带宽、接入用户数的多少；提供服务的种类和技术支持水平、能力的高低；服务费用的收取以及是否有国际出口等问题。在条件许可的情况下，应优先考虑接入具有国际出口的 ISP。

3. 建立网站和申请域名　在当今数字化时代，企业建立自己的网站，有利于及时抢占商业机会，提升企业形象，加强与用户的沟通并做好服务工作，降低成本，提高营销实效。企业网站的建立一般有两种方法：一种是企业自己建立网站，另一种是选择外购整体网络服务。如果企业规模较大且资金充足，与外界的信息交流量大，可以选择建立企业网接入 Internet 的方式，自建网站的好处是企业可以根据自己的需要灵活方便地与外界保持频繁的联系，并支持更多的企业员工上网获取信息；如果企业资金有限，信息交流量不是太大，则选择外购整体网络服务较为理想。因为企业无需考虑庞大的通信费用，仅需考虑计算机网络管理、维护费用与专用网络空间租费，并且不需要担心计算机网络系统安全维护技术等问题。

申请域名是企业建立营销网站所要做的首要事情。企业要进入互联网进行营销必须有域名地址，其重要性不亚于企业的商标。通常域名的格式为商标名(企业名)、企业性质代码、国家代码。例如，dell. com. cn，其中 dell 代表的是公司名；com 代表该企业是商业机构，是互联网管理组织分配给商业性站点的专有域名；cn 代表中国。域名是一种资源，一个好的域名应该与企业的名称、商标、性质及宣传相一致，并且易记忆，易查找。它不仅是企业的网络地址，更多地成为企业在网络上的活动广告，对企业的形象、影响、利益有重要的意义。

4. 网络安全认证　由于互联网的迅速发展和普及，利用它进行各种活动的企业和个人越来越多，这不免会引发网络的安全问题。网络安全包括内部安全和外部安全两个方面。

内部安全是指企业内网络运行过程中，企业有关内部的保密信息不被泄露，本企业员工只能从网络渠道上获得相关的信息资料。为此，企业应采取的措施有：对企业内部的各种类型的信息，按照其对企业作用的重要程度划分等级，进行等级管理。属于企业高级机密的信息，其网址和密码不公开，只限于企业高级主管使用，如产品的定价、市场调研报告、市场开发计划和策略、财务分析报告、产量和销售情况的报告等均属这类信息；不属于机密的信息，企业则可以在网站上公布并向用户或消费者公开网址，方便消费者查询，如公司简介、产品介绍、订货联络等。除此之外，企业在内部还要采取一系列的安全保障措施，如处理好企业的专利、专有技术等著作权的关系；规定企业员工离职后，原属于企业所有的系统文件等不得在侵权使用。企业还应定期或不定期地更换网址与密码，以防重要的机密信息被离职的高级员工窃取。

外部安全是指企业的网站被来历不明的外人侵入或被外来计算机病毒感染造成的破坏。来历不明的外人有黑客、快客和飞客等，有偶然闯入，也有蓄谋已久；计算机病毒就更是数不胜数，成千上万。这些对企业的网络安全都造成了严重的威胁。外部的安全措施主要有防火墙技术、密钥系统、消息摘要、数字签名、数字证书等。

任务二　电子支付系统

电子支付是电子商务中的一个极为重要的关键性的组成部分。电子商务以其较之传统商务的优越性，成为吸引越来越多的商家和个人网上购物和消费的原动力。然而，如何通过电子支付安全地完成整个交易过程，又是人们选择网上交易时必须面对的，而且是首先要考虑的问题。

2.2.1　电子支付的概念及特征

随着越来越多的商家计划对其企业进行扩展，并进入电子商务时代，支付问题就显得越来越突出。如何解决世界范围内的电子商务活动的支付？如何处理每日通过信息技术网络产生的成千上万个交易流的支付问题？方法只有一个：采用电子支付的手段。

1. 电子支付的概念　电子支付指电子交易的当事人，包括消费者、厂商和金融机构，使用安全电子支付手段，通过网络进行的货币支付或资金流转。

2. 电子支付的特征　电子支付具有以下特征：

1）计算机技术为支撑，进行储存、支付和流通。

2）集储蓄、信贷和非现金结算等多种功能于一体。

3）广泛地应用于生产、交换、分配和消费领域。

4）使用简便、安全、迅速、可靠。

5）电子支付通常要经过银行专用网络。

2.2.2　电子支付方式

随着计算机技术的发展，电子支付的方式越来越多。这些支付方式可以分为三大类：一类是电子货币类，如电子现金、电子钱包等；另一类是电子信用卡类，包括智能卡、借记卡、电话卡等；还有一类是电子支票类，如电子支票、电子汇款（EFT）、电子划款等。这些方式各有自己的特点和运作模式，适用于不同的交易过程。本部分主要介绍智能卡、电子现金、电子钱包和电子支票。

1. 智能卡

（1）智能卡的发展　智能卡（Smart Card）最早是在法国问世的。20 世纪 70 年代中期，法国 Roland Moreno 公司采用在一张信用卡大小的塑料卡片上安装嵌入式存储器芯片的方法，率先成功开发 IC 存储卡。经过 20 多年的发展，真正意义上的智能卡，即在塑料卡上安装嵌入微型控制器芯片的 IC 卡，已由摩托罗拉公司和 BULL HN 公司于 1997 年共同研制成功。

在美国，目前使用智能卡的人数还比较少，人们更多地使用 ATM 卡。智能卡与 ATM 卡都是通过嵌入式芯片和磁条来存储信息，但由于智能卡存储信息量较大，存储信息的范围较广，安全性也较好，因而逐渐引起人们的重视。预计三年左右，美国的智能卡使用占全球比例将从现在的 2% 增加到 20% 。

当然，智能卡的广泛普及，除了需要人们从思想认识上转变观念以外，更重要的是做好技术方面的工作，比如安全问题和成本问题等。关于安全问题，MasterCard 和 Visa 联合开发出的一个被称为安全电子交易（SET）的标准为网上信息及资金的安全流通提供了充分保障；至于成本问题，智能卡阅读器本身并不对智能卡的普及构成障碍，惠普公司已着手把智能卡阅读器集成到 PC 中去。再加上智能卡对通信网络的要求并不高，因此，只要广泛地进行宣传，加上银行和大交易商的积极介入，智能卡的市场份额将会逐步扩大。

中国正在以令人吃惊的速度进入网络化时代。1995 年中国才刚刚建成自己的公用互联网，仅仅三年时间，上网用户已超过100万。尽管网络出口已扩大了100倍，但仍不能满足国内日益增长的上网需要。国内通信网络的不完善使智能卡这种电子支付方式比较适合中国的国情。因此，1993年在全国范围内开展的“金卡工程”中，权威专家建议，根据我国国情以及国际发展趋势，可采用IC卡一步到位。我国“金卡工程”的目标和任务是：从1993起，用10年左右的时间，在3亿城市人口中推广普及金融交易卡，实现支付手段的革命性变化，跨入电子货币时代；其总体构想是；建立全国统一的金卡专用网、金卡服务中心和金卡发行体系。1997年，中国的信用卡发行量达到6000万张。根据2007年广州召开的央行支付结算工作暨清算中心工作会议可知，截止2007年底，中国信用卡发卡量为9026万张。我国已经成为目前世界上信用卡发行最快、潜力最大的市场。1998年，世界第三、欧洲最大的智能卡供应商Bull公司同中国的深圳城市合作银行达成一笔交易。由Bull公司为深圳城市合作银行设计实施一种基于智能卡（包括电子钱包及借贷功能）的付款系统。Bull公司将提供数万张卡以及用于向卡中加入电子现金和进行付款的终端。此举表明，中国在向支付电子化方面迈出了实质性的一步。可以预测，到2010年年底，从商品购买到个人存款等，国人将可以携带智能卡四处漫游。

但是，目前我国智能卡的推广应用还存在一些障碍，主要是智能卡的制作成本较高，且不能实现一卡多能、一卡多用，不同种类的智能卡和读写器之间不能跨系统操作等。

（2）智能卡的结构与工作过程　智能卡的结构主要包括以下三个部分：

1）建立智能卡的程序编制器。程序编制器在智能卡开发过程中使用，它从智能卡布局层次描述了卡的初始化和个人化创建所有需要的数据。

2）智能卡操作系统的代理。该代理包括智能卡操作系统和智能应用程序接口的附属部分。它具有极高的可移植性，可以集成到芯片阅读器设备或个人计算机及客户机/服务器系统上。

3）作为智能卡应用程序接口的代理。该代理是应用程序到智能卡的接口。它帮助对使用不同智能卡代理的管理，并且还向应用程序提供了一种智能卡类型的独立接口。

2. 电子现金

（1）电子现金的特点　电子现金（E - Cash）是一种以数据形式流通的货币。它把现金数值转换为一系列的加密序列数，通过这些序列数来表示现金中各种金额的币值。用户在开展电子现金业务的银行开设账户存钱后，就可以在接受电子现金的商店购物了。

当用户拨号进入互联网网上银行，使用一个口令（Password）和个人识别码（PIN）来验明正身，直接从其账户中下载成包的低额电子“硬币”时，电子现金才起作用。然后，这些电子现金被存放在用户的计算机当中，直到用户从网上商家进行购买为止。为了保证交易安全，计算机还为每个硬币建立随时选择的序号，并把这个号码隐藏在一个加密的信封中，这样就没有人能搞清谁提取或使用了这些电子现金。按照这种方式购买，实际上可以让买主无迹可寻，提倡个人隐私权的人对此很欢迎。

电子现金具有以下特点：

1）银行和商家间应有协议和授权关系。

2）用户、商家和 E－Cash 银行都需要使用 E－Cash 软件。

3）E－Cash 银行负责用户和商家之间资金的转移。

4）身份验证是由 E－Cash 本身完成的。E－Cash 银行在发放电子货币时使用了数字签名。商家在每次交易中，将电子货币传送给 E－Cash 银行，由 E－Cash 银行验证用户支付的电子货币是否有效（是否伪造或使用过等）。

5）匿名性。

6）具有现金特点，可以存、取、转让，适用于小的交易量。

然而，电子现金支付方式也存在一些问题。例如：①只有少数商家接受电子现金，而且只有少数几家银行提供电子现金开户服务。②成本较高。电子现金对硬件和软件的技术要求都较高，需要一个数据库存储用户完成的交易和 E－Cash 序列号，以防止重复消费。因此，尚需开发出硬、软件成本低廉的电子现金。③存在货币兑换问题。由于电子货币仍以传统的货币体系为基础，因此德国银行只能以德国马克的形式发行电子现金，法国银行只能发行以法郎为基础的电子现金，诸如此类。因此，从事跨国贸易就必须要使用特殊的兑换软件。④风险较大。如果某个用户的硬驱损坏，电子现金丢失，钱就无法恢复。这个风险许多消费者都不愿承担。更令人担心的是电子伪钞的出现。美国联邦储备银行电子现金专家 Peter Ledingham 在他的论文《电子支付实施政策》一文中告诫说："似乎可能的是，电子钱的发行因存在伪钞的可能性而陷入危险的境地。使用某些技术，就可能使电子付款的收款人或发行人难于检测电子伪钞。复杂的安全性能将意味着电子伪钞获得成功的可能性非常低。然而，考虑到预计的回报相当高，因此不能忽视这种可能性的存在。一旦电子伪钞获得成功，那么，发行人及其一些客户所要付出的代价则可能是毁灭性的。"

尽管存在种种问题，电子现金的使用仍呈现增长势头。因此，随着较为安全可行的电子现金解决方案的出台，电子现金一定会像商家和银行界预言的那样，成为未来网上贸易的方便的交易手段。

（2）电子现金的支付过程

1）用户在 E－Cash 发布银行开立 E－Cash 账号，用现金服务器账号中预先存入的现金来购买电子现金证书，这些电子现金就有了价值，并被分成若干成包的“硬币”，可以在商业领域中进行流通。

2）使用计算机电子现金终端软件从 E - Cash 银行取出一定数量的电子现金存在硬盘上，通常少于 100 美元。

3）用户与同意接收电子现金的厂商洽谈，签订订货合同，使用电子现金支付所购商品的费用。

4）接收电子现金的厂商与电子现金发放银行之间进行清算，E - Cash 银行将用户购买商品的钱支付给厂商。

3. 电子钱包

（1）电子钱包的发展　电子钱包（Electronic Purse）是电子商务活动中购物顾客常用的一种支付工具，是在小额购物或购买小商品时常用的新式钱包。以智能卡为电子钱包的电子现金支付系统，应用于多种用途，具有信息存储、电子钱包、安全密码锁等功能，安全可靠。

英国西敏寺（National - Westminister）银行开发的电子钱包 Mondex 是世界上最早的电子钱包系统，于 1995 年 7 月首先在有“英国硅谷”之称的斯温顿（Swindon）市试用。起初，名声并不那么响亮，不过很快就在斯温顿打开了局面，被广泛应用于超级市场、酒吧、珠宝店、宠物商店、餐饮店、仪器店、停车场、电话间和公共交通车辆之中。这是由于电子钱包使用起来十分简单，只要把 Mondex 卡插入终端，三五秒钟之后，卡和收据条便从设备中付出，一笔交易即告结束，读取器将从 Mondex 中的所有钱款中扣除掉本次交易的花销。此外，Mondex 卡还大都具备现金货币所具有的诸多属性，如作为商品价值尺度的属性、储蓄的属性和支付交换的属性，通过专用终端设备还可将一张卡上的钱转移到另一张卡上。而且卡内存储的钱一旦用光，还可以通过专用 ATM 将其本人在银行账户上的存款调入卡内。卡内钱包如同现金一样，一旦遗失或被窃，Mondex 卡内的金钱价值不能重新发行，也就是说持卡人必须负起管理上的责任。有的卡如被别人拾到同样能用；有的卡写有持卡人的姓名和密码锁定功能，只有持卡人才能使用，比现金更安全。Mondex 卡损坏时，持卡人可以向发卡机关申报卡内所存余额，由发卡机关确认后重新制作新卡发还。

自 1995 年 7 月电子钱包面世以来，电子钱包已经在英国的斯温顿、中国的香港、加拿大的多伦多和新西兰等十多个国家和地区进行了试用。1998 年，Mondex 在美国纽约试用，并以合同连锁方式在其他城市进行实验。参加的银行有曼哈顿银行、芝加哥银行和法戈银行等。澳大利亚的国家银行在 1999 年引入 Mondex，南非和以色列等国家也制订了相同计划，而欧洲大陆的德国、荷兰、比利时、芬兰和丹麦等国，则大多对 Mondex 不感兴趣，都在开发各国独特的电子货币。美国也并非只有 Mondex 一种电子货币，也有其他公司开发的不同技术体系的电子货币在发行，如 Visa Card 公司在 1996 年亚特兰大奥运会期间，就发行了200张智能卡（内含的钱数分别为10美元、20美元、50美元和100美元），特约商店有2300家，共进行了20万次的付款，总计超过110万美元。日本也有不少机构早就打算引进电子钱包，实验计划一订再订，但一直未能实现。用日立公司新金融系统推进总部部长的话来说就是：日本很多银行与万事达电子钱包的合作，始终停留在口头上，所有共同开发的项目至今还是一张白纸。这其中的原因即在于日本有着与其他国家不同的独特的金融网络，如果用电子钱包，日本方面就必须投入“数以万亿计的日元”的巨资对现有的金融网络进行改造。这笔巨额的资金投入，对于如今正处于经济危机的日本来说，无疑是个沉重的负担。所有这些都表明，围绕电子支付开展的竞争才刚刚开始。不过，无论如何，电子钱包毕竟比前几年出现的其他类型的电子货币更胜一筹。

（2）电子钱包的工作原理　Mondex 卡终端支付只是电子钱包的早期应用，从形式上看，它与智能卡十分相似。而今天电子商务中的电子钱包则已完全摆脱了实物形态，成为真正的虚拟钱包了。

网上购物使用电子钱包，需要在电子钱包服务系统中进行。电子商务活动中的电子钱包软件通常都是免费提供的。用户可以直接使用自己银行账号连接的电子商务系统服务器上的电子钱包软件，也可以通过各种加密方式利用互联网上的电子钱包软件。目前世界上有 Visa Cash 和 Mondex 两大电子钱包服务系统，其他电子钱包服务系统还有 Master Card Cash、Europay 的 Clip 和比利时的 Proton。

使用电子钱包的顾客通常要在有关银行开立账户。在使用电子钱包时，将电子钱包通过有关的电子钱包应用软件安装到电子商务服务器上，利用电子钱包服务系统就可以把自己的各种电子货币或电子金融卡上的数据输入进去。在发生收付款时，如顾客需要电子信用卡（如 Visa 卡或 Master 卡等）付款时，顾客只要单击一下相应项目（或相应图标）即可完成，这种电子支付方式称为单击支付方式。

在电子钱包内只能装电子货币，即装入电子现金、电子零钱、电子信用卡、在线货币、数字货币等。一些电子支付工具都可以支持单击支付方式。

在电子商务服务系统中设有电子货币和电子钱包的功能管理模块，称为电子钱包管理器（Wallet Administration）。顾客可以用它来改变保密口令或保密方式，也可以用它查看自己的银行账号上的收付往来的电子货币账目、清单和数据。电子商务服务系统中还有电子交易记录器，顾客通过查询记录器，可以了解自己购买了什么物品，购买了多少，也可以把查询结果打印出来。

利用电子钱包网上购物，通常包括以下步骤：

1）客户使用浏览器在商家的 Web 主页上查看在线商品目录，浏览商品，选择要购买的商品。

2）客户填写订单，包括项目列表、价格、总价、运费、搬运费、税费。

3）订单可以通过电子化方式从商家传过来，或由客户的电子购物软件建立。有些在线商场可以让客户与商家协商物品的价格（例如，出示自己是老客户的证明，或给出竞争对手的价格信息）。

4）顾客确认后，选定用电子钱包支付。将电子钱包装入系统，单击电子钱包的相应项或电子钱包图标，电子钱包立即被打开。然后输入自己的保密口令，在确认是自己的电子钱包后，从中取出一张电子信用卡来付款。

5）电子商务服务器对此信用卡号码采用某种保密算法并加密后，送到相应的银行去，同时销售商店也收到经过加密的购货账单，销售商店将自己的顾客编码加入电子购货账单后，再转送到电子商务服务器上。这里，销售商店对顾客电子信用卡上的号码是看不见的，也不应该知道，销售商店无权也无法处理信用卡中的钱款。因此，只能把信用卡送到电子商务服务器上去处理。经过电子商务服务器确认这是一位合法顾客后，将其同时送到信用卡公司和商业银行。在信用卡公司和商业银行之间要进行应收款和账务往来的电子数据交换和结算处理。信用卡公司将处理请求再送到商业银行处请求确认并授权，商业银行确认并授权后送回信用卡公司。

6）如果经商业银行确认后拒绝并且不予授权，则说明顾客的这张电子信息卡中的钱数不够用或者是没有钱了，或者已经透支。

被商业银行拒绝后，顾客可以再单击电子钱包的相应项打开电子钱包，取出另一张信用卡，重复上述操作。

7）如果经商业银行证明这张信用卡有效并授权后，销售商店就可交货。与此同时，销售商店留下整个交易过程中发生往来的财务数据，并且出示一份电子收据发送给顾客。

8）上述交易成交后，销售商按照顾客提供的电子订单将货物在发送地点交到顾客或其指定人的手中。

电子钱包的购物过程中间虽经过信用卡公司和商业银行等多次身份确认、银行授权、各种财务数据交换和财务往来等，但这些都是在极短的时间内完成的。实际上，从顾客输入订货单后开始到拿到销售商店出具的电子收据为止的全过程仅是5～20s的时间。这种电子购物方式十分省事、省力、省时。而且对于顾客来说，整个购物过程自始至终都是十分安全可靠的。在购物过程中，顾客可以用任何一种浏览器（如Netscape浏览器）进行浏览和查看。由于顾客的信用卡上的信息别人是看不见的，因此保密性很好，用起来十分安全可靠。另外，有了电子商务服务器的安全保密措施，就可以保证顾客去购物的商店必定是真的，不会是假冒的，保证顾客安全可靠地购买货物。

总之，这种购物过程彻底改变了传统的面对面交易和一手交钱一手交货等购物方式，是一种很有效的而且非常安全可靠的电子购物过程，是一种与传统购物方式根本不同的现代高新技术购物方式。

4. 电子支票　电子支票（Electronic Check，E－check 或 E－cheque）是一种借鉴纸张支票转移支付的优点，利用数字传送将钱款从一个账户转移到另一个账户的电子付款形式。这种电子支票的支付是在与商户及银行相连的网络上以密码方式传送的，多数使用公用关键字加签名或个人身份证号码代替手写签名。用电子支票支付，事务处理费用较低，而且银行也能为参与电子的商户提供标准化的资金信息，故而可能是最有效率的支付手段。

使用电子支票进行支付，消费者可以通过计算机网络将电子支票发送到商家的电子信箱，同时把电子付款通知单发到银行，银行随即把款项转入商家的银行账户。这一支付过程在数秒内即可实现。然而，这里面也存在一个问题，那就是如何鉴定电子支票及电子支票使用者的真伪。因此，这就需要有一个专门的验证机构来对此作出认证，同时该验证机构还应像 CA 那样能够对商家的身份和资信提供认证。

电子支票交易的过程可以分以下几个步骤：

1）消费者和商家达成购销协议并选择使用电子支票支付。

2）消费者通过网络向商家发出电子支票，同时向银行发出付款通知单。

3）商家通过验证中心对消费者提供的电子支票进行验证，验证无误后将电子支票送交银行索付。

4）银行在商家索付时通过验证中心对消费者提供的电子支票进行验证，验证无误后即向商家兑付或转账。

2.2.3　国际上通行的两种电子支付安全协议

1. SSL 协议　SSL 协议最初是由 Netscape Communication 公司设计开发的，又叫安全套接层（Secure Socket Layer）协议，主要目的是提供互联网上的安全通信服务，提高应用程序之间数据的安全检查系数。SSL 协议的概念可以被总结为一个保证任何安装了安全套接的客户和服务器间事务安全的协议，它涉及所有 TCP/IP 应用程序。

（1）SSL 协议主要提供三方面的服务

1）认证客户机和服务器，使它们能够确信数据将被发送到正确的客户机和服务器上。

2）加密数据以隐藏被传送的数据。

3）维护数据的完整性，确保数据在传送过程中不被改变。

SSL 协议是一种保护 Web 通信的工业标准，是基于公钥加密技术以及 RSA 的专用密钥序列密码，能够对信用卡和个人信息、电子商务提供强的加密保护。SSL 在建立连接过程中采用公开密钥，在会话过程中使用专有密钥。在每个 SSL

会话（其中客户机和服务器都被证实身份）中，要求服务器完成一次使用服务器专用密钥的操作和一次使用客户机公开密钥的操作。SSL 提供数据加密、服务器认证、报文完整以及 TCP/IP 连接使用可选客户机认证等，对计算机之间整个会话过程进行加密。采用 SSL 协议，可确保信息在传输过程中不被修改，实现数据的保密与完整性，在互联网上广泛用于处理财务上敏感的信息。在信用卡交易方面，商家可以通过 SSL 在 Web 上实现对信用卡订单的加密，由于 SSL 适合各类浏览器及 Web 服务器，因此只要安装一个数字证书就可使 SSL 成为可能。

SSL 的缺陷是只能保证传送过程的安全，无法知道在传送过程中是否受到窃听。黑客可以破译 SSL 的加密数据，破坏和窃取 Web 信息。此外，SSL 在全球的大规模的使用还有一定的难度。SSL 产品的出口受到美国国家安全局（NSA）的限制，美国政府只允许加密密钥为 40 位以下的算法出口，而美国的商家一般都可以使用 128 位的 SSL，这使美国以外的国家很难真正在电子商务中充分利用 SSL。

新的 SSL 协议被命名为 TLS（Transport Layer Security），安全可靠性有所提高，但仍不能消除原有技术上的基本缺陷。

（2）SSL 协议的运行步骤

1）接通阶段。客户通过网络向服务商打招呼，服务商回应。

2）密码交换阶段。客户与服务商之间交换双方认可的密码。一般选用 RSA 密码算法，也有的选用 Diffie - Hellman 和 Fortezza - KEA 密码算法。

3）会谈密码阶段。客户与服务商间产生彼此交谈的会谈密码。

4）检验阶段。检验服务商取得的密码。

5）客户认证阶段。验证用户的可信度。

6）结束阶段。客户与服务商之间相互交换结束的信息。

当上述动作完成之后，两者间的资料传送就会加以密码，等到另外一端收到资料后，再将编码后的资料还原。即使盗窃者在网络上取得编码后的资料，如果没有原先编制的密码算法，也不能获得可读的有用资料。

在电子商务交易过程中，由于有银行参与，按照 SSL 协议，客户的购买信息首先发往商家，商家将信息转发银行，银行验证客户信息的合法性后，通知商家付款成功，商家再通知客户购买成功，将商品寄往客户。

（3）SSL 协议的应用　SSL 协议也是国际上最早应用于电子商务的一种网络安全协议，至今仍然有许多网上商店在使用。当然，在使用时，SSL 协议根据邮购的原理进行了部分改进。在传统的邮购活动中，客户首先寻找商品信息，然后汇款给商家，商家再把商品寄给客户。这里，商家是可以信赖的，所以客户须先付款给商家。在电子商务的开始阶段，商家也是担心客户购买后不付款，或使用过期作废的信用卡，因而希望银行给予认证。SSL 安全协议正是在这种背景下应用于电子商务的。

SSL 协议运行的基点是商家对客户信息保密的承诺。如美国著名的亚马逊网上书店在它的购买说明中明确表示：当你在亚马逊公司购书时，受到亚马逊公司安全购买保证保护，所以，你永远不用为你的信用卡安全担心。但在上述流程中我们也注意到，SSL 协议有利于商家而不利于客户。客户的信息首先传到商家，商家阅读后再传到银行，这样客户资料的安全便受到威胁。商家认证客户是必要的，但整个过程中缺少了客户对商家的认证。在电子商务的开始阶段，出于参与电子商务的公司大都是一些大公司，信誉较高，这个问题没有引起人们的重视。但随着电子商务参与厂商的迅速增加，对厂商的认证问题越来越突出，SSL 协议的缺点完全暴露出来。SSL 协议逐渐被新的 SET 协议所取代。

目前我国开发的电子支付系统，无论是中国银行的长城卡电子支付系统，还是上海长途电信局的网上支付系统，均没有采用 SSL 协议，主要原因就是无法保证客户资金的安全。

2. SET 协议　在开放的互联网上处理电子商务，如何保证买卖双方传送数据的安全成为电子商务能否普及的关键问题。为了克服 SSL 协议的缺点，两大信用卡组织 Visa 和 Master Card 联合开发了 SET（Secure Electronic Transaction，安全电子交易）协议。这是一个为在互联网上进行在线交易设立的开放的、以电子货币为基础的电子付款系统规范。SET 在保留对客户用卡认证的前提下，又增加了对商家身份的认证功能。这对于需要支付货币的交易来讲至关重要。由于设计合理，SET 协议得到了 IBM、HP、Microsoft、Netscape、VeriFone、GTE、VeriSign 等许多大公司的支持，成为事实上的工业标准。目前，它已获得 IETF 标准的认可。

SET 协议是基于互联网的卡基支付，是授权业务信息传输的安全标准。它采用 RSA 公开密钥体系对通信双方进行认证。利用 DES、RC4 或任何标准对加密方法进行信息的加密传输，并用哈希算法来鉴别消息真伪。在 SET 体系中有一个关键的认证机构——CA，CA 根据 X. 509 标准发布和管理证书。

（1）SET 协议运行的目标

1）保证信息在互联网上安全传输，防止数据被黑客或被内部人员窃取。

2）保证电子商务参与者信息的相互隔离。客户资料加密或打包后通过商家到达银行，但是商家不能看到客户的账户和密码信息。

3）解决多方认证问题。不仅要对消费者的信用卡认证，而且要对在线商店的信誉程度认证，同时还有消费者、在线商店与银行间的认证。

4）保证了网上交易的实时性，使所有的支付过程都是在线的。

5）效仿 EDI 贸易的形式，规范协议和信息格式，促使不同厂家开发的软件具有兼容性和互操作功能，并且可运行在不同的硬件和操作系统平台上。

（2）SET 协议涉及的范围　SET 协议规范所涉及的对象包括以下五个方面。

1）消费者。包括个人消费者和团体消费者。按照在线商店的要求填写订货单，使用发卡银行发行的信用卡进行付款。

2）在线商店。提供商品或服务，具备相应电子货币使用的条件。

3）收单银行。通过支付网关处理消费者和在线商店之间的交易付款问题。

4）电子货币（如智能卡、电子现金、电子钱包）发行公司，以及某些兼有电子货币发行的银行。负责处理智能卡的审核和支付工作。

5）认证中心。负责对交易双方身份的确认，对厂商的信誉度和消费者的支付手段进行认证。

SET 协议规范的技术范围包括：

1）加密算法的应用（例如 RSA 和 DES）。

2）证书信息和对象格式。

3）购买住处和对象格式。

4）认可信息和对象格式。

5）划账信息和对象格式。

6）对话实体之间信息的传输协议。

SET 协议采用了对称密钥和非对称密钥体制，把对称密钥的快速、低成本和非对称密钥有效结合在一起，以保护在开放网络上传输的个人信息，保证交易信息的隐蔽性。其重点是如何确保商家与消费者的身份和行为的认证及不可抵赖性，其理论基础是著名的非否认协议（Non - Repudiation），其采用的核心技术包括 X. 509 电子证书标准与数字签名（Digital Signature）技术、报文摘要、数字信封、双重签名等技术。如使用数字证书对交易各方的合法性进行验证；使用数字签名确保数据的完整性和不否认；使用双重签名技术对 SET 交易过程中消费者的支付信息和订单信息分别签名，使商家看不到支付信息，只能对用户的订单信息解密，而金融机构只能对支付和账户信息解密，充分保证消费者账户和订货信息的安全性。

SET 通过制定标准和采用各种技术手段，解决了一直困扰电子商务发展的安全问题，包括购物与支付信息的保密性、交易支付完整性、身份认证和不可抵赖性，在电子交易环节上提供了更大的信任度、更完整的交易信息、更高的安全性和更少受欺诈的可能性。

（3）SET 协议的工作程序分为以下七个步骤

1）消费者利用自己的 PC 通过互联网选定所要购买的物品，并在计算机上输入订货单。订货单上需要包括在线商店、购买物品名称及数量、交货时间及地点等相关信息。

2）通过电子商务服务器与有关在线商店联系，在线商店作出应答，告诉消费者所填订货单的货物单价、应付款数、交货方式等信息是否准确，是否有变化。

3）消费者选择付款方式，确认订单，签发付款指令。此时 SET 开始介入。

4）在 SET 中，消费者必须对订单和付款指令进行数字签名，同时利用双重签名技术保证商家看不到消费者的账号信息。

5）在线商店接受订单后，向消费者所在银行请求支付认可。信息通过支付网关到收单银行，再到电子货币发行公司确认。批准交易后，返回确认信息给在线商店。

6）在线商店发送订单确认信息给消费者，消费者端软件可记录交易日志，以备将来查询。

7）在线商店发送货物或提供服务，并通知收单银行将钱从消费者的账号转移到商店账号，或通知发卡银行请求支付。

在认证操作和支付操作中间一般会有一个时间间隔。例如，每天在下班前请求银行结算一天的账。

（4）SET 协议的缺陷　从 1996 年 4 月 SET 协议 1.0 版面市以来，大量现场实验和实施效果获得了业界的支持，促进了 SET 的发展，但它的推广应用仍然比较缓慢，其主要原因在以下几个方面：

1）协议没有说明收单银行给在线商店付款前，是否必须收到消费者的货物接受证书。否则的话，在线商店提供的货物不符合质量标准，消费者提出疑义，责任由谁承担。

2）协议没有担保“非拒绝行为”，这意味着在线商店没有办法证明订购是由签署证书的消费者发出的。

3）协议提供了多层次的安全保障，但增加了复杂程度，因而变得昂贵，互操作性差，实施起来有一定难度。

4）SET 技术规范没提及在事务处理完成后，如何安全地保存或销毁此类数据，是否应当将数据保存在消费者、在线商店或收单银行的计算机里。这种漏洞可能使这些数据以后受到潜在的攻击。

任务三　网络营销的安全保障

电子商务作为一种全新的业务和服务方式，为全球客户提供了更丰富的商务信息、更简捷的交易过程和更低廉的交易成本。伴随着互联网用户的迅速增加，网络交易额也在迅速上升。虽然与全球几万亿美元的商业额相比，1998 年电子商务交易的金额不过区区 418 亿美元。而在此之前，两个数字之间的差异更为巨大，以至于人们可以对其中的安全问题忽略不计。然而当这一切发生变化，甚至发生逆转的时候，人们就不得不注意到其中的安全问题并予以高度的重视了。

大量的事实说明，保证电子商务的正常运作，必须高度重视安全问题。网络交易安全涉及社会的方方面面，不是一堵防火墙或一个电子签名就能简单解决的问题。安全问题是网络交易成功与否的关键所在，也是致命所在。因为网络交易的安全问题不仅关系到个人的资金安全、商家的货物安全，还关系到国家的经济安全、国家经济秩序的稳定问题。我们无法想象一个安全得不到保障的网络交易世界会是一个什么样的情形。所以，对于网络交易的安全问题绝不可以等闲视之，必须把它提到重要的议事日程。只有这样，才能促进电子商务的更快发展。

2.3.1 网络营销的不安全因素分析

电子商务风险源分析主要是依据对网络交易整个运作过程的考察，确定交易流程中可能出现的各种风险，分析其危害性，旨在发现交易过程中潜在的安全隐患和安全漏洞，从而使网络交易安全管理有的放矢。

1. 信息风险　从技术上看，网络交易的信息风险主要来自以下三个方面：

（1）冒名偷窃　黑客为了获取重要的商业秘密、资源和信息，常常采用源 IP 地址欺骗攻击。入侵者伪装成源自一台内部主机的一个外部地点传送信息包，这些信息包中包含有内部系统的 IP 地址。在 E - mail 服务器使用报文传输代理（Message Transfer Agent，MTA）中冒名他人，窃取信息。

（2）篡改数据　攻击者未经授权进入网络交易系统，使用非法手段，删除、修改、重发某些重要信息，破坏数据的完整性，损害他人的经济利益，或干扰对方的正确决策，造成网络营销中的信息风险。

（3）信息丢失　交易信息的丢失，可能有三种情况：

1）因为传输线路问题造成信息丢失。

2）因为安全措施不当而丢失信息。

3）在不同的操作平台上转换操作丢失信息。

从买卖双方自身的角度观察，网络交易中的信息风险来源于用户以合法身份进入系统后，买卖双方都有可能在网络上发布虚假的供求信息，或以过期的信息冒充现在的信息，以骗取对方的钱款或货物。而对这些信息的鉴别，至少现在还没有很好的解决办法。

2. 信息传递过程中的风险　信息在网络上传递时，要经过多个环节和渠道。由于计算机技术发展迅速，原有的病毒防范技术、加密技术、防火墙技术等始终存在着被新技术攻击的可能性。计算机病毒的侵袭、黑客非法侵入、线路窃听等很容易使重要数据在传递过程中泄露，威胁电子商务交易的安全。各种外界的物理性干扰，如通信线路质量较差、地理位置复杂、自然灾害等，都可能影响到数据的真实性和完整性。

3. 信用风险　信用风险主要来自以下三个方面：

1）来自买方的信用风险。对于个人消费者来说，可能存在网络上使用信用卡进行支付时恶意透支，或使用伪造的信用卡骗取卖方的货物行为；对于集团购买者来说，存在拖延货款的可能。卖方需要为此承担风险。

2）来自卖方的信用风险。卖方不能按质、按量、按时送寄消费者购买的货物，或者不能完全履行与集团购买者签订的合同，造成买方的风险。

3）买卖双方都存在抵赖的情况。

4. 管理方面的风险　严格管理是降低网络交易风险的重要保证，特别是在网络商品中介交易的过程中。客户进入交易中心，买卖双方签订合同，交易中心不仅要监督买方按时付款，还要监督卖方按时提供符合合同要求的货物。在这些环节上，都存在大量的管理问题。防止此类问题发生的风险需要有完善的制度设计，形成一套相互关联、相互制约的制度群。

人员管理常常是在线商店安全管理上的最薄弱的环节。近年来我国计算机犯罪大都呈现内部犯罪的趋势。其主要原因是人员职业道德修养不高，安全教育和管理松懈所致。一些竞争对手还利用企业招募新人的方式潜入该企业，或利用不正当的方式收买企业网络交易管理人员，窃取企业的用户识别码、密码、传递方式以及相关的机密文件资料。

网络交易技术管理的漏洞也带来较大的交易风险。有些操作系统中某些用户是无口令的，如匿名 FTP，利用远程登录（Telnet）命令登录这些无口令用户，或利用 R 系列（Rlogin）等服务存在信任概念，允许被信任用户不需要口令就可以进入系统，然后把自己升级为超级用户。

世界上现有的信息系统绝大多数都缺少安全管理员，缺少信息系统安全管理的技术规范，缺少定期的安全测试与检查，更缺少安全监控。我国许多企业的信息系统已经使用了许多年，但计算机的系统管理员与用户的注册大多还是处于缺少状态。

5. 法律方面的风险　电子商务的技术设计是先进的、超前的，具有强大的生命力。但必须清楚地认识到在目前的法律上是找不到现成的条文保护网络交易之中的交易方式的，在网上交易可能会承担由于法律滞后而造成的风险。

此外，还存在其他方面的不可预测的风险。在对风险源进行分析时，应把一切可能导致风险的因素，包括直接的和间接的因素，内部的和外部的因素，主要的和次要的因素，总体的和个体的因素等，从多角度加以考察、研究，尽可能把风险源考虑得多一些，全面一些。对风险源考虑越细致、越周密，越有助于采取有针对性的防范措施。

2.3.2 网络交易安全管理的基本思路

一谈到安全管理，人们首先想到的是技术保障措施。但仅从技术角度讲安全保障就存在很多问题。现在人们在谈论网络安全的时候很喜欢大谈防火墙，好像只要有了一道防火墙就可以高枕无忧、万事大吉了。但实际上防火墙仅仅保护了网络的“大门”，黑客一旦“入门”，便可横行无阻了。还有，我们目前大部分的商业和金融平台大多是运行于 UNIX 之上，从安全的角度来讲，UNIX 的“超级用户”功能绝对是个最大的隐患。目前个人使用的硬件平台绝大多数是 32 位的平台，而 32 位的平台是无法运行 B 级安全系统的，简单的 C 级安全系统绝对无法承担网络交易的安全需要，我们的数据传输线路很容易被窃听；我们的主机所发出的电波信号是黑客们所喜欢的；我们的 E－mail 很可能就是病毒源，整个安全系统确实还很脆弱。

网络交易安全需要一个完整的综合保障体系。网络交易安全管理的基本思路应当跳出单纯从技术角度寻求解决办法的圈子，采用综合防范的思路，从技术、管理、法律等方面去认识，去思考。根据我国的实际和国外的经验，现提出行之有效的综合解决的办法和措施。

一个完整的网络交易安全体系，至少应包括三类措施，并且三者缺一不可。

1）技术方面的措施，如防火墙技术、网络防毒、信息加密、存储通信、身份认证、授权等。但只有技术措施并不能保证百分百的安全。

2）管理方面的措施，包括交易的安全系统漏洞的检查以及安全教育等。在这方面，政府有关部门、企业的主要领导、信息服务商应当扮演更重要的角色。

3）社会的法律政策与法律保障。

只有从上述三方面入手，才可能真正实现电子商务的安全运作。

2.3.3 客户认证

客户认证（Client Authentication，CA）是基于用户的客户端主机 IP 地址的一种认证机制，它允许系统管理员为只有某一特定 IP 地址的授权用户定制访问权限。CA 与 IP 地址相关，对访问的协议不做直接的限制，服务器和客户端无需增加、修改任何软件。系统管理员可以决定对每个用户的授权、允许访问的服务器资源、应用程序、访问时间以及允许建立的会话次数等。

客户认证技术是保证电子商务交易安全的一项重要技术。客户认证主要包括身份认证和信息认证。前者用于鉴别用户身份，后者用于保证通信双方的不可抵赖性和信息的完整性。在某些情况下，信息认证显得比信息保密更为重要。例如，在买卖双方发生日用品业务或交易时，可能交易的具体内容并不需要保密，但是交易双方应当能够确认是对方发送或接收了这些信息，同时接收方还能确认接收的信息是完整的，即信息在通信过程中没有被修改或替换。另一个例子是网络中的广告信息，此时接收方主要关心的是信息的真实性和信息来源的可靠性。

因此，在这些情况下，信息认证将处于首要的地位。

1. 身份认证　身份认证是判明和确认贸易双方真实身份的重要环节，也是电子商务交易过程中最薄弱的环节。因为非法用户常采用窃取口令、修改或伪造、阻断服务等方式对网络交易系统进行攻击，阻止系统资源的合法管理和使用。

认证机构或信息服务商应当提供如下的认证功能：

1）可信性。信息的来源是可信的，即信息接收者能够确认所获得的信息不是由冒充者所发出的。

2）完整性。要求信息在传输过程中保证其完整性，即信息接收者能够确认所获得的信息在传输过程中没有被修改、延迟和替换。

3）不可抵赖性。要求信息的发送方不能否认自己所发出的信息。同样，信息的接收方不能否认已收到了信息。

4）访问控制。拒绝非法用户访问系统资源，合法用户只能访问系统授权和指定的资源。

一般来说，用户身份认证可通过以下三种方式或其组合方式来实现：

1）用户所知道的某个秘密信息，例如用户知道自己的口令。

2）用户所持有的某个秘密信息（硬件），即用户必须持有合法的随身的物理介质，例如智能卡中存有用户的个人化参数，访问系统资源时必须要有智能卡。

3）用户所具有的某些生物学特征，如指纹、声音、DNA 图案、视网膜扫描等，但这种方案一般造价较高，适用于保密程度很高的场合。

2. 信息认证　随着网络技术的发展，通过网络进行电子购物等商业活动日益增多。这些商业活动往往是通过公开网络，如互联网进行数据传输，这就对网络传输过程中信息的保密性提出了更高的要求。

（1）信息保密性要求

1）对敏感的文件进行加密，即使别人截获文件，也无法得到其内容。

2）保证数据的完整性，防止截获人在文件中加入其他信息。

3）对数据和信息的来源进行验证，以确保发信人的身份。

（2）认证方式　现在业界普遍通过采用秘密密钥加密系统（Secret Key Encryption）、公开密钥加密系统（Public Key Encryption），或者两者相结合的方式来满足以上要求，以求信息的安全认证。

1）私钥体制的信息认证。基于私钥体制的信息认证是一种传统的信息来源认证方法。这种认证方法的基本原理是：需要通信的甲乙双方共同约定一个口令或一组密码，即建立一个通信双方共享的密钥。当通信的甲方要发送信息给乙方时，为了防止信息在公共信道被窃取，通信的甲方将信息用共享密钥加密后再传送。

由于密钥是通信双方的共享密钥，通信的乙方可以确定信息是由甲方发出的。这是一种简单的信息来源的认证方法。在认证的同时对信息也进行了加密。

基于私钥体制的信息认证的特点是文件加密和解密用的是同一个密钥，即加密密钥也可以用做解密密钥。所以这种方法在密码学中称为对称加密算法。通常，对称加密算法使用起来简单快捷，密钥较短，且破译困难。最有名的对称密钥加密系统是数据加密标准（DES），这个标准现在由美国国家安全局和国家标准与技术局来管理。另一个系统是国际数据加密算法（IDEA），它比 DES 的加密性好，而且需要的计算机功能也不那么强。IDEA 加密标准由 PGP（Pretty Good Privacy）系统使用。

2）基于公钥体制的信息认证。在实际的文件传输过程中，服务器端在得到客户发送的加密文件后，需要用客户加密的私有密钥进行解密。这个私有密钥通常也需要经过网络传输，如果有人截获了私有密钥，也就能够对加密文件进行解密。这就存在一个如何对私有密钥进行加密传输的问题，公开密钥系统解决了这个问题。

与对称加密算法不同，公开密钥系统采用的是非对称加密算法。使用公开密钥算法需要两个密钥—公开密钥（Public Key）和私有密钥（Private Key）。如果用公开密钥对数据进行加密，只有用对应的私有密钥才能进行解密；如果用私有密钥对数据进行加密，则只有用对应的公开密钥才能解密。

正因为加密和解密使用的是两个不同的密钥，所以这种算法称为非对称加密算法。这种算法速度很慢，所以它不适合于对文件加密，而只适用于对少量数据进行加密。

在微软公司 Windows NT 的安全性体系结构中，公开密钥系统主要用于对私有密钥的加密过程。每个用户如果想要对数据进行加密，都需要生成一对自己的密钥对（Key Pair）。密钥对中的公开密钥和非对称加密解密算法是公开的，但私有密钥则应该由密钥主人妥善保管。

对文件进行加密只解决了第一个问题，而防止他人对传输的文件进行破坏，以及如何确定发信人的身份，还需要采取其他的手段。

文件的签名过程实际上是通过一个哈希函数来实现的。哈希函数的输入是需要签名的文件，输出是一组定长的代码，称为数字签名。数字签名的特点是它代表了文件的特征，文件如果发生改变，数字签名的值也将发生变化。不同的文件将得到不同的数字签名。一个最简单的哈希函数是把文件的二进制码相累加，取最后的若干位。哈希函数对发送数据的双方都是公开的。

只有加入数字签名及验证，才能真正实现在公开网络上的安全传输。加入数字签名及验证的文件传输过程如下：

① 发送方首先用哈希函数从原方得到数字签名，然后采用公开密钥体系用发送方的私有密钥对数字签名进行加密，并把加密后的数字签名附加在要发送的原文后面。

② 发送方选择一个秘密密钥对文件夹进行加密，并把加密后的文件夹通过网络传输到接收方。

③ 发送方用接收方的公开密钥对秘密密钥进行加密，并把加密后的文件夹通过网络传输到接收方。

④ 接收方使用自己的私有密钥对密钥信息进行加密，得到秘密密钥的明文。

⑤ 接收方用秘密密钥对文件夹进行解密，得到经过加密的数字签名。

⑥ 接收方用发送方的公开密钥对数字签名进行解密，得到数字签名的明文。

⑦ 接收方用得到的明文和哈希函数重新计算数字签名，并与解密后的数字签名进行对比。如果两个数字签名是相同的，说明文件在传输过程中没有被破坏。

如果第三方冒充发送方发出了一个文件，接收方在对数字签名进行解密时使用的是发送方的公开密钥，只要第三方不知道发送方的私有密钥，解密出来的数字签名和经过计算的数字签名必然是不相同的。这就提供了一个安全的确认发送方身份的方法。

数字签名的加密、解密过程和秘密密钥的加密、解密过程虽然都使用公开密钥体系，但实现的过程正好相反，使用的密钥对也不同。数字签名使用的是发送方的密钥对，发送方用自己的私有密钥进行加密，接收方用发送方的公开密钥进行解密。这是一个一对多的关系，任何拥有发送方公开密钥的人都可以验证数字签名的正确性。而秘密密钥的加密、解密则使用的是接收方的密钥对，这是多对一的关系，任何知道接收方公开密钥的人都可以向接收方发送加密信息，只有唯一拥有接收方私有密钥的人才能对信息解密。这是一个复杂但又很有趣的过程。在使用过程中，通常一个用户拥有两个密钥对，一个密钥对用来对数字签名进行加密、解密，另一个密钥对用来对秘密密钥进行加密、解密。显然，这种方式提供了更高的安全性。

3. 通过认证机构认证　网上交易的买卖双方在进行每一笔交易时，都要鉴别对方是否是可信的。例如，甲方收到了带有乙方数字签名的一封信，用属于乙方的公钥解密，甲方要确定公钥属于乙方，而不是在网上冒充乙方的其他人。一种确定公钥属于乙方的办法就是，通过秘密途径接收由乙方亲自送来的公钥。这种办法在实际上的交易中显然是不现实的。如果交易的甲乙双方通过互联网获取各自的公共密钥（这种办法是可行的），他们则需要对这些密钥进行验证。甲方不能简单地向乙方询问其公共密钥，因为在网络上可能存在截获甲方请求的第三者，并发送他自己的公共密钥，借以阅读甲方传送给乙方的所有消息。因此，需要一个第三方来验证公钥确实属于乙方。这样的第三方被称为认证机构。通过认证机构来认证买卖双方的身份，是保证网络交易安全的重要措施。

（1）证书　在交易时，应向对方提交一个由认证机构签发的包含个人身份的证书，以使对方相信自己的身份。顾客向认证机构申请证书时，可提交自己的驾驶执照、身份证或护照。经验证后，认证机构颁发证书，证书包含了顾客的名字和他的公钥，以此作为网上证明自己身份的依据。

按照CA证书应用对象的不同，CA证书可以分为持卡人证书和商家证书。

持卡人证书实际上是支付卡的一种电子化的表示。由于它是由金融机构以数字化形式签发的，因此不能随意改变。持卡人证书并不包括账号和终止日期信息。取而代之的是用单向哈希算法根据账号、截止日期生成的一个码。如果知道账号、截止日期、密码值，即可导出这个码值，反之不行。

商家证书就像是贴在商家收款台小窗上的付款卡贴画，以表示它可以用什么卡来结算。它是由金融机构签发的，不能被第三方改变。在SET环境中，一个商家至少应有一对证书，与一个银行打交道。一个商家也可以有多对证书，表示它与多个银行有合作关系，可以接受多种付款方法。

按照CA证书应用对象的不同，也可以将其分为个人用户证书、企业用户证书、服务器证书及代码证书，或分为发卡机构证书、银行证书和支付网关证书。

按照业务类型的不同，CA证书可分为A类证书（符合SET协议）和B类证书（符合X.509标准，如SSL、S/MIME等）及特殊证书。

CA证书按照安全等级可分为：

1）一级证书。最高级别的证书，由CA中心受理审核和发放，一般应用于支付网关证书、行业证书等。

2）二级证书。由CA中心授权指定的业务受理点受理并审核，CA中心进行二次审核后发放，如商家证书、服务器证书等。

3）三级证书。通过业务受理点或安全网络进行证书申请，审核由业务受理点完成，如个人用户证书。

4）四级证书。采用浏览器方式直接通过网络向CA中心申请，如测试证书或安全级别要求不高的个人用户证书。

（2）数字证书　最常用的CA证书是数字证书。数字证书作为网上交易双方真实身份证明的依据，是一个经证书授权中心（CA）数字签名的、包含证书申请者（公开密钥拥有者）个人信息及其公开密钥文件。基于公开密钥体制（PKI）的数字证书是电子商务安全体系的核心，用途是利用公共密钥加密系统来保护与验证公众的密钥，由可信任的、公正的权威机构CA颁发。CA对申请者所提供的信息进行验证，然后通过向电子商务各参与方签发数字证书来确认各方的身份，保证网上支付的安全性。

(3) 认证机构　认证机构在电子商务中具有特殊的地位。它是为了从根本上保障电子商务交易活动顺利进行而设立的，主要是解决电子商务活动中交易参与各方身份、资信的认定，维护交易活动的安全。认证机构是提供身份验证的第三方机构，由一个或多个用户信任的组织实体组成。例如，持卡人要与商家通信，持卡人从公开媒体上获得了商家的公开密钥，但持卡人无法确定商家是不是冒充的（有信誉），于是持卡人请求认证机构对商家认证，认证机构对商家进行调查、验证和鉴别后，将包含商家公钥的证书传给持卡人。同样，商家也可对持卡人进行验证。

认证机构的功能主要有：接收注册请求，处理、批准或拒绝请求，颁发证书。在实际运作中，认证机构也可由大家都信任的一方担当。例如，在客户、商家、银行三角关系中，客户使用的是由某个银行发的卡，而商家又与此银行有业务关系（有账号）。在此情况下，客户和商家都信任该银行，可由该银行担当认证机构角色。又如，对商家自己发行的购物卡，则可由商家自己担当认证机构角色。

(4) 认证机构在电子商务中的法律地位　从法律角度考查，认证机构扮演着一个买卖双方签约、履约的监督管理的角色，买卖双方有义务接受认证机构的监督管理。在整个电子商务交易过程中，包括在电子支付过程中，认证机构都有着不可替代的地位和作用。

在电子商务交易的撮合过程中，认证机构是提供交易双方验证的第三方机构，由一个或多个用户信任的、具有权威性质的组织实体管理。它不仅要对进行电子商务交易的买卖双方负责，还要对整个电子商务的交易秩序负责。因此，这是一个十分重要的机构，往往带有半官方的性质。

电子商务认证机构对登记者履行下列监督管理职责。

1）监督登记者按照规定办理登记、变更、注销手续。

2）监督登记者按照电子商务的有关法律、法规合法从事经营活动。

3）制止和查处登记人的违法交易活动，保护交易人的合法权益。

(5) 证书的树形验证结构　在两方通信时，通过出示由某个 CA 签发的证书来证明自己的身份。如果对签发证书的 CA 本身不信任，则可验证 CA 的身份，依此类推，一直到公认的权威 CA 处，就可确信证书的有效性。SET 证书正是通过信任层次来逐级验证的，每一个证书与数字化签发证书的实体的签名证书关联。沿着信任树一直到一个公认的信任组织，就可确认该证书是有效的。例如，C 的证书是由名称为 B 的 CA 签发的，而 B 的证书又是由名称为 A 的 CA 签发的，A 是权威的机构，通常称为根（Root）CA。验证到了 Root 处，就可确信 C 的证书是合法的。

在网上购物实现中，持卡人的证书与发卡机构的证书关联，而发卡机构的证书通过不同品牌卡的证书连接到 Root CA，而 Root 的公共签名密钥对所有的 SET 软件都是已知的，可以校验每一个证书。

任务四　网络营销的法律规范与政策

虽然计算机专家从各个角度开发了许多电子商务交易安全的技术保障措施，但仍难以完全保障电子商务的交易安全，众多商家和消费者仍然对网络上大量进行商业活动心存疑虑，合同的执行、赔偿、个人隐私、资金安全、知识产权保护、税收以及其他可能出现的问题使商家和消费者裹足不前。在这种情况下，相应的法律保障措施必不可少。目前，各国政府正在加大法律调整的研究力度，纷纷出台各种法律、法规，规范网络交易行为，以求电子商务交易安全检查得到可靠保证。

2.4.1　世界各国的电子商务法律

1. 美国电子商务法律调整的基本原则　电子商务的发展是未来商业发展的一个必然趋势，其独特的运作方式向现有商业模式提出了技术、财务和交易安全等方面的重大挑战。没有法律规范的电子商务是难以正常发展的。政府应及时出台相应的法律、法规，支持和引导电子商务沿着正确的轨道发展。

政府在围绕电子商务制定法律条文时，应采取非限制性、面向市场的做法。当买卖双方在电子商务网络上自愿签订合同，合法地买卖产品和服务时，政府应当尽量减少参与和干涉，不对网络上发生的商业活动加以新的、不必要的限制，增加繁琐手续，或增加新的税收和资费。但是，政府仍需要提供一个透明的、和谐的商业法律环境使商业活动得以正常进行。这种法律框架应着眼于保护公平交易，保护平等互利竞争，保护消费者免受欺诈，保护知识产权免受侵权和保护个人隐私，制定鼓励监督、有助于调解和打击犯罪的行之有效的一套办法。

目前，需要制定的有关电子商务的法律、法规主要有：市场准入制度、合同有效认证办法、电子支付系统安全措施、信息保密防范办法、知识产权侵权处理规定、税收征收办法以及广告的管制、网络信息内容的过滤等。

2. 在互联网上开展商务活动的《统一商业法规》（UCC）　为了鼓励电子商务，美国政府同时支持国内和全球的统一商业法律框架（Uniform Commercial Legal Framwork）。这个法律框架将确认、认可、强化和促进美国和全世界的电子商务交易。

市场的参与者（包括消费者、商家、金融机构和在线服务提供商）应当定义和系统阐述大多数电子商务规则。然而，为使市场参与者能够完成这一任务和适当地发挥各自的作用，政府应当鼓励制定相互直辖市的国内和国际的规则和范式。这些规则和范式简称为在计算机网络空间（Cyber Space）进行商业活动的法律基础。

在美国国内各州已采纳了《统一商业法规》（UCC）。这是一个涉及美国商务法重要领域的、范围广泛的法规集。全国统一州法专员会议（National Conference of Commissioners of Uniform State Law，NCCUSL）和美国法律学会（ALI）正在根据联合国国际贸易法委员会制定的有关电子商务的一部示范法调整 UCC，使之适用于计算机网络空间。调整后的 UCC 将通过以下方式消除电子商务在行政和法规方面的障碍：

1）确定和认可通过电子手段形成的合同的规则和范式，规定约束电子合同履行的标准，定义构成有效电子书写文件和原始文件的条件，鼓励政府各部门、厂商认可和接收正式的电子合同、公证文件等。

2）规定为法律和商业目的而做出的电子签名的可接受程度，鼓励国内和国际规则的协调一致，支持电子签名和其他身份认证手续的可接受性。

3）建立电子注册处。

4）推动建立其他形式的、适当的、高效率的和有效的国际商业交易的纠纷调解机制，支持在法庭上和仲裁过程中使用计算机证据。

5）建立与软件和电子数据的许可证交易、使用和权利转让有关的标准和任选的合同履行规则。

6）在国际上，美国政府支持所有国家采用联合国国际贸易法委员会（United Nations Commission on International Trade Law，UNCITL）提出的示范法作为电子商务使用的国际统一商业法规。

3. 电子支付的法律制度　1979 年，美国的电子支付的市场份额仅为 15%，而 2003 年，这一数字已变成了 55%。现在 80% 以上的美元支付是通过电子方式进行的，每天大约有 2 万亿美元通过美联社联储电子资金系统（Fedwire）及清算所银行同业支付系统（CHIPS）划拨。为了适应电子支付的需要，美国 1978 年制定了《1978 年电子资金划拨法》（Electronic Fund Transfer Act of 1978）。这部法律的主要内容是保护银行客户的权益，适用于客户是自然人的小额电子资金划拨。

1989 年，美国全国统一州法专员会议和美国法律学会批准了《统一商业法规》，对大额电子支付系统进行调整。该法第一次对电子支付下了定义：电子支付是支付命令发送方把存放于商业银行的资金，通过一条线路划入收益方开户银行，以支付给收益方的一系列转移过程。该法详细规定了电子支付命令的签发与接受，接受银行对发送方支付命令的执行，电子支付的当事人的权利和义务，以及责任的承担等。

随着近年来互联网的普及，人们已开始试行跨国界的零售电子支付新方法。鉴于技术环境的迅速变化，很难制定符合实际又简便易行的法律、法规。因为过于严格或缺乏灵活性的法律、法规都是不合适的。美国财政部和联邦储备委员会（包括 G－10 中央银行主管支付和清算委员会、银行业务监察 Basle 委员会以及财务行动工作小组）正在全面研究电子银行和支付业务方面的重要问题，并积极在国际论坛上通过与其他政府的合作，全面考虑已出现的各种电子支付系统的影响，谨慎地试行适应新情况的法律、法规。

4. 信息安全的法律制度　对组成全球信息基础结构计算机和网络安全性的担心延缓了美国内外电子商务的增长。如果互联网的用户不相信他们的通信和数据是安全的，那么，他们就不会把互联网应用于日常商业活动。除非确保在线信息的安全性和完整性的法律规定和技术真正到位，否则那些保护个人数据隐私和保护知识产权的努力都是徒劳的。

美国政府已经批准 OECD 的“信息系统安全性指南”。该指南涵盖了九项安全性原则，这些原则系统地阐述了高层次的需求，如明确安全责任的需求、知晓安全措施和手续的需求以及尊重其他用户的权利和合法利益的需求等。

由于密码学是提供计算机安全的重要工具，因此，美国联邦政府对相关的法律给予了极大的关注和努力。从源头入手，政府大力提倡开发和利用有效的加密产品。然而，事物都是两方面的。功能强大的加密产品可以使公民更好地保护其商业秘密和个人档案，但也可能被犯罪分子和恐怖分子用来掩匿其活动和阻挠法律授权的调查工作。所以，美国对最先进的加密产品加以出口管制。

但是，过于严格的出口管制限制了功能强大的加密产品在世界电子商务范围内的应用，美国联邦政府一直致力于寻求在保护合法的执法和国家安全利益的同时，缓解对商业化加密产品的出口管制。

最近的一项措施是，只要公司允诺制造和销售能保护公众安全和国家安全的产品，政府就允许公司在两年内出口使用 56 位 DES（数据加密标准）或同等的加密算法的加密产品，对于出口的密钥恢复（Key Recovery）产品将不限制其密钥长度和算法。这样的密钥恢复产品能使政府在进行法律授权的犯罪调查过程中获取已加密的数据。使用密钥恢复的做法在美国国内是自愿的，即任何美国人都可以根据自愿原则在美国国内使用任何加密系统。

再者，美国联邦政府已将商用加密管制的司法权从国务院转移到商业部。上述这两项措施都是为了支持一项全面的密码政策。这项政策将促进电子信息的安全性和公共安全检查，以及在全世界范围内鼓励电子商务和安全通信的增长。

5. 新加坡的《全面电子商务法》　新加坡是东南亚第一个正式定义参与电子商务各方权利与责任的国家。1998 年 7 月，新加坡公布了为电子商务提供全面法律框架的电子商务法。这一法案将有助于新加坡成为开展电子商务值得信任的国家。

新加坡电子商务法包括 12 个部分：前言、电子记录与签字概述、网络服务提供者的义务、电子合同、安全电子记录与签字、电子签字的效力、与电子签字有关的一般责任、认证机构的责任、签署者的职责、认证机构的管理、政府对电子记录与签字的应用。

新加坡的《全面电子商务法》已在1998年底成为正式的法律。这项法律所包括的参与交易的买卖双方身份认证的程序，有关可以数字化的在线签订的电子合同的程序，验证电子商务文件发出和接受时间以及认证它们完整性的程序，承认电子记录出处的程序以及允许可以电子提交公营部门服务的程序等内容，都很值得各国政府在进行电子商务立法时借鉴。

非常关键的一点是，新加坡的《全面电子商务法》将为建立公共密钥基础设施作出规定。在该公共密钥基础设施中，认证机构将起到电子交易中可以信任的第三方的作用，并负责向电子商务用户签发数字证书。新加坡已经建立了该国第一家认证机构CA Nettrust Pet. Ltd公司，并且于1998年7月与加拿大政府签署了交叉认证的协议。

2.4.2 我国涉及网络营销安全的法律、法规

电子商务交易安全的法律保护问题，涉及两个基本方面：①电子商务交易首先是一种商品交易，其安全问题应当通过民商法加以保护。②电子商务交易是通过计算机及其网络而实现的，其安全与否依赖于计算机及其网络自身的安全程度。我国目前还没有出台专门针对电子商务交易的法律、法规，究其原因，还是上述两个方面的法律制度还不完善，因而面对迅速发展的这种商品交易与计算机网络技术结合的新的交易形式难以出台较为完善的安全保障规范性条文。所以，我们应当充分利用已经公布的有关交易安全和计算机安全检查的法律、法规，保护电子商务交易的正常进行，并在不断的探索中，逐步建立适合中国国情的电子商务的法律制度。

1. 我国涉及交易安全的法律、法规　在现代社会的各个环节中，商品的交换扮演了非常重要的角色。相对于生产、分配及消费而言，交换体现了动态的效益价值。而交换秩序则是实现交换价值的基本前提。这种基本前提在法律上就表现为对交易安全的保护。交易安全较之静态的财产安全，在法律上便体现了更丰富的自由、争议、效益与秩序的价值元素。

我国现行的涉及交易安全的法律、法规主要有以下四类：

1）综合性法律，主要是民法通则和刑法中有关保护交易安全的条文。

2）规范交易主体的有关法律，如公司法、国有企业法、集体企业法、合伙企业法、私营企业法、外资企业法等。

3）规范交易行为的有关法律，包括经济合同法、产品质量法、财产保险法、价格法、消费者权益保护法、广告法、反不正当竞争法等。

4）监督交易行为的有关法律，如会计法、审计法、票据法、银行法等。

我国法律对交易安全的研究起步较晚，且长期以来注重对财产静态权属关系的确认和静态的安全保护，未能反映现代市场经济交易频繁、活泼、迅速的特点。虽然上述法律制度体现了部分交易安全的思想，但大都没有明确的交易安全的规定，在司法实践中也没有按照这些制度执行。如《中华人民共和国民法通则》第六条规定的“本人知道他人以本人的名义实施民事行为而不做否认表示则视为同意”，体现了交易安全中表见代理的思想，但却没有形成一套清晰的表见代理制度。在立法和司法解释上，背离交易安全的规范大量存在。立法上，如《中华人民共和国民法通则》第五十八条、《中华人民共和国经济合同法》第七条关于民事行为无效的规定，过分扩大民事行为无效的范围，有损于交易主体对其交易行为的合法性信赖，即交易安全利益。在司法解释方面，1987 年 7 月 21 日最高人民法院《关于在审理经济合同纠纷案件中具体适用（经济合同法）的若干问题解答》中，明显过分偏重于静的安全，而忽视动的安全，背离交易安全保护的精神。

2. 我国涉及计算机安全的法律、法规　我国的计算机安全立法工作开始于 20 世纪 80 年代。1981 年，公安部开始成立计算机安全监察机构，并着手制定有关计算机安全方面的法律、法规和规章制度。1986 年 4 月开始草拟《中华人民共和国计算机系统安全保护条例》（征求意见稿）。1988 年 9 月 5 日，第七届全国人民代表大会常务委员会第三次会议通过的《中华人民共和国保守国家秘密法》，在第三章第七条中第一次提出：“采用电子信息等技术存取、处理、传递国家秘密的办法，由国家保密工作部门会同中央有关机关规定。”1989 年，我国首次在重庆西南铝厂发现计算机病毒后，立即引起有关部门的重视。公安部发布了《计算机病毒控制规定（草案）》，开始推行计算机病毒研究和销售许可证制度。

1991 年 5 月 24 日，国务院第八十三次常委会议通过了《计算机软件保护条例》。这一条例是为了保护计算机软件设计人的权益，调整计算机软件在开发、传播和使用中发生的利益关系，鼓励计算机软件的开发与沟通，促进计算机应用事业的发展，依据《中华人民共和国著作权法》的规定而制定的。这是我国颁布的第一个有关计算机的法律。1992 年 4 月 6 日原机械电子工业部发布了《计算机软件著作权登记办法》，规定了计算机软件著作权管理的细则。

1991 年 12 月 23 日，国防科学技术工业委员会发布了《军队通用计算机系统使用安全要求》，对计算机实体（场地、设备、人身、媒体）的安全、病毒的预防以及防止信息泄露提出了具体措施。

1994 年 2 月 18 日，国务院令第 147 号发布了《中华人民共和国计算机信息系统安全保护条例》，为保护计算机信息系统的安全，促进计算机的应用和发展，保障经济建设的顺利进行提供了法律保障。这一条例于 1988 年 4 月着手起草，1988年8月完成了条例草案，经过近四年的试运行后方才出台。这个条例的最大特点是既有安全管理，又有安全监察，以管理与监察相结合的办法保护计算机资产。

针对国际互联网的迅速普及，为保障国际计算机信息交流的健康发展，1996年2月1日国务院令第195号发布了《中华人民共和国计算机网络国际联网管理暂行规定》，提出了对国际互联网实行统筹规划、统一标准、分级管理、促进发展的基本原则。1997年5月20日，国务院对这一规定进行了修改，设立了国际联网的主管部门，增加了经营许可制度，并重新发布。1997午6月3日，国务院信息化工作领导小组在北京主持召开“中国互联网络信息中心成立暨《中国互联网络域名注册暂行管理办法》发布大会”，宣布中国互联网络信息中心（CNNIC）成立，并发布了《中国互联网络域名注册暂行管理办法》和《中国互联网络域名注册实施细则》。中国互联网络信息中心将负责我国境内的互联网络域名注册、IP地址分配、自治系统号分配、反向域名登记等注册服务；协助国务院信息化工作领导小组制定我国互联网络的发展、方针、政策，实施对中国互联网络的管理。1997年12月8日，国务院信息化工作领导小组根据《中华人民共和国计算机信息网络国际联网管理暂行规定》，制定了《中华人民共和国计算机信息网络国际联网管理暂行规定实施办法》，详细规定了国际互联网管理的具体办法。与此同时，公安部颁布了《计算机信息网络国际联网安全保护管理办法》，原邮电部也出台了《国际互联网出入信道管理办法》，旨在通过明确安全责任，严把信息出入关口、设立监测点等方式，加强对国际互联网络使用的监督和管理。

1996年3月14日，国家新闻出版署发布了电子出版物暂行规定，加强对包括软磁盘（FD）、只读光盘（CD－ROM）、交互式光盘（CD－I）、图文光盘（CD－G）、照片光盘（Photo－CD）、集成电路卡（IC－Card）和其他媒体形态的电子出版物的保护。

1997年10月1日起我国实行的新刑法，第一次增加了计算机犯罪的罪名，包括非法侵入计算机系统罪，破坏计算机系统功能罪，破坏计算机系统数据程序罪，以及制作、传播计算机破坏程序罪等。这表明我国计算机法制管理正在步入一个新阶段，并开始和世界接轨，计算机法制的时代已经到来。

3. 我国保护计算机网络安全的法律、法规

（1）加强国际互联网出入信道的管理　《中华人民共和国计算机网络国际联网管理暂行规定》规定，我国境内的计算机互联网必须使用国家公用电信网提供的国际出入信道进行国际联网。任何单位和个人不得自行建立或者使用其他信道进行国际联网。除国际出入口局作为国家总关口外，原邮电部还将中国公用计算机互联网划分为全国骨干网和各省、市、自治区接入网进行分层管理，以便

对入网信息进行有效的过滤、隔离和监测。

（2）市场准入制度　《中华人民共和国计算机网络国际联网管理暂行规定》规定了从事国际互联网经营活动和从事非经营活动的接入单位必须具备的条件。

1）是依法设立的企业法人或者事业单位。

2）具备相应的计算机信息网络、装备以及相应的技术人员和管理人员。

3）具备健全的安全保密管理制度和技术保护措施。

4）符合法律和国务院规定的其他条件。

《中华人民共和国计算机信息系统安全保护条例》规定，进行国际联网的计算机信息系统，由计算机信息系统的使用单位报省级以上的人民政府公安机关备案。

（3）安全责任　从事国际互联网业务的单位和个人，应当遵守国家有关法律、行政法规，严格执行安全保密制度，不得利用国际互联网从事危害国家安全、泄露国家秘密等违法犯罪活动，不得制作、查阅、自制和传播妨碍社会治安的信息和淫秽色情等信息。

计算机网络系统运行管理部门必须设有安全组织或安全负责人，其基本职责包括：保障本部门计算机网络的安全运行；制定安全管理的方案和规章制度；定期检察安全规章制度的执行情况，负责系统工作人员的安全教育和管理；收集安全记录，及时发现薄弱环节并提出改进措施；向安全监督机关和上一级主管部门报告本系统的安全情况。

每个工作站和每个终端都要建立健全网络操作的各项制度，加强对内部操作人员的安全教育和监督，严格网络工作人员的操作职责，加强密码、口令和授权的管理，及时更换有关密码、口令；重视软件和数据库的管理和维护工作，加强对磁盘文件和软盘的发放和保管，禁止在网上使用非法软件、软盘。

网络用户也应提高安全意识，注意保守秘密，并应对自己的资金、文件、情报等机要事宜经常检查，杜绝漏洞。

网络系统安全保障是一个复杂的系统工程，它涉及诸多方面，包括技术、设备、各类人员、管理制度、法律调整等，需要在网络硬件及环境、软件和数据、网际通信等不同层次上实施一系列不尽相同的保护措施。只有将技术保障措施和法律保障措施密切结合起来，才能实现安全性，保证我国计算机网络的健康发展。

2.4.3　我国电子商务立法的若干基本问题

1. 电子商务立法形式的选择　面对电子商务的迅速发展，现行法规与实践发展不相适应的矛盾越来越突出。人们普遍感到电子商务立法的必要性，电子商务的专门立法已不可避免。但在整个立法工作开展之前，必须解决两个问题：一是电子商务能否单独立法，即电子商务法的地位问题；二是电子商务的立法从何入手。

（1）电子商务法的地位　依据法学的基本理论，法的地位是指在整个法律体系中有没有自己独立存在的位置，有没有自己独立存在的理由和必要性。能够在法律体系中形成独立存在的位置，才可能有单独立法的必要性。

就电子商务而言，我们认为完全有理由将其抽出来单独立法。这是因为：①电子商务法的调整对象是独立的、明确的，它调整的是电子商务交易中发生的各种社会关系。而这类社会关系是在广泛采用新型信息技术并将这些应用到商业领域后才形成的特殊的社会关系。②电子商务法调整的社会关系有自己明显的特征，这些社会关系交叉存在于虚拟社会和实体社会之间，而传统的法律调整的范围都是在现实物理世界的范围之内，二者的调整对象有显著区别。③传统的民法、经济法及其程序法很难适用于虚拟环境中的商务交易活动，突出体现在合同效力的确定、诉讼管辖、证据认定等保障实体法实施的理论和方法不能支持现有法律处理电子商务案件，有关媒体的管理构架的法律不能适应以网络为载体的全新的信息交流方式。所以，电子商务单独立法是非常必要的。如果国家不能在短时间内对电子商务有一个特别的法律规范，电子商务的发展必然由于无序而受到阻碍。

在刚刚开始的21世纪中，随着经济、社会的发展，新兴学科将大大加快前进的步伐，学科间相互的交叉和渗透也越来越明显。作为构成法律体系的最基本元素的法律规范同样处于不断的有时甚至是剧烈的变化之中。这使得法律体系也处在不断的动态平衡之中。当法律规范的量变达到一定程度时，就会发生质变，从而导致新兴的法律分支的产生，以使与同时代的生产力发展水平以及由此形成的各种社会关系相适应。社会的发展与进步，使各种社会关系变得更加错综复杂，法律自身的划分也更加困难，各种法律之间的重叠交错更加难以避免，可能增加新的法律分支。从发展的眼光看，电子商务法必将成为一部独立的单行法，这部单行法的调整对象非常明确，使用的规范手段却是跨部门法的。这是法律发展的一个新的方向和领域。

（2）电子商务立法途径　从立法的角度看，电子商务的立法可以有两条途径。

1）先分别立法，即首先解决电子商务发展过程中遇到的现实问题，制定单行法规，如电子合同规则、电子支付规则、电子提单规则、电子商务税收征收办法、网络广告规则等。待时机成熟后，再进行综合立法。这种方法的优点是能够及时解决电子商务发展过程中的具体问题，并能够在实践中不断积累经验，逐步提出比较完善的综合立法的思路。这种方法的缺点是缺乏宏观思考，全局性不足，各单行法规很难实现统一性和一体性，而且很容易沿袭传统按行业和部门归属立法的弊端。

2）先着手综合立法，形成我国电子商务立法的综合思路，出台电子商务基本法，然后对各个具体问题制定单行规则。对于电子商务这样一个发展十分迅速的新生事物，其立法应当反映现实并服务于现实，这是理所当然的。但立法超前性的指导意义也非常重要。“先综合立法后分别立法”的思路有利于从宏观上把握电子商务这一新事物的发展趋势，有利于统一电子商务活动中关键问题的看法。基本法制定出来，指导实践，规范实践，但不要限制实践的发展。如果立法不适应了，还可以修正。而且由于电子商务所依赖的信息技术发展迅速，所制定的单行法规也需要经常修改和变动。这种修改和变动，如果没有综合的思路和统一的目标，很可能会产生诸多自身的问题和相互矛盾的问题。

其中第二种形式是国际上普遍采用的方法。联合国《电子商务示范法》已于1996年12月出台，其中第七条涉及电子签字问题。之后才开始制定电子签字统一规则，目前这一规则仍在制订过程中。所以，着手研究电子商务的关键问题，起草电子商务基本法，应当是目前应选择的较好的立法形式。

2. 电子商务立法的目的　立法的目的是立法者制定法律的方针和目标。法律、法规制定后，要进行实施，并在实践中得到检验，而立法的目的此时作为评价立法好坏的标准。电子商务的立法目的应从以下三个方面考虑：

（1）为电子商务的健康、快速发展创造一个良好的法律环境　随着信息高速公路和互联网技术的迅速普及，电子邮件和电子数据交换等现代化通信手段在商务交易中的使用正在急剧增多，且可望得到进一步的发展。然而，以非书面电文形式来传递具有法律意义的信息可能会因使用这种电文所遇到的法律障碍，或这种电文法律效力或有效性的不确定性而受到影响。起草电子商务法的目的，是要向电子商务的各类参与者提供一套虚拟环境下进行交易的规则，说明怎样去消除此类法律障碍，如何为所谓的“电子商务”创造一种比较可靠的法律环境，克服进一步使用电子商务所遇到的法律障碍。

（2）弥补现有法律的缺陷和不足　电子商务单独立法，是因为国家有关传递和存储信息的现行法规不够完备或已经过时，因为那些文件起草时，还没有预见到电子商务的使用。在某些情况下，现行法规通过规定要使用“书面”、“经签字的”或“原始”文件等，对现代通信手段施加了某些限制或包含有限制的含义。尽管国家就信息的某些方面颁布了具体规定，但仍然没有全面涉及电子商务的立法，这种情况可能使人们无法准确地把握以非传统的书面文件形式提供的信息的法律性质和有效性，也无法完全相信电子支付的安全性。此外，在日益广泛地使用电子邮件和电子数据交换邮件的同时，也有必要对传真和电传等通信技术制定相应的法律和规范。

电子商务法还有助于弥补现有法律的缺陷。因为国家一级立法的不完备会对商务贸易造成障碍，特别是在国际贸易中，相当大的一部分是与使用现代信息技术有关的。如果我国对使用现代信息技术的法规与国际规范有较大差异和不确定性，将会限制企业进入国际市场的机会。

(3) 鼓励利用现代信息技术促进交易活动 电子商务法的目标包括使电子商务的使用成为可能或为此创造方便条件，平等对待基于书面文件夹的用户和基于数据电文的用户，充分发挥高科技手段在商务活动中的作用。这些目标都是促进经济增长和提高国内贸易效率的关键所在。从这一点讲，电子商务立法原目的不是要从技术角度来处理电子商务关系，而是创立尽可能安全的法律环境，以便有助于通信各方之间高效率地使用电子商务。

3. 电子商务立法指导思想与原则 提供一个透明的、和谐的商务法律环境，使电子商务活动得以正常进行，是电子商务立法的基本出发点。从上述指导思想出发，我们可以考虑以下立法原则：

(1) 与联合国的《电子商务示范法》保持一致 联合国贸易法委员会的《电子商务示范法》是经过众多的国际法律专家集体讨论制定的，意在向各国政府的执行部门和议会提供一份背景和说明材料，帮助其使用《电子商务示范法》，同时推动各国更新其立法。《电子商务示范法》对我国制定相应的法律有很大的借鉴价值。我国在制定电子商务法时，一方面，应结合我国实际情况，提出我国看法的法律解决办法；另一方面，应当尽量与联合国的《电子商务示范法》保持一致。这样做有利于我国立法与国际接轨，也有利于我国的商务活动与世界接轨。

(2) 不偏重任何技术 电子商务法旨在提供必不可少的程序和原则，以有利于在各种不同情况下使用现代技术记录和传递信息。但是在电子商务法的起草过程中不应偏重任何技术手段。例如，电子商务法不应当确定一种相当于任何一种书面文件夹的计算机技术等同物，相反，电子商务法只需要提出书面形式要求中的基本作用，以其作为标准。任何数据电文，不管采用什么技术，一旦达到这些标准，即可同起着相同作用的相应书面文件夹一样，享受同等程度的法律认可。

(3) 依赖"功能等同"方法 电子商务法的起草应以这样的认识为依据，即针对传统的书面文件的法律规定是利用现代信息手段发展商务活动的主要障碍。在拟订电子商务法时，首先应考虑能否通过扩大"书面形式"、"签字"和"原件"等概念的范围，把以计算机为基础的技术也包括进去，解决国内法规中的传统规定对使用电子商务造成的障碍。一些现有法律文书就采用了这种办法，如《联合国国际货物销售合同公约》第十三条。所以，电子商务法就允许将国内有关立法加以修改，以适应用于贸易的现代信息技术的发展，而不必全盘取消书面形式的要求或打乱这些要求所依据的法律概念和做法。同时，通过电子手段满足书面形式要求在某些情况下可能需要制定新的规则。这是因为电子数据交换电文与书面单证之间的区别之一是后者可用肉眼阅读，而前者除非使其变为书面文字或显示在屏幕上，否则是不可识读的。

因此，电子商务立法过程中应依赖一种称做“功能等同”的新方法。这种方法立足于分析传统的书面要求的目的和作用，以确定如何通过电子商务技术来达到这些目的或作用。例如，书面文件可起到下述作用：提供的文件大家均要识读；提供的文件在长时间内可保持不变；可复制一文件，以便每一当事方均掌握一份同一数据副本；可通过签字核证数据；提供的文件采用社会和法院可接受的形式。应当注意到，关于所有上述书面文件的作用，电子记录也可提供如同书面文件同样程度的安全。在大多数情况下，特别是就查明数据的来源和内容而言，其可靠程度和速度要高得多，但需符合若干技术和法律要求。然而，采取“功能等同”方法不应造成电子商务使用者须达到较书面环境更加严格的安全标准和相关费用。

（4）跟踪计算机的最新发展　计算机发展日新月异，更新换代周期日益缩短，涉及的社会领域不断拓宽，并不断向纵深发展，由此带来的社会问题也都在迅速地发生变化。法律工作者已不不再像研究罗马法那样，占用大量的时间去细细体味和总结。电子商务法的研究，必须紧跟计算机技术发展的步伐，不断更新，不断突破，否则很难解决新出现的问题和矛盾冲突。

电子商务法是为了适应利用计算机技术和其他现代信息技术进行交易的当事方之间通信手段发生的重大变化而起草拟订的。由于计算机技术，特别是网络的发展日新月异，有关电子商务的法律滞后问题日渐显现，改动和修订是不可避免的。联合国从 1984 年开始着手有关电子商务立法，先后提出了“自动数据处理的法律问题”、“计算机记录的法律价值”、“对利用电子方法订阅合同所涉法律问题的初步研究”、“电子数据交换所涉法律问题可能性的统一规划提纲”等报告，最终出台了《电子商务示范法》，每一次都是随着技术的变化而作了较大程度的修改。所以，我国在拟订电子商务法时，必须充分考虑信息技术高速发展的现状，一方面应有一定的超前性；另一方面应留有余地，以使适应电子商务发展的新情况。

4. 电子商务立法范围

（1）电子商务法的调整对象　调整对象是立法的核心问题，它提示了立法调整的互联网主体所产生的特定社会关系，也是一法区别于另一法的基本标准。根据电子商务的内在本质和特点，电子商务法的调整对象应当是电子商务交易活动中发生的各种社会关系，而这类社会关系是在广泛采用新型信息技术并将这些技术应用于商业领域后才形成的特殊的社会关系，它交叉存在与虚拟社会和实体社会之间，有别于实体社会中的各种社会关系，且完全独立于现行法律的调整范围。

(2) 电子商务法所涉及的技术范围　电子商务是一新生事物，在起草电子商务法时，应注意处理当前这一主题的广泛含义。对电子商务立法范围的理解，应从“商务”和“电子商务所包含的通信手段”两个方面考虑。一方面，应深入了解商务的含义。对“商务”一词应作广义解释，使其包括无论是契约型还是非契约型的一切商务性质的关系所引起的种种事项。商务性质的关系包括但不限于下列交易：供应或交换货物或服务的任何贸易交易、分销协议、商务代表或代理、客账代理、租赁、工厂建造、咨询、工程设计、许可贸易、投资、融资、银行业务、保险、开发协议或特许、合营，及其他形式的工业或商务合作，空中、海上、铁路或公路的客、货运输。另一方面，“电子商务”概念所包括的通信手段有以下各种使用电子技术为基础的传递方式：通过电子手段，如通过互联网进行的自由格式的文本的传递；以电子数据交换方式进行的通信；计算机之间以标准格式进行的数据传递；利用职权公开标准或专有标准进行的电文传递。在某些情况下，“电子商务”概念还可包括电报和传真复印等技术的使用。如果说“商务”是一个子集，“电子商务所包含的通信手段”为另一子集，电子商务立法所覆盖的范围应当是这两个子集所形成的交集，即“电子商务”标题之下可能广泛涉及的互联网、内部网和电子数据交换在贸易方面的各种用途。

应当注意的是，虽然拟定电子商务法时，经常提及比较先进的通信技术，如电子数据交换和电子邮件，但电子商务法所依据的原则及其条款也应照顾到适用于不太先进的通信技术，如电传、传真等。可能存在这种情况，即最初以标准化电子数据交换形式发出的数字化信息，后来在发信人和收信人之间传递过程中某一环节上，改为采用电子计算机生成的电传形式或电子计算机打印的传真复印形式来传送。一个数据电文可能最初是口头传递的，最后改用传真复印，或者最初采用传真复印形式，最后变成了电子数据交换电文。电子商务的一个特点是它包括可编程序电文，后者的计算机程序制作是此种电文与传统书面文件之间的根本差别。这种情况也应包括在电子商务法的范围内，因为考虑到各用户需要一套连贯的规则来规范可能交互使用权的多种不同通信技术。应当注意到，作为更普遍的原则，任何通信技术均不应排除在电子商务法范围之外，因此未来技术发展也必须顾及。

(3) 电子商务法所涉及的商务范围　从本质上讲，电子商务仍然是一种商务活动。因此，电子商务需要涵盖电子商务环境下合同、支付、商品配送的演变形式和操作规则；需要涵盖交易双方、中间商和政府的地位、作用和运行规范；也需要涵盖涉及交易安全的大量问题；同时还需要涵盖现有商法尚未涉及的特定领域的法律规范。

项目小结

本项目阐述了网络营销平台的含义，指出了电子支付的含义、电子支付的种类，分析了网络营销安全保障问题涉及的网络营销的不安全因素分析，网络交易安全管理的基本思路，介绍了网络营销的法律规范与政策。

关键概念

1. 电子支付 Electronic Payment
2. 智能卡 Smart Card
3. 电子现金 E－Cash
4. 电子支票 Electronic Check
5. 客户认证 Client Authentication

复习思考题

1. 什么是网络营销平台?
2. 什么是电子支付？电子支付方式有哪些?
3. 网络营销的不安全因素有哪些?

实践与训练

1. 登录南方航空公司的网站（www. csair. com. cn），了解机票购买时的支付方式。
2. 通过搜索引擎查找国务院办公厅的《关于加快电子商务发展的若干意见》、《中华人民共和国电子签名法》两份文件，学习了解相关内容，分析对我国网络营销的意义。

案例分析

江苏威特集团是一家生产销售汽车离合器总成、压盖总成等汽车配件的外向型企业集团。近几年来，每年的出口总额一直保持在900万美元以上，自营出口额达500万美元，2003年市场的外向度由1997年的46%上升到今年的89%，国际市场由1997年的15个国家和地区发展到50多个国家和地区。产品一直处于供不应求的态势，这与企业重视网络营销工作，善于利用现代网络营销理念整合传统营销工作，提升企业竞争力是分不开的。威特集团根据企业发展需求，结合现代网络技术，改造传统商务，探索出了一条符合集团未来和现实资源条件的网络营销之路。其做法如下。

1. 网络营销之路

（1）做独立网址的网站，自行维护网站资料　从1997年开始，威特集团根据国际市场情况和客户的要求在互联网上设置了自己的主页。但由于资料更新麻烦和域名宣传不方便，该集团很快将其升级为具有独立域名的网站。通过学习，该集团具备了网站维护的基本能力。从1998年至2003年，先后改版6次，上载产品图片300余张，页面修改190次（页）以上，使网站真正成为集团经营活动的橱窗，时刻体现当前的经营业态，并且与网上信息同步。常看常新的网站，不仅给访问者不断带来有商业价值的信息，提高了访问量和潜在的商业机会，还使老客户时刻感受到集团经济工作的勃勃生机。

（2）借助网络媒体，高强度、低成本，有针对性地宣传自己的网站　经过几年的摸索，威特集团有了几件法宝：

1）在国内外知名网站的电子公告牌上进行轮番宣传。如中文的阿里巴巴网站、中华商务网、中国汽车配件网，英文的汽车网、联合经贸网、连接中国网，等等。大约共有50个，基本保证每月都有威特集团网站的最新消息。因为这些网站的访问者大都是商贸界人士，有些商务网站和威特集团的业务非常靠近，其访问者甚至就是潜在客户。

2）加入商业信息库。

3）向客户群定期发送电子邮件。经过多年的网上操作，威特集团收集到了大约1000个E－mail。这些E－mail的主人，有的是汽车制造商的采购主管，有的是零部件经销商，有的是综合贸易的负责人，有的是这些产品的爱好者和设计人员。当然，这个客户群也是动态的，有的被划进来，有的也被退出去，但始终保持千个左右。这些客户也往往是集团网站的忠诚访问者，他们的反馈对威特集团产品的改进、市场的拓展有着非同寻常的参考作用，而获得这些意见的成本几乎可以忽略不计。

4）为不同的人群设计不同的宣传主题。同样是一条新产品促销信息，如果千人一面地宣传产品如何如何好，买了以后，怎样怎样实惠，是网上人士最反感和厌恶的，只有设计一些精确的主题有针对性地宣传才能取得较好的效果。比如，对于半金属基质面片的离合器总成，威特集团就设计了诸如环保专题、商机专题、节耗专题、安全专题和广告专题等，使看信息的人在不戒备的前提下，既了解到了产品信息，也传达了集团的意图。

2. 三载实践，硕果累累

1）节省了时间，节约了资金。在上网前，集团月均国际传真和电话费为1.2万元，上网后的5个月内，月均为1500元。根本原因就是将商务往来由电话和传真为主的方式转移到以Web和电子邮件为主的方式了。平均每年可节约通讯费用10万元，不仅节约了开销，还节约了时间。尤其是出差的次数减少了，业务人员就有更多的时间和精力，对产品进行跟踪，对客户进行更为细化的服务。

2）做成了生意，拓展了市场。威特集团1998年拓展的国际商务达80万美元，其销售费用还不到传统做法的1/10。汽车配件产品还进入了以前一直不太注意和不敢涉足的南美及西欧市场。2003年通过网络营销而做成的贸易达300万美元。

3）网络营销不仅能作产品销售，还能“顺手牵羊”作网上招商，将集团潜质的资源优势尽快地演化为经济优势。

网络营销，早动手早收益，完全可以实现双盈和多盈，这是威特集团最深切的体会。

1）网络营销是一种投入少、见效快、效益大的营销手段，是中小企业最划算的投资。

2）网络营销使中小企业，尤其是小企业能在网上获得和大中型企业平等的起跑机会。

3）网络营销是否能取得成功，取决于是不是能拥有一个自己培养出的团队。

实践证明，着力培养出一批“自己人”是制胜的关键，这种培养根本上还是植根于业务部门，以及业务运作技能的培养方面。网络说到底是一个工具，不过是一个比以前若干手段更有效的工具。但它并不能替代现实商务运作，尤其是现在电子商务环境还不很成熟的情况下。所以在人的要求上，以技能切入比较好一些。比如，威特集团就要求业务员会收发、保存和处理电子邮件，会上网搜集信息；对网络营销小组成员要求会有目的的宣传，要擅长应用新的网络技术，如网上洽谈室、网络会议、在线反馈等。上面介绍的仅是威特集团网络营销工作的几个层面，该企业深知，全球化经济的热潮留给纯粹传统经济模式企业的发展机会已经不多了，企业信息化是新世纪企业的必由之路，更是生存之本，实践证明网络营销是信息化工作的最好切入点。威特集团将一如既往地进行新经济的实践活动，为现代网络经济的发展做不懈努力。

（资料来源：《网络营销》主编　刘喜敏）

思　考　题

1. 案例中江苏威特集团都采用了什么样网络营销平台？
2. 江苏威特集团的网络营销平台给企业带来了哪些变化？

项目三 网络营销环境

学习目标

- ◆ 了解什么是网络营销环境
- ◆ 熟悉网络营销环境的分类方法
- ◆ 掌握网络营销宏观环境的构成要素
- ◆ 掌握网络营销微观环境对网络营销的重要性

引 例

方兴未艾的美国网上售票互联网抢滩旅行市场对航空公司的传统售票业务规则造成了巨大的冲击。以前航空公司需要向旅行公司支付约为10%的佣金，来让这些代理公司代其销售机票。但现在个人乘客以及B2B商务客户则可以直接预约机票，从而为航空公司节省了数目相当可观的支出。Priceline. com有限公司的成绩非常骄人，该公司从1999年1月1日至2000年3月31日通过网上销售的机票总额高达320万美元。公司允许客户自选机票价格，票价甚至可以远低于标准价格。据公司发言人称，通过采取这种新型的公司利润管理系统，原本通过传统的销售渠道正在不断下降的利润又重新得到了上涨。

（资源来源：http：//blog. sina. com. cnls/blog _ 5dff83e30100fafn. html）

思 考 题

1. 分析美国网上售票能够成功的条件是什么?
2. 设想一下，网上售票将会遇到什么样的新问题?

任务一 网络营销环境概述

网络营销虽然是一个新兴的行业，但从某种程度上来说其本质根源依然是营销活动，因此离不开一定的环境，这些环境是开展网络营销活动的物质基础。站在网络营销者的角度来看，网络营销环境的构成因素应当包括四个方面：宏观环境、消费者、竞争者和企业。如何充分利用网络营销环境，是每个企业都要研究的课题。

3.1.1 网络营销环境的概念

什么是市场营销环境？按照美国市场学家菲利普·科特勒的解释，市场营销环境是影响企业的市场和营销活动的不可控制的参与者和影响力。具体地说就是“影响企业市场营销管理能力，使其能否卓有成效地发展和维持其与目标顾客交易关系的外在参与者和影响力”。

网络营销环境是指对企业的生存和发展产生影响的各种外部条件，即与企业网络营销活动有关联因素的部分集合。这些元素的集合与互联网就构成了一个市场营销的整体环境，从环境构成上来讲，它具有以下五个方面的要素：

1. 提供资源　信息是市场营销过程中的关键资源，互联网是获取信息最直接和快捷的途径。通过互联网，企业可以获得各种信息，及时了解最新的市场需求、客户反馈，从而指导企业的网络营销活动。

2. 全面影响力　环境与体系内的所有参与者不是相互独立的两个个体，而是一个有机的结合体。每一个上网者都是互联网的一分子，可畅游互联网的每一个角落，对互联网产生影响，同时在这一过程中参与者也必然会受到互联网的影响。特别是对企业来说，企业需要关注，潜在的客户群体对企业产生的影响，会刺激企业去不断创新。

3. 动态变化　整体环境在不断变化中发挥其作用和影响。不断更新和变化正是互联网的优势所在。

4. 多因素互相作用　整体环境是由互相联系的多种因素有机组合而成的，涉及企业活动的各因素在互联网上通过网址来实现。

5. 反应机制　环境可以对其主体产生影响，同时主体的行为也会改造环境。企业可以将自己企业的信息通过公司网站存储在互联网上，也可以通过互联网上的信息进行决策。

因此，互联网已经不只是传统意义上的电子商务工具，而是独立成为新的市场营销环境。它以其范围广、可视性强、公平性好、交互性强、能动性强、灵敏度高、易操作等优势给企业市场营销创造了新的发展机遇与挑战。

3.1.2 我国网络营销环境的现状

1. 网络基础环境　据中国互联网络信息中心 2010 年 1 月发布的第 25 次《中国互联网络发展状况统计报告》（以下简称《报告》）显示，截至 2009 年 12 月 30 日，中国网民规模达到 3.84 亿人，互联网普及率达到 28.9%。网民规模较 2008 年底增长 8600 万人，年增长率为 28.9%，网民规模增长有所放缓。宽带网民规模达到 3.46 亿人，较 2008 年增长 7600 万。虽然中国的宽带普及率很高，但是宽带接入速度远远落后于互联网发达国家。中国手机网民规模年增加 1.2 亿，达到 2.33 亿人，占整体网民的 60.8%。其中只使用手机上网的网民为 3070 万，占整体网民的 8%。手机上网成为互联网用户新的增长点。农村网民规模达到10681万，占整体网民的27.8%，同比增长26.3%。2009年中国IPv4地址量达到2.32亿，较2008年增长28.2%。最近两年，网民平均IPv4地址拥有量持续下降，同时国际IP地址面临被分配殆尽的形势。推进互联网向以IPv6为基础的下一代互联网过渡已成当务之急。2009年底，域名总数为1682万，其中80%为.cn域名，域名数量保持平稳。2009年手机和笔记本作为网民上网终端使用率迅速攀升。其中，手机增长率为98.3%，笔记本电脑增长率为42.4%，而台式机的增长率仅有5.8%。互联网随身化、便携化的趋势进一步明显。网民每周上网时长继续增加，人均增加了2.1h。网民在业余时间上网的比例较高。职业人群中，在业余时间上网的比例为68.1%。2009年网络应用使用率排名前三甲的分别是网络音乐（83.5%）、网络新闻（80.1%）、搜索引擎（73.3%）。商务交易类应用的用户规模增长最快，平均年增幅68%。中国互联网影响显现从娱乐化向消费商务型转型的趋势。

2. 电子商务交易　2009年，商务交易类应用增幅“异军突起”，据CNNIC监测，2009年中国网络购物市场交易规模达到2500亿元，较2008年翻番增长；网络购物用户规模1.08亿人，年增长45.9%，网络购物使用率继续上升，目前达到28.1%。CNNIC《报告》调查显示，商务交易类应用的用户规模增长最快，平均年增幅达到了68%。其中，网上支付用户年增幅80.9%，在所有应用中排名第一，旅游预订、网络炒股、网上银行和网络购物用户规模分别增长了77.9%、67.0%、62.3%和45.9%。据CNNIC预测，2010年网购物市场将迎来更大规模的发展。

据分析，金融危机客观上促进了网络购物的发展。从供应端来看，很多企业受到冲击，网络作为便捷的营销平台，成为企业摆脱困境的捷径。2009年企业进驻C2C或自建B2C平台的数量增加迅速，增加了网络购物市场的商品供应量。从用户端来看，网络购物已经渐成网民消费生活的习惯。随着我国互联网普及率的逐年提高，互联网正在走进人们的工作与生活。CNNIC《报告》调查显示，在家和单位上网的网民比例在2009年有了明显的提高，有83.2%的网民选择在家上网，另有30.2%的网民选择在单位上网，互联网作为人们日常工具的使用价值正在日益提升。

虽然从数据上可以看出，中国互联网商务活动应用正出现网络消费快速增长的显著趋势。但是和美国相比，中国网民在互联网应用结构上仍存在较大差异：美国互联网在网络消费指数上得分几乎是中国的三倍。这从另外一个方面也说明了我国的网络消费增长还有更大的空间。

3.1.3 网络营销环境的分类

由于分类标准的迥异，网络营销环境的分类也有所不同，但一般地都是将网络营销环境分为两大类：宏观环境和微观环境。宏观环境有时也称为外部环境和组织环境，即间接影响企业营销活动的不可控制的社会力量。宏观环境主要包括以下因素：政治、经济、技术、人口、社会文化及自然地理等多方面因素（见图3-1）。微观环境即指与企业紧密相连、直接影响其营销能力的各种参与者，包括企业的供应商、营销的中间商、消费者、竞争者及社会公众和影响企业营销管理决策的企业内部各部门（见图3-2）。微观环境直接影响和制约着企业的营销活动；宏观环境则通过各种微观环境的媒介，间接影响和制约企业的营销活动。

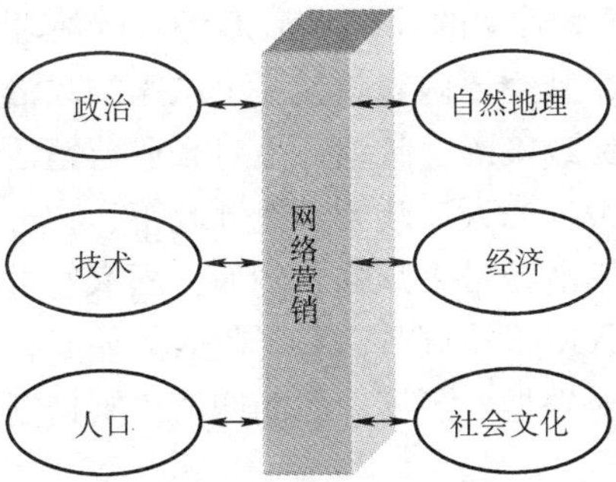

图3-1　网络营销的宏观环境

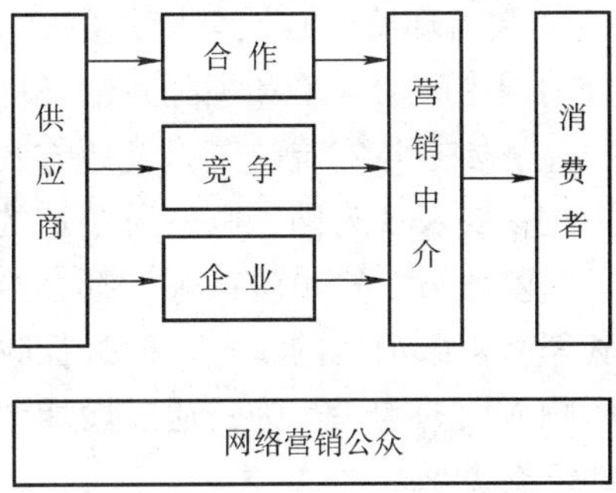

图3-2　网络营销的微观环境

3.1.4　网络营销环境对企业网络营销的影响

在网络经济条件下，每一个企业都是一个开放的经济系统，它的经营管理必然受客观环境的控制和制约。因此，企业要把握住环境的现状及将来的变化趋势，利用有利于企业发展的机会，避开环境变化给企业带来的不利影响，企业的网络营销活动才能取得好的效果。企业营销活动的实质是一个利用内部可控因素适应外部环境的过程，即通过对产品、价格、分销、促销的计划和实施，对外部不可控因素作出积极动态的反应，从而促成交易的实现和满足个人与组织的目标。用科特勒的话说就是“如果公司生产出适当的产品，定出适当的价格，利用适当的分销渠道，并辅之以适当的促销活动，那么该公司就会获得成功。”企业的网络营销能否取得预期的经济效益，关键在于所制定的网络营销目标和各项营销策略能否得到正确的反映，以及对外部环境的不断变化给企业营销的压力，企业是否调动了内部的各种因素来迎接挑战。因此，企业对于网络营销环境的研究是十分必要的，特别是企业网络营销的目标策略实施后对社会产生的影响。

任务二　网络营销的宏观环境

宏观环境对企业短期的利益可能影响不大，但对企业长期的发展具有很大的影响。所以，企业一定要重视宏观环境的分析研究。宏观环境主要包括以下六个方面的因素。

3.2.1 政治法律环境

政治法律环境是指一个国家或地区的政治制度、体制，政治形势、方针政策、法律、法规等方面的状况，包括国家政体的稳定性、国际关系、法制体系等。在国家和国际政治法律体系中，相当一部分内容直接或间接地影响着该国的经济和市场。企业营销活动的大方向要受到政治因素的限制和引导，而营销活动的行为准则则要受到法律、法规的规范，两者相互作用共同保障企业的营销活动。

1. 政治环境　政治环境是指企业市场营销活动的外部政治形势。政治环境可分为国内政治环境和国际政治环境两大类，其主要内容包括一个国家的政治局势、经济体制与宏观政策以及地方政府的方针政策等。政治环境对企业营销活动的影响主要表现为国家政府所制定的方针政策，如人口政策、能源政策、物价政策、财政政策、货币政策等，都会给企业营销活动带来影响。例如，国家通过降低利率来刺激消费的增长；通过征收个人收入所得税调节消费者收入的差异，从而影响人们的购买行为：通过增加产品税，对香烟、酒等商品的增值税来抑制人们的消费需求。

（1）政治局势　政治局势是指企业营销所处的国家或地区的政治稳定状况。一个国家的政局稳定与否会给企业营销活动带来重大的影响。对企业营销而言，政治局势主要的作用体现在两个方面：一方面，制定一系列的方针、政策，刺激经济的发展和扩张，从而促进商品的生产和销售，扩大市场需求；另一方面，制约和规范市场的环境以及企业的网络营销，让企业在法律、政策允许的范围内从事生产经营活动和合法的营销活动。国家通过营造良好、稳定的国内环境，稳定民心，全力发展国内经济，刺激商品的生产和销售，扩大企业贸易，进而提高企业的整体经济实力。一个国家的政治局势稳定与否，会给企业营销活动带来重大的影响。如果政治局势稳定，人民安居乐业，就会给企业营销营造良好的环境。相反，政治局势不稳定，社会矛盾尖锐，秩序混乱，就会影响经济发展和市场的稳定。企业在市场营销中，特别是在对外贸易活动中，一定要考虑东道国政局变动和社会稳定情况可能造成的影响，尤其是影响企业较长期的投资行为。

（2）经济体制　经济体制是指一个国家组织整个经济运行的模式，是一国基本经济制度的具体表现形式，也是一国宏观政策制定和调整的依据。经济体制包括三方面的内容：①所有制的形式。②管理机构的形式。③组织经济运行的方式。我国目前正处于经济体制的转轨期，这是一个长期的过程。它不仅是一种运行机制代替另一种运行机制，本质上还是体制创新与新体制结构因素不断积累的过程，并且这个转轨过程必然是经济结构、社会结构以及政治结构有机结合、整体转变的过程。特别是对于企业来说，这个时期是一个机遇与挑战并存的黄金发展时期。顺应效率和发展的要求逐步推进和实现这种结构性的调整和改革，对经济转轨国家来说具有实质意义。

(3) 方针政策　各个国家在不同时期，根据不同需要颁布一些经济政策，制定一些经济发展方针，这些方针、政策不仅要影响本国企业的营销活动，而且还要影响外国企业在本国市场的营销活动。由于经济的不断发展，新的经济现象与政策的矛盾不断凸现，甚至制约经济的发展，此时需要及时地调整颁布新的经济政策，根据实际情况制定新的经济发展方针，消除或者降低矛盾造成的损失，以保持经济的快速稳定发展。这些方针政策主要包括：进口限制、税收政策、价格管制、外汇管制和国有化政策。

(4) 国际关系　这是指国家之间的政治、经济、文化、军事等关系。全球市场是一个完整的有机体，任何一个国家的企业都无法脱离国际市场之外。国家与国家之间的国际关系将会直接影响到两国企业之间的贸易往来，"政治权力"与"政治冲突"都对企业市场营销活动有直接的影响。"政治权力"是指一国政府通过正式手段对外来企业权利予以约束限制，以保护本国利益，它包括劳工限制、进口限制、外汇管制以及国有化等方面的内容。劳工限制是指所在国对劳工来源及使用方面的特殊规定。进口限制是指在行政和法律方面作出限制进口的措施，包括限制进口数量和限制外国产品在本国市场上销售。外汇管制是指一个国家政府对外汇的供需及利用加以严格限制。国有化是指国家将所有外国人投资的企业进行有偿甚至无偿地收归本国所有。"政治冲突"是指国际上重大事件和突发性事件对企业市场营销活动的影响，如战争、动乱、罢工等直接冲突及不同政治观点在国际事务中产生的摩擦等带来经济制裁或经济政策的改变等间接冲突。

可见，政治环境对企业的影响特点是直接性的，即国家政治环境直接影响着企业的经营状况。对于企业来说，很难预测国家政治环境的变化趋势。政治环境因素一旦影响到企业，就会使企业发生十分迅速和明显的变化，而这一变化企业是驾驭不了的。

2. 法律环境　法律是体现统治阶级意志，由国家制定或认可，并以国家强制力保证实施的行为规范的总和。法律、法规的制定是一个循序渐进，不断废弃、修订和完善的过程。法律是国家意志的文字化准则。在一国内，法律、法规主要是规范市场和企业行为，相关的法律、法规在经济上的作用主要表现为四点：第一，企业之间的公平竞争原则；第二，企业与消费者之间的保护制度，防止消费权益受到损害，制止企业的非法牟利；第三，维护全社会的整体利益；第四，禁止企业的非法经营活动。如果企业从事国际营销活动，除了要遵守本国的法律制度外，还要了解和遵守市场的法律制度和有关的国际法规、国际惯例和准则。这方面因素对国际企业的营销活动有深刻影响。企业在进行国际市场营销时，特别要注意研究国外法律环境的影响因素，否则企业市场营销活动往往会受到挫折，甚至寸步难行。

（1）我国法规　目前，关于电子商务，网络营销的国际立法主要有：1987年国际商会的《电传交换数据统一行动法则》，1990年国际海事委员会的《电子提单规则》等。我国在研究国际先进经验的基础上，结合我国国情，初步制定了一套有中国特色的电子商务法规：1996年的《中华人民共和国计算机信息网络国际互联网管理暂行规定》、1997年的《中国互联网域名注册暂行管理办法》和《计算机信息网络国际联网安全保护管理办法》、1999年的《电信网间互联管理暂行规定》等；1999年《国家电子商务发展总体框架（初稿）》拟就，报国务院审批；2000年9月25日，国务院发布了《中华人民共和国电信条例》和《互联网信息服务管理办法》；2000年下半年，国家还先后出台了《互联网站从事登载新闻业务管理暂行规定》、《互联网电子公告服务管理规定》等。一些地方政府也发布了一些地方性管理规定。可以说，这些法规的颁布，结束了我国互联网信息服务业、网站管理无章可循、无政府的状态。

（2）国际法规　目前，国际上并没有各主权国家承认的立法机构和能够强制各国执行国际法的权威机构，但我们可以把国与国之间（双边或多边）签订的条约、公约和协定的总和作为国际法规。因为这些条约、公约和协定在一定程度上对于缔约国具有法律约束力。重要的国际法规有：世界贸易组织调整国际贸易行为的有关协定，如《联合国国际货物销售合同公约》、《90通则》等；保护工业产权方面的《保护工业产权的巴黎公约》、《国际商标注册马德里协定》等。此外，一些区域性或国际性的保护消费者利益和保护竞争的条约和协定也影响着企业的国际营销活动。

一些国家对外国企业进入本国经营设定各种限制条件，如日本政府曾规定，任何外国公司进入日本市场，必须要找一个日本公司与之合伙；也有一些国家利用法律对企业的某些行为作特殊限制，如美国《反托拉斯法》规定不允许几个公司共同商定产品价格，一个公司的市场占有率超过20%就不能再合并同类企业。除上述特殊限制外，各国法律对营销组合中的各种要素，往往有不同的规定。

各国法律对产品的纯度、安全性能有详细甚至苛刻的规定，目的在于保护本国民族的生产者而非消费者。例如，美国曾以安全为由，限制欧洲制造商在美国销售汽车，以致欧洲汽车制造商不得不专门修改其产品，以符合美国法律的要求；英国也曾借口法国牛奶计量单位采用的是公制而非英制，将法国牛奶逐出本国市场；而德国以噪声标准为由，将英国的割草机逐出德国市场。

3.2.2　经济环境

经济环境是内部分类最多、具体因素最多，并对市场具有广泛和直接影响的环境内容。在开展网络营销活动中，企业需要考虑的经济环境因素主要包括两方面的内容：第一，要考虑现实的网络营销经济环境水平，主要包括经济发展阶段、国民经济的增长状况、地区与行业的发展状况、社会购买力水平、对外贸易状况等；第二，需要考虑网络用户、网络基础条件对网络营销所产生的特有的影响和作用。

1. 网络营销经济水平

（1）经济发展阶段　人类社会发展经历了农业经济、工业经济阶段，现开始从工业经济向知识经济过渡。在农业经济发展阶段，土地是单一的生产要素。在工业经济发展阶段，前期的生产要素主要包括土地、劳动力与资本，后期则还包括企业家的管理能力和政府的宏观调控作用。到了知识经济时代，最主要的生产要素当推知识，尽管土地、劳动力、资本等仍是不可少的生产要素，但已不再像工业经济时代那样至关重要，而知识却在经济发展中占主导地位。表现在国民财富中，人力资本所占比重已大大超出 1/2，而信息产业则是国民经济的支柱产业。

（2）国民经济的增长状况　自改革开放以来，我国的 GDP 持续快速增长，平均年递增率 8% 以上，迅速提升整体的综合国力，一跃成为世界上经济发展速度最快的国家。我国的人均可支配收入水平大幅度提高。城镇居民人均可支配收入由 1980 年的 439 元增加到 2008 年底的 15781 元，城镇居民人均居住面积由 1980 年的 3.9m^2 增加到 2008 年年底的 29.1m^2。其中，2008 年城镇居民人均居住面积较之 1996 年的 17m^2 增加了 71%，商品住宅（包含经济适用房）价格水平也从 1996 年的 1604 元/m^2 上升到 2008 年的 3677 元/m^2，涨幅达 129%。随着可支配收入的不断增加，消费者支出结构也发生相应的变化。恩格尔定律指出，随着家庭收入的增加，用于购买食品的支出占家庭收入的比重就会下降；随着家庭收入的增加，用于住宅建筑和家务经营的支出占家庭收入的比重大体不变；随着家庭收入的增加，用于其他方面如服装、交通、娱乐、卫生保健和教育等方面的储蓄占家庭收入的比重将会上升。

（3）社会购买水平　随着国民生产总值的增加，人均可支配的资金增加，人们的消费结构也发生了变化，日趋合理，不仅仅停留在基本的物质水平，精神文明在人们日常的生产生活中所占的比重越来越大。随着收入的不断增加，人们十分关注生活质量的提高，消费倾向也出现明显变化，投资意识日益高涨。调查显示，越来越多的高收入居民，在消费时追求精神消费和服务消费，教育、文化、通信、保健、住宅等成为消费热点，追求时尚化与个性化日趋明显，对于产品要求增加，不仅仅满足于直观的感觉，对于产品的延伸性服务也提出了更高的要求。随着消费基数、群体和结构的改变，市场发生相应的变化，促使了许多新兴行业的产生，已有的行业也在不停地革新。

2. 网络基础建设　网络营销的载体是互联网，因此互联网的普及率和技术的更新速度也间接地影响着网络营销的发展。互联网与实体经济不断融合，带动了传统产业结构调整和经济增长方式的转变。近年来，应用信息技术改造提升传统产业不断取得新的进展，工业设计研发信息化、生产装备数字化、生产过程智能化和经营管理网络化水平迅速提高。互联网技术的发展催生了一批新兴产业，科技咨询、工业设计、现代物流、软件服务、信息发布、外包服务、创意产业等工业服务业蓬勃兴起，促进了工业的优化升级成为新的经济增长点。

此外，基础建设的区域性差别，在网络营销发展上存在着较大的差异。沿海地区经济发达、观念先进，对外交流畅通，企业信息化进程较快，网络营销基础设施建设、应用水平以及企业的认知度等方面都明显好于其他地区，其中南京、沈阳、上海、深圳、重庆、武汉等地企业网络营销的基础设施建设情况较好。

3.2.3 人文与社会环境

企业存在于一定的社会环境中，同时企业又是社会成员所组成的一个小的社会团体，不可避免地受到人文与社会环境的影响和制约。人文与社会环境的内容很丰富，在不同的国家、地区、民族之间差别非常明显。企业在营销过程中首先要注意的第一个因素是人口。因为市场是由人组成的，人是网络营销活动的直接和最终对象。在其他条件既定或相同的情况下，人口规模决定网络营销目标市场容量和潜力，人口结构影响消费结构和产品构成，人口组成的家庭、家庭类型及其变化，对消费品市场有明显的影响。营销人员必须要研究并熟悉不同城市、地区和国家的人口特征。在营销竞争手段向非价值、使用价值型转变的今天，营销企业必须重视人文与社会环境的研究。

1. 教育及文化差异　一个国家、一个地区的教育水平与经济发展水平需要保持一致。只有物质和精神相一致，才能推动经济的发展。一个人的审美观受其文化修养、区域环境以及经济实力的制约。有调查显示，总体教育水平高的地区，消费者对商品的接受和认知度也高，对新商品的推广和销售有利。因此，企业在新产品的营销组织策略的制定上，就需要根据潜在消费者的特性制定不同的推广手段。教育的差异给跨国经营带来了一定的障碍，但从另一面来看，它也一定蕴涵着可以利用的有利因素。所以采取有效的策略，从中抓住机会是非常必要的。面对复杂的教育及文化差异的国际环境，要想取得经营的成功，重要的一条是能在跨文化环境下灵活地面对异域文化因素的影响，无论是适应对方的文化还是对它进行变革都需要在经营活动中形成一种新的工作方式。或者说，建立起一种更具创造性且效益更好的方式，而这种方式的特点在于能采用多元化的灵活的思维和解决问题的方式，这样才能实现真正意义上的跨国经营，从而达到向国外市场成功地推行自己投资战略的目的。

当今市场营销活动已从一国市场扩展至多国市场，面临着不同国家、民族和地区更为复杂的社会文化、政治法律等错综复杂的环境因素，市场营销文化环境的变化必然导致许多国内市场营销上行之有效的策略及方法的效用的减弱，甚至丧失其原有效用。市场营销活动是否适应当地文化决定了市场营销活动的成败，准确地认识国际市场营销环境必须做到尊重差异，增强跨文化意识；注重文化分析，识别文化背景的异同；建立共同的经营观和公司文化。

2. 区域的经济差异　地域性是区域经济规划最重要的特征，因为区域经济规划总是与一定的区域联系在一起。各地区在自然、地理、资源、环境等方面，客观上存在着较大的差别，经济与社会发展水平、发展条件也存在着较大的差别，尤其是在区域经济发展中所遇到的矛盾和困难有着较大的差别，这就使得要规划的区域具有鲜明的区情特色，因而也就决定了区域经济规划具有鲜明的地域性。企业开展网络营销，一定要从区域的区情特点出发，依据区域经济发展战略所提出的战略目标、战略重点、战略布局，运用系统分析的方法，全面进行资源评价与区域力的分析，研究区内外自然的、地理的、历史的、经济的、社会的联系，企业营销策略的制定也要随着区域经济的差异进行调整。一个国家经济发展必然呈现区域性，这与区域的交通、资源以及自然环境有极大的关系。

我国地区经济发展很不平衡，逐步形成了东部、中部、西部三大地带和东高西低的发展格局。同时在各个地区的不同省市，还呈现出多极化发展趋势。这种地区经济发展的不平衡，对企业的投资方向、目标市场以及营销战略的制定等都会带来巨大影响。

3. 风俗习惯　风俗习惯是人们根据自己的生活方式和自然环境，在一定的社会物质生产条件下长期形成并世代相袭而成的一种风尚，以及由于重复、联系而巩固下来并变成需要的行动方式等的总成。不同的国家、不同的民族、不同的部落都有不同的风俗习惯，常常表现在饮食、服饰、居住、婚丧、信仰等方面。而这些不同对于消费者消费习惯和消费模式的确定有极大的影响。

世界上不同国家的风俗习惯千差万别，这些差异同时也渗透到国际商务活动中，这就为跨国投资与经营带来了问题，同时也带来了机会。中国有句古话：“入门问禁，入国问俗，入境问讳”。进入国际市场，到异国开展营销活动，也要了解对方的风俗习惯，这包括商务方面的传统习惯，也包括礼仪、信仰等，对此都要深入调查了解。作为营销人员必须区分不同对象不同对待，才能事半功倍。

4. 价值观念　价值观念是人们对社会生活中各种事物的态度、评价和看法。网络营销是面向全球性的市场，在不同的文化背景下，人们的价值观念差别是很大的，而消费者对商品的需求和购买行为则深受其价值观念的影响，不同的文化对时间、变革、物质财富、风险等都有不同的价值观念和态度，从而影响人们的消费行为和消费方式。在国际市场营销活动中，明智的做法是预先了解当地购买者的态度和价值观，并据此设计产品和组织推销。价值观不同，人们的消费倾向也有区别。因此，对于不同的价值观念，企业在开展网络营销时应采取不同的策略。

3.2.4 科技水平

科学技术对经济社会发展的作用日益显著，科技的基础是教育，因此科技与教育是客观环境的基本组成部分。在当今世界，企业环境的变化与科学技术的发展有非常大的关系，特别是在网络营销时期，两者之间的联系更为密切。在信息等高新技术产业中，教育水平的差异是影响需求和用户规模的重要因素，已被提到企业营销分析的议事日程上来。此外，由于互联网的介入，全球经济正处于一个根本性变革的时代，以计算机及网络通信技术为代表的信息产业已经渗透到人类社会生活和经济生活的各个领域、各个层面，传统的经济模式正向经济模式转变。

3.2.5 自然环境

自然环境是指一个国家或地区的客观环境因素，主要包括自然资源、气候、地形地质、地理位置等。虽然随着科技进步和社会生产力的提高，自然状况对经济和市场的影响整体上是趋于下降的趋势，但仍然无法摆脱自然环境对企业的制约。企业在生产经营过程中应充分注意：尽量使用数量丰富的、可再生的并对自然环境影响小的物质和能源进行经营，可以获得成本和其他方面的好处。

目前与企业的营销活动有关的自然环境方面的动向主要体现在以下几个方面：

（1）某些自然资源短缺或即将短缺　地球的资源可分为无限资源、有限资源和有限但可更新三类。

1）无限资源，如水、空气等。虽然这些资源是无限的，但其分布呈现明显的季节性和区域性，特别是水资源的分布极端不均衡。未来几十年水资源将会变得越发宝贵，世界上许多的国家都将面临缺水危机，这种情况不仅会影响人民生活，也会对工农业和企业造成威胁。因此，企业在制定经营策略时就需要考虑这个因素。

2）有限资源，如石油、天然气、煤炭以及金属等矿物质。随着人类社会的发展，工业对石油、天然气、煤炭以及金属的需求越来越大，资源已经开始出现供不应求的情况。大多数依赖这些资源的企业也面临着威胁，企业需要积极地寻找可替代的能源或原材料。新型能源的研究就变得越发重要，这一领域就成为关注热点，而企业在制定营销策略时也要相应地有所侧重。

3）有限但可更新的资源，如森林、粮食等。

（2）环境污染加剧　由于人们对工业高度发达的负面影响预料不够，预防不利，导致了全球性的三大危机：资源短缺、环境污染、生态破坏。人类不断地向环境排放污染物质，但由于大气、水、土壤等的扩散、稀释、氧化还原、生物降解等作用，污染物质的浓度和毒性会自然降低，这种现象叫做环境自净。如果排放的物质超过了环境的自净能力，环境质量就会发生不良变化，危害人类健康和生存，这就发生了环境污染。

环境污染会给生态系统造成直接的破坏和影响，如沙漠化、森林破坏；也会给生态系统和人类社会造成间接的危害。有时这种间接的环境效应的危害比当时造成的直接危害更大，也更难消除。例如，温室效应、酸雨和臭氧层破坏就是由大气污染衍生出的环境效应。这种由环境污染衍生的环境效应具有滞后性，往往在污染发生的当时不易被察觉或预料到，然而一旦发生就表示环境污染已经发展到相当严重的地步。当然，环境污染的最直接、最容易被人所感受的后果是使人类环境的质量下降，影响人类的生活质量、身体健康和生产活动。例如城市的空气污染造成空气污浊，人们的发病率上升，等等；水污染使水环境质量恶化，饮用水源的质量普遍下降，威胁人们的身体健康，引起胎儿早产或畸形等。严重的污染事件不仅带来健康问题，也造成社会问题。随着污染的加剧和人们环境意识的提高，由污染引起的人群纠纷和冲突逐年增加。

（3）政府对自然资源管理的干预日益加强　随着经济发展和科技进步，许多国家政府都对自然资源管理加强干预，这往往与企业经营战略和经营效益相矛盾。例如，为了控制污染，政府往往要求企业购置控制污染的设备，这样就可能影响企业的经营效益。又如，目前我国最大的污染制造者是工厂，如果政府按照法律和合理污染标准严格控制污染，有些工厂就要关、停、转，这样就可能影响工业的发展。因此，企业最高管理层要统筹兼顾地解决这种矛盾，力争做到既能减少污染源，又能保证企业发展，提高经营效益。

3.2.6　人口及结构分布

人是企业营销活动的直接和最终对象，而市场是由消费者构成的。所以在其他条件固定或相同的情况下，人口的规模决定着市场容量和潜力；人口结构影响着消费结构和产品构成；人口组成的家庭、家庭类型及其变化，对消费品市场有明显的影响。企业在营销过程中首先要注意的第一个因素是人口。营销人员必须要研究并熟悉不同城市、地区和国家的人口特征。

此外，不同的年龄结构决定人群的购买能力和消费倾向。目前我国全国人口中，0～14 岁的人口为 26478 万人，占总人口的 20.27%；15～59 岁的人口为 89742 万人，占总人口的 68.70%；60 岁及以上的人口为 14408 万人，占总人口的 11.03%（其中，65 岁及以上的人口为 10045 万人，占总人口的 7.69%）。与第五次全国人口普查相比，0～14 岁人口的比重下降了 2.62 个百分点，60 岁及以上人口的比重上升了 0.76 个百分点（其中，65 岁及以上人口比重上升了 0.73 个百分点），可见消费的主要群体集中在 15～59 岁的 8.9 亿人口之中。

在我国，青年消费者人口众多，也是所有企业竞相争夺的主要消费目标。年轻人的消费观念是追求时尚和新颖；表现自我和体现个性；容易冲动，注重情感。而中年人心理已经相当成熟，个性表现比较稳定，不再像青年人那样爱冲动、爱感情用事，而是能够有条不紊、理智分析处理问题，购买的理智性胜于冲动性，计划性多于盲目性；求实用，节俭心理较强；有主见，不受外界影响；随俗求稳，注重商品的便利。老年人则相对购买欲望不强，富于理智，很少感情冲动；精打细算，坚持主见，不受外界影响；对商品要求方便易行；品牌忠诚度较高。

任务三　网络营销的微观环境

3.3.1　企业内部环境分析

企业内部环境是指对企业网络营销活动产生影响，营销部门无法直接控制或改变的各种企业内部环境因素的总称，包括企业内部各部门的关系及协调合作、企业资源、企业能力、企业文化等因素。也称企业内部条件，即组织内部的一种共享价值体系，包括企业的指导思想、经营理念和工作作风。企业内部环境是有利于保证企业正常运行并实现企业利润目标的内部条件与内部氛围的总合，它由企业家精神、企业物质基础、企业组织结构、企业文化构成，四者相互联系、相互影响、相互作用，形成一个有机整体。其中，企业家精神是内部环境生发器，物质基础和组织结构构成企业内部硬环境，企业文化是企业内部软环境。企业内部环境的形成是一个从低级到高级、从简单到复杂的演化过程。企业内部环境管理的目标就是为提高企业竞争力，为实现企业利润目标营造一个有利的内部条件与内部氛围。

现实中有不少企业错误地认为只要有一台计算机上网，就是电子商务，企业就可以进行网络营销。网络营销是一个综合的系统，它需要以企业的信息平台作支撑，以企业的营销部门为主体，借助营销部门和其他各个部门的联合为营销网络，以企业的经营战略为目标，全面而系统地展开。这期间的任何部门都是网络营销系统的组成部分，企业的任何人员都是网络营销的相关人员，而不仅仅是按照传统的营销理念去分类企业内部的人员。

企业的战略目标确定了企业的投资方向和战略重点，如果企业高层对网络营销不重视，缺乏必要的关注，就无法启动网络营销。网络营销的可行性就体现在这里，需要配置相关的人力、物力、财力、信息和技术资源。作为一个综合的系统，各部门之间的协调配合是确保网络营销成功的基础。营销部门的宗旨是围绕企业的销售目标，以消费者的满意为工作。网络营销部门和技术开发部门、原材料采购部门、生产部门、管理部门等是相互联系、相互制约的。营销成果的好坏间接反映了企业组织、企业管理水平和企业的管理制度。

3.3.2 竞争对手分析

进行竞争对手分析的目的是通过了解竞争对手的信息，获知竞争对手的发展策略以及行动，以作出最适当的应对。市场经济的主要手段就是竞争，要在激烈的竞争中生存，并实现利润最大化，就必须分析竞争对手，找到竞争对手的软肋，对自身进行警示。竞争对手不仅仅限于行业内的竞争对手，其他非本行业的对手也要进行必要的分析，才能做到知己知彼，百战百胜。那么首要的问题就是如何确定竞争对手以及竞争对手的类型。

1. 竞争对手的类型

（1）品牌竞争者　品牌竞争者指能满足消费者某种需要的同种产品的不同品牌的竞争者。当其他公司以相似的价格向相同的顾客提供类似产品与服务时，公司将其视为竞争者，如 IBM 公司和联想公司。

（2）行业竞争者　公司可把制造同样或同类产品的公司都广义地视为行业竞争者，如奇瑞和 JAC 可以视对方为自己的竞争者。

（3）产品形式竞争者　产品形式竞争者指满足消费者某种愿望的同类商品在质量、价格上的竞争者。公司可以广泛地把所有能制造并提供相同服务的产品的公司都视为产品形式竞争者。

（4）通常竞争者　通常竞争者指以不同的方法满足消费者同一需要的竞争者。公司还可进一步更广泛地把所有争取同一消费者的人都看做通常竞争者。

2. 竞争对手的选择

（1）选择目前重要的竞争对手　一个行业内，不可能出现独家垄断的现象，美国出台的《反垄断法》其目的就是为了防止行业被垄断的行为。那么在行业内部，一个企业面临的就不可能是单一的对手，应根据企业自身的定位，对行业内的对手进行简单的筛选，挑选出目前自己的主要竞争对手进行重点的研究和分析。

（2）预测潜在的竞争对手　市场是多变的，因此，竞争对手也是不断变化的，许多原本不是对手的也变成对手，这就需要企业在早期对可能潜在的竞争对手进行预测，时时关注它们的动向，才能及时地作出应对，保护自身不受或少受伤害。这些潜在的竞争对手一般包括：不在本行业内但可以不费力气便可克服壁垒进入本行业的公司；进入本行业便可获得协同效应的公司；其战略的延伸必然导致其加入本行业竞争的公司；可能前向整合或后向整合的客户或经销商。

（3）被收购的弱小企业　兼并、重组、收购与被收购是市场中最常用的手段，这也就意味着任何企业都不能忽视被收购的弱小企业。虽然其产业规模小，市场份额有限，但一旦被收购，其设备、技术、市场渠道可以促使收购企业很快地抢占市场。

3. 了解竞争对手　通过研究竞争对手的门户网站，可以轻松地获取对手的信息，从竞争者的角度需要关注以下八方面内容：

1）站在顾客的角度浏览竞争对手网站的所有信息，借鉴对手吸引顾客注意力的创新点。

2）学习对手的设计理念和思路，优化自身。

3）注意网站设计的细节方面。

4）弄清竞争对手开展业务的地理区域，以便能从客户清单中判断竞争对手的实力和业务的好坏。

5）记录竞争对手网站的传输速度，特别是图形下载的时间，因为速度是网站能否留住客户的关键因素。

6）察看竞争对手的站点上是否有别人的图形广告，以此来判断该企业在行业中与其他企业的合作关系。

7）对竞争对手的整体实力进行考察，全面考察对手在导航网站、新闻组中宣传网址的力度，研究其选择的类别、使用的介绍文字，特别是图标广告的投放量等。

8）考察竞争对手开展网上营销时需要做的工作，而定期监测对手的动态变化则是一个长期性的任务，要时时把握竞争对手的新动向，在竞争中保持主动地位。

3.3.3 供应商分析

企业的生产离不开资源的消耗，如原材料、设备、能源等，绝大多数企业的资源都需要从供应商处购买，企业对于供应商的依赖度极高，供应商的品质直接决定了企业生产成本的高低。因此，企业必须和供货商保持密切的联系，及时了解和掌握市场行情，从而保证自身的正常生产。

企业在寻找和选择供应商时，应特别注意以下两点：

1）充分考虑供应商的资信状况。要选择那些能够提供品质优良、价格合理的资源，交货及时，有良好信用，在质量和效率方面都信得过的供应商，并且要与主要供应商建立长期稳定的合作关系，保证企业生产资源供应的稳定性。

2）使自己的供应商多样化。企业越过分依赖一家或少数几家供应商，受到供应变化的影响和打击的可能性就越大。为了减少供应对企业的影响和制约，企业就要尽可能多地联系供应商，向多个供应商采购，尽量注意避免过于依靠单一的供应商，以免与供应商的关系发生变化时，使企业陷入困境。

因此，必要的供应商调查是必须的。供应商调查在不同的阶段有不同的要求，一般有三种调查方式：第一种是资源市场分析，第二种是供应商初步调查，第三种是供应商深入调查。

1. 资源市场分析

（1）资源市场调查的内容

1）资源市场的规模、容量、性质。例如资源市场究竟有多大范围，有多少资源，多少需求量，是卖方市场还是买方市场，是完全竞争市场还是垄断市场。

2）资源市场的环境如何。例如，市场的管理制度、法制建设，市场的规范化程度，市场的经济环境、政治环境等外部条件如何，市场的发展前景如何。

3）资源市场中各个供应商的情况如何。对众多的供应商的调查资料进行分析，就可以得出资源市场自身的基本情况。例如，资源市场的生产能力、技术水平、管理水平、质量水平、价格水平、需求情况及竞争性质等。

资源市场调查的目的，就是进行资源市场分析。资源市场分析对于企业制定采购策略以及产品策略、生产策略都有重要的指导意义。

（2）资源市场分析的内容

1）要确定资源市场是紧缺型的市场还是富余型市场，是垄断性市场还是竞争性市场。

2）要确定资源市场是成长型的市场还是没落型市场，如果是没落型市场，则企业要提早准备替换产品。

3）要确定资源市场总的水平，并根据整个市场水平来选择合适的供应商。

2. 供应商初步调查　供应商初步调查就是对供应商的基本情况进行调查。主要是了解供应商的名称、地址、生产能力，能提供什么产品，能提供多少，价格如何，质量如何，市场份额有多大，运输进货条件如何。

（1）供应商初步调查的目的　供应商初步调查的目的是为了了解供应商的一般情况。而了解供应商的一般情况的目的，一是为选择最佳供应商作准备，二是为了了解、掌握整个资源市场的情况。因为众多供应商基本情况的汇总就是整个资源市场的基本情况。

（2）供应商初步调查的特点　供应商初步调查的特点，一是调查内容浅，只需了解一些简单的、基本的情况；二是调查面广，最好能够对资源市场中所有供应商都有所调查、有所了解，从而能够掌握资源市场的基本情况。

（3）供应商初步调查的方法　供应商初步调查一般可以采用访问调查法，通过访问有关人员而获得信息。例如，可以访问供应企业的市场部有关人员，或者访问有关用户、有关市场主管人员，或者其他的知情人士。通过访问建立起供应商卡片。

在初步供应商调查的基础上，要利用供应商初步调查的资料进行供应商分析。初步调查供应商分析的主要目的是比较各个供应商的优势和劣势，选择适合于企业需要的供应商。

（4）供应商分析的主要内容　供应商分析的主要内容包括产品的品种、规格和质量水平是否符合企业需要，价格水平如何。只有产品的品种、规格、质量水平等都适合于企业，才算得上企业的可能供应商。对可能供应商有必要进行下面的分析。

企业的实力、规模如何，产品的生产能力如何，技术水平如何，管理水平如何，企业的信用度如何。企业的信用度是指企业对客户、对银行等的诚信程度，表现为供应商对自己的承诺和义务认真履行的程度，特别是像产品质量保证、按时交货、往来账目处理等方面能够以诚相待，一丝不苟地履行自己的责任和义务。供应商针对于本企业的地理交通状况如何，进行运输方式分析、运输时间分析、运输费用分析，看运输成本是否合适。

3. 供应商深入调查　供应商深入调查是指经过初步调查后，对准备发展为自己的供应商的企业进行的更加深入仔细的考察活动。这种考察是深入到供应商企业的生产线，各个生产工艺、质量检验环节甚至管理部门，对现有的设备工艺、生产技术、管理技术等进行考察，看看所采购的产品能否满足本企业所应具备的生产工艺条件、质量保证体系和管理规范要求。只有通过这样深入的供应商调查，才能发现可靠的供应商，建立起比较稳定的物资采购供需关系。进行深入的供应商调查，并不是所有的供应商都必须进行深入调查，只是在以下情况下才需要：

1）准备发展成紧密关系的供应商。

2）寻找关键零部件产品的供应商。

3.3.4　营销中介分析

营销中介机构是指在企业将产品销售给最终用户的过程中，协助企业促销、分销、储存、运输的各类专业机构。主要包括中间商、实体分配机构（储运公司)、营销服务机构（调查公司、广告公司、咨询公司等）和金融机构（银行、信托公司、保险公司)。

营销中介是市场营销不可缺少的环节，大多数企业的营销活动，都必须通过它们的协助才能顺利进行。例如生产集中与消费分散的矛盾，就必须通过中间商的分销来解决。资金周转不灵，则需求助于银行或信托机构等。正因为有了营销中介所提供的服务，才使得企业的产品能够顺利地到达目标顾客手中。随着市场经济的发展，社会分工越来越细，这些中介机构的影响和作用也就会越来越大。因此，企业在市场营销过程中，必须重视中介组织对企业营销活动的影响，并要处理好同它们的合作关系。

1. 中间商　中间商是协助企业寻找顾客或直接与顾客交易的商业性企业，是把产品从生产商流向消费者的中间环节或渠道。中间商可分为两类：代理中间商和买卖中间商。代理中间商有代理商、经纪人和生产商代表。他们专门介绍客户或与客户磋商交易合同，但并不拥有商品所有权。买卖中间商又称经销中间商，主要有批发商、零售商和其他再售商。中间商对企业产品从生产领域流向消费领域具有极其重要的影响。中间商的销售效率、服务质量直接影响企业的产品销售。因此，必须选择使用合适的中间商。在与中间商建立合作关系后，要随时了解和掌握其经营活动，并可采取一些激励性合作措施，推动其业务活动的开展。而一旦中间商不能履行其职责或市场环境变化时，企业应及时解除与中间商的合作关系。

中间商对企业的营销具有极其重要的影响，它能帮助企业寻找目标顾客，为产品打开销路，为顾客创造地点效用、时间效用和持有效用。一般企业都需要与中间商合作，来完成企业的营销目标。

2. 实体分配公司　实体分配公司指帮助企业进行保管、储存、运输的物流机构。它是协助厂商储存货物并把货物从产地运送到目的地的专业企业，包括仓储公司、运输公司等。仓储公司提供的服务可以是针对生产出来的产品，也可以是针对原材料及零部件。一般情况下，企业只有在建立自己的销售渠道时，才会主要依靠仓储公司。在委托中间商销售产品时，仓储服务往往由中间商去承担，仓储公司储存并保管要运送到下一站的货物。运输公司包括铁路、公路、航空、货轮等货运公司。生产企业主要通过权衡成本、速度和安全等因素，来选择成本效益最佳的货运方式。因此，实体分配公司的作用在于帮助企业创造时空效益。

3. 营销服务机构　营销服务机构指企业营销中提供专业服务的机构，包括广告公司、广告媒介经营公司、市场调研公司、营销咨询公司、财务公司等，范围比较广泛。

一些大企业或公司往往有自己的广告和市场调研部门，但大多数企业则以合同方式委托这些专业公司来办理有关事务，如请广告公司制作产品广告，依靠传播媒介传播信息等。这些机构对企业的营销活动会产生直接的影响，它们主要的任务是协助企业确立市场定位，进行市场推广，帮助生产企业推出和促销其产品到恰当的市场。为此，企业需要关注、分析这些服务机构，选择最能为本企业提供有效服务的机构。企业选择这些服务机构时，须对他们所提供的服务、质量、创造力等方面进行评估，并定期考核其业绩，及时替换那些不具有预期服务水平和效果的机构，这样才能提高企业的经济效益。

4. 财务中间机构　财务中间机构指企业营销活动中进行资金融通的机构，包括银行、信托公司、保险公司和其他协助融资或保障货物的购买与销售风险的公司等。财务中间机构的主要功能是为企业营销活动提供融资及保险服务。在现代化社会中，企业与金融机构有着不可分割的关系，任何企业都要通过金融机构开展经营业务往来，如企业间的财务往来要通过银行账户进行结算；企业财产和货物要通过保险公司进行保险等。金融机构业务活动的变化还会影响企业的营销活动。例如，银行贷款利率上升或是保险公司的保险金额上升，会使企业的营销活动受到影响，成本增加；而银行的贷款利率上升，信贷来源受到限制会使企业处于困境，诸如此类的情况都将直接影响企业的日常运转。为此，企业应与这些公司保持良好的关系，以保证融资及信贷业务的稳定和渠道的畅通。

5. 顾客或用户　据中国互联网络信息中心 2010 年 1 月发布的第 25 次《中国互联网络发展状况统计报告》显示，截至 2009 年 12 月 30 日，我国网民规模达到 3.84 亿人，互联网普及率达到 28.9%。这表明：剩下的 72% 的中国网民有可能成为将来电子商务庞大的消费人群。但是每个登录电子商务网站的网民的目的有所不同，根据其对网站的使用用途的不同，我们把所有的电子商务网站的客户群体划分为三类：

1）单纯浏览者。单纯浏览者指的是在偶然情况下（比如通过搜索引擎）进入一个网站，没有明确的目的，没有明确的购买计划，只是单纯浏览页面的群体。这类群体是网站的潜在客户，每一个浏览者都是企业的潜在的购买力。单纯浏览者是网上最大的一类群体，资料显示：网站的访问者中有 90% 属于单纯浏览者。

2）信息收集者。信息收集者指的是有专门的信息收集目的的群体。这类人对于收集哪一方面的信息已经有了详细的计划，他们有购买的动机，但是不一定马上购买，而且没有确定购买的商品品牌和价格。在他们购买之前，他们需要收集和比较更多的商品信息。

3）立即购买者。这些人有专门的购买计划和目的，他们进入网站之前，要购买什么物品以及购买的数量、品牌已经确定好了，而且要立即进行一次购买活动。资料显示：网站的访问者中只有不到 5% 的立即购买者，但是这类群体却是网站最真实的客户，而且他们最有可能成为企业的忠诚客户。处于忠诚阶段的客户对企业来说是至关重要的，这不仅仅因为他们会在此网站进行持续的购买，更重要的是，他们会以活广告的形式向其他人推荐这个网站。

项目小结

本项目首先阐述了网络营销环境的概念和网络营销环境的分类。通过本项目的学习，读者应能学会分析网络营销的宏观环境和微观环境，并能在实际工作中根据不同的营销环境制定、调整企业的战略和结构。

关键概念

1. 网络营销环境　Marketing Environment
2. 网络营销宏观环境　Internet Marketing Macroeconomic Environment
3. 网络营销微观环境　Internet Marketing Micro Environment
4. 经济环境　Economic Environment

复习思考题

1. 简述什么是网络营销环境?
2. 如何对竞争对手进行分析?

实践与训练

1. 假定你是一家网游公司的营销人员，你公司将开发一款新的RPG网游。请问你将如何利用网络进行顾客群体的调查?

2. 假定你是一家服装企业的营销人员，你打算扩大在淘宝网上的代理销售商，请列举出筛选的标准，并阐述理由。

案例分析

2002年7月，徐××在自己的网店“钻石小鸟”上贴出了一些钻石的照片，成为了第一家在网店销售钻石的商家。2004年，“钻石小鸟”凭借着100%好评，荣获了“易趣诚信最佳卖家”称号。然而，一年多的网络销售让徐××感觉到，虽然他们以便宜50%的价格和诚实守信的钻石品质吸引了很多顾客，但有相当一部分顾客仍在犹豫不决。于是，2004年10月，上海城隍庙第一家落地的“钻石体验中心”开设，在当月销售额翻了五番后，“钻石小鸟”开始走稳了“鼠标+水泥”的“线下体验+线上销售”的商业模式。

思考题

请分析“钻石小鸟”成功的网络营销模式。

项目四　网络营销市场调查

学习目标

- ◆ 掌握网络营销市场调查的概念和作用
- ◆ 了解网络营销市场调查的要求
- ◆ 熟悉市场调查的内容
- ◆ 了解网络市场调查的特点和策略
- ◆ 熟悉网上调查的程序与方法
- ◆ 掌握基本的市场分析方法

引　例

2008 年 11 月，3COM 中国公司举行“Planet Project”网上民意调查活动。这次活动中“Planet Project”在自己的网址上设下不同题材的各种问题，围绕人类基本状况的方方面面展开。通过他们提供的台式计算机、便携式计算机、PDA、蜂窝、卫星电话等，让中国民众首次与世界不同地区、不同年龄和性别的人同时分享和比较彼此的观点和看法。

主办公司 3COM 通过此次活动，实现了全球对话的初衷。星球项目的“即时比较”功能尤其引起人们极其浓厚的兴趣，参加者可以就其中一个模块中的任何问题，依据地理、性别和年龄标准，将自己的答案与远隔万里、有着不同文化背景和社会背景的人的答案进行即时比较。调查结果揭示了一些有趣的文化差异，意味着中国人更加注意内在涵养。

（资料来源：www. planetproject. com. cn）

思　考　题

3COM 中国公司开展的网络民意调查具有什么特点？

任务一　网络营销市场调查的内涵

4.1.1　市场调查的内涵

企业的全部经营活动都要围绕满足顾客的需要这个基本目的来组织。那么，顾客需要什么？满足顾客需求要求企业提供什么样的产品和服务？在企业满足顾客需要的同时，有没有竞争对手与企业争夺顾客？在满足顾客需要的过程中，企业能否保持合理的盈利性？这些问题都关系着企业的营销决策。没有可信的信息，管理者就不能制定正确的决策。不正确的决策，往往意味着经营的失败、资源的浪费和企业的亏损。要制定正确的决策，首先必须通过市场营销调研，获得可信的、正确的信息。

对于市场调查，美国市场协会的定义为："市场调查是通过信息将商品生产者与商品消费者相连接的纽带。这个信息用于确认市场机会，发现所存在的问题，产生、提炼、评价企业所采取的市场行动，控制企业的市场表现，改进企业的营销策略。具体地说，市场调查是说明调查有关信息的主题，设计收集信息的方法，管理和执行数据收集过程，分析其结果，交流所得出的结论和它们的内在含义的一个完整的工作过程。"市场调查对于一个企业来说是必不可少的，它能促使企业生产适销对路的产品，并及时调整营销策略。根据这个定义也可将市场调查理解为市场营销调研。

市场营销调研（Marketing Research）是指为获得制定市场营销决策所需的可靠信息而进行的企业活动，如图 4-1 所示。

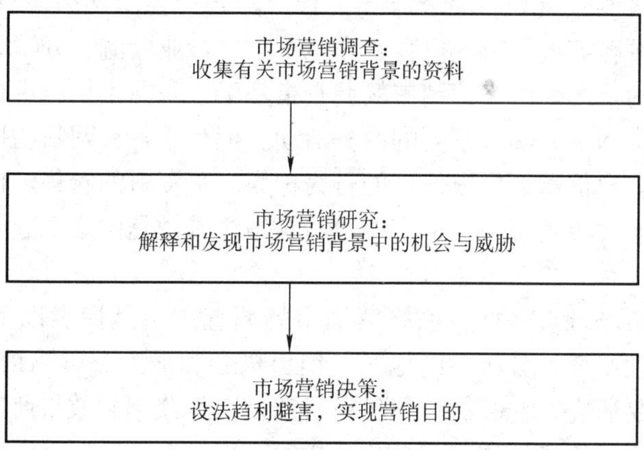

图 4-1　市场营销调研与决策的过程

用菲利普·科特勒的话来说，市场营销调研就是"对公司所面临的特定营销环境的有关资料及研究结果作系统的设计、收集、分析和报告的活动"。由于决策所需的大量信息必须经过收集、加工整理、解释和发现等环节才能获得，因而市场营销调研由市场营销调查和市场营销研究两部分组成。一般来说，市场营销调查是指利用某种调查方式与方法，系统地收集有关市场、商品、顾客行为、销售等方面的数据与资料并加以整理，以便通过这些数据和资料如实地反映市场营销背景的客观情况；而市场营销研究则是根据调查所得的数据与资料，经过“去粗取精，去伪存真，由此及彼，由表及里”地分析与研究，得到解释、发现和预测合乎市场营销背景客观事物发展规律的信息。

市场营销调查和市场营销研究是两个互为包含、不可分割的过程。市场营销研究必须以市场营销调查为前提，在市场营销调查中又通常包括分析和研究。通过市场营销调查，市场营销者获得有关市场营销背景历史与现状的数据和资料；通过市场营销研究，市场营销者获得有关市场营销背景中机会与威胁的信息。两者有机地结合，使市场营销调研成为一个完整的概念；也由于两者的有机结合，市场营销决策才能够设法趋利避害，实现企业的营销目标。

4.1.2 网络营销市场调查

市场营销调查是营销链中的重要环节，没有市场营销调查，就把脉不了市场。互联网作为21世纪新的信息传播媒体，其高效、快速、开放的特性是无与伦比的，它加快了世界经济结构的调整与重组，形成了数字化、网络化、智能化、集成化的经济走向；它影响着国际经济环境，正在迅速改变传统的市场营销方式乃至整个经济的面貌，互联网将成为21世纪信息传播媒体的主流。

1. 网络营销市场调查的概念　为适应信息传播媒体的变革，一种崭新的调查方式——网络调查（Internet Survey，IS）随之产生。网络调查就是利用互联网发掘和了解顾客需求、市场机会、竞争对手、行业潮流、分销渠道以及战略合作伙伴等方面的情况。网络营销市场调查指基于互联网系统地进行销售信息的收集、整理、分析和研究等一系列的商务活动。把利用各种网站的搜索引擎寻找竞争环境信息、客户信息、供求信息的行为称为二手资料的收集。把时下广为流传的网站用户注册和免费服务申请表格填写等做法看做是网络发起的用户市场调查的基本手段。

与传统的市场调查一样，网络营销市场调查主要是探索以下几个方面的问题：市场可行性研究，分析不同地区的销售机会和潜力、影响销售的各种因素，竞争分析，产品研究，包装测试，价格研究，广告监测和效果研究，企业形象研究，消费者研究，市场性质动态变化分析等。

2. 网络营销市场调查的特点　网络营销市场调查可以充分利用互联网络的开放性、自由性、平等性、广泛性和直接性等特点开展调查工作。与传统的市场调研相比，网络营销市场调研具有如下六个特点：

（1）网络信息的及时性和共享性　网络的传输速度非常快，网络信息能迅速传送给联网的任意用户；网上调查是开放的，任何网络用户都可以参加投票和查看结果，这就保证了网络信息的及时性和共享性。如人口抽样调查统计分析，传统调查需要三个月，而CNNIC利用互联网进行调查时，从设计问卷到实施网络调查以及发布统计结果，前后只花费了一个月时间。

（2）网络调查的便捷性与低费用　网络调查可节省传统调查中所耗费的人力和物力。在网络上进行调查，只需要一台能够上网的计算机即可。调查者在企业站点上发布电子调查问卷，访问者自愿填写，然后通过统计分析软件对访问者反馈回来的信息进行整理和分析。网络调查在信息采集过程中不需要派出调查人员，不受天气和地域的限制，不需要印刷调查问卷，而调查过程中最繁重、最关键的信息采集和录入工作也由访问者在其终端上完成。

（3）网络调查的交互性和充分性　网络的最大好处是交互性。在网上调查时，被调查对象可以及时就问卷相关的问题提出自己更多的看法和建议，减少因问卷设计得不合理而导致的调查结论偏差等问题。同时，被调查者还可以自由地在网上发表自己的看法，也没有时间限制的问题。这在传统调查中是不可能做到的。

（4）网络调查结果的可靠性和客观性　由于企业站点的访问者一般都对企业的产品有一定的兴趣，所以这种基于顾客和潜在顾客的市场调查结果是客观和真实的，它在很大程度上反映了消费者的消费心态和市场发展的趋向。首先，被调查者是在完全自愿的前提下参与调查，调查的针对性更强；其次，调查问卷的填写是自愿的，不是传统调查中的"强迫式"，填写者一般都对调查内容有一定的兴趣，回答问题相对认真些，所以问卷填写的可靠性高；最后，网络调查可以避免传统调查中的人为错误（如访问员缺乏提问技巧或诱导回答问卷问题等）所导致调查结论的偏差，被调查者是在完全独立思考的环境下接受调查，不会受到调查员及其他外在因素的误导和干扰，能最大限度地保证调查结果的客观性。

（5）网络调查无时空和地域的限制　网络市场调查可以 24h 全天候进行，这与受区域制约和时间制约的传统调研方式有很大的不同。

（6）网络调查的可检验性和可控制性　利用互联网进行网上调查、收集信息，可以有效地对采集信息的质量实施系统地检验和控制。这是因为：第一，网上调查问卷可以附加全国范围的指标解释，有利于消除因对指标理解不清或调查员解释口径不一而造成的调查偏差；第二，问卷的复核检验由计算机设定的检验条件和控制措施自动实施，可以有效地保证对调查问卷 100% 的复核检验，保证检验与控制的客观公正性；第三，通过对被调查者的身份验证技术，可以有效地防止信息采集过程中的舞弊行为。

利用互联网进行市场调查的优势是明显的，但现在要普及还有一定的难度。一是因为消费者、企业对这种新的市场调研方式还不适应；二是网络软、硬件方面的欠缺有时使调查流程不畅；三是专业的网络调查人员目前还较少。

3. 网络营销市场调查的策略　网络营销市场调查的关键是如何识别企业站点的访问者及如何有效地在企业站点上进行市场调查。

（1）识别企业站点的访问者并激励其访问企业站点　传统的市场调研，无论是普查、重点调查、典型调查，还是随机抽样调查、非随机抽样调查以及固定样本持续调查，尽管调查的范围不同，但调查对象的区域、职业、性别、年龄等都有一定程度的针对性。网络市场调查则不同，它没有空间和地域的限制，一切都是随机的，调查人员无法预测谁将是企业站点的访问者，也无法确定调研对象样本。即使那些在网上购买企业产品的消费者，要确知其身份、职业、性别、年龄等也是一个很复杂的问题。因此，网络营销市场调查的关键之一是如何识别并吸引更多的访问者，使他们有兴趣在企业站点上进行双向的网上交流。解决这一问题，目前可以采取以下策略：利用电子邮件或来客登记簿询问访问者；给予访问者奖品或免费商品；吸引访问者注册从而获得个人信息；向访问者承诺物质奖励；由软件自动检测访问者是否完成调查问卷。

（2）企业站点上的市场调查　想有效地在企业站点上进行网络营销市场调查，可以采取如下几种策略：

1）科学地设计调查问卷。一个成功的调查问卷应具备两个功能：一是能将所调查的问题明确地传达给访问者；二是设法取得对方的合作，使访问者能真实、准确地回复。设计一份理想的在线问卷，要遵循目的性、可接受性、简明性和匹配性的原则。

2）监控在线服务。企业站点的访问者能利用互联网上的一些软件来跟踪在线服务。市场调查人员可通过监控在线服务，了解访问者主要浏览哪类企业、哪类产品的主页，挑选和购买何种产品等基本情况。通过这些数据的研究分析，市场调查人员可对顾客的地域分布、产品偏好、购买时间以及行业内产品竞争态势作出初步的判断和估计。

3）测试产品不同的性能、款式、价格、名称和广告页。在互联网上，修改调查问卷的内容是很方便的。因此，市场调查人员可方便地测试不同的调查内容组合。如产品的性能、款式、价格、名称和广告页等顾客比较敏感的因素，更是市场调查中重点涉及的内容。通过不同因素组合的测试，市场调查人员能分析出哪种因素对产品来说是最重要的，哪些因素的组合对顾客是最有吸引力的。

4）有针对性地跟踪目标顾客。市场调查人员在互联网上或通过其他途径获得顾客或潜在顾客的电子邮件账号，可以直接使用电子邮件向他们发出有关产品和服务的询问，并请求他们反馈回复；也可以在电子调查表中设置让顾客自由发表意见和建议的模块，请他们发表对企业、产品、服务等各方面的见解和期望。通过这些信息，市场调查人员可以把握产品的市场潮流以及消费者的消费心理、消费爱好、消费倾向的变化，根据这些变化来调整企业的产品结构和市场营销策略。

5）以产品特色、网页内容的差别化赢得访问者。如果企业市场调查人员跟踪到访问者浏览过其他企业的网站，或阅读过有关杂志的产品广告主页，那么应及时发送适当的信息给目标访问者，使其充分注意到本企业站点的主页，并对产品作进一步的比较和选择。

6）传统市场调查和电子邮件结合。企业市场调查人员也可以在各种传播媒体上，如报纸、电视或有关杂志上刊登相关的调查问卷，并公告企业的电子邮箱和网址，让消费者通过电子邮件回答所调研的问题，以此收集市场信息。采用这种方法，调查的范围比较广，同时可以减少企业市场调查中相应的人力和物力的消耗。

4. 网络营销市场调查与传统市场调查的比较　互联网上的许多营销方式与传统做法是极为相似的，不过互联网自身的特点又使得网上调查有别于传统调查。

首先，网络营销市场调查是没有时空、地域限制的。这就与受区域制约的传统调查方式方法有很大不同。其次，互联网的交互性使网上调查的周期大大缩短。传统方式的市场调查活动需要耗费大量人力、物力，周期也比较长。例如，现在很多洗涤消费品、食品类调查都是入户调查，既要担心是否被人拒绝，又要考虑不要与被调查者的工作时间冲突。互联网调查就避免了这种尴尬，因为填写调查问卷的人是主动参与的，如果对调查题目没有兴趣，他是不会花费时间在线填写调查问卷的。在线调查作为一种新型的调查方式已经受到中国网民的普遍认同。表4-1描述了网络市场调查与传统市场调查的区别。

表4-1　网络市场调查与传统市场调查的区别

项目比较	网络营销市场调查	传统市场调查
调查费用	较低，主要是设计费用与数据处理费，调查问卷所要支付的费用几乎为零	昂贵，包括问卷设计、印刷、发放、回收，培训、调查结果整理与结果分析
调查范围	全国乃至全球，样本数量庞大	受成本限制，调查地区和样本数量有限
动作速度	很快，只需搭建平台，数据库可以自动生成	慢，至少需2~6个月才能得出结论
调查时效性	全天候进行	不同被访问者对其进行访问的时间不同
被访问者便利性	非常便利，被访问者可自由决定时间、地点回答问卷	不太方便，一般要跨越空间障碍，到达访问地点
适用性	适合长期大样本调查，适合迅速得出结论的情况	适合面对面深度访谈，食品类需要对受访者进行感官测试

任务二　网络营销市场调查的方式和内容

4.2.1　网络营销市场调查的方式

按照不同的标准，网络营销市场调查的方式可划分为不同的类型。总体来看，可以分为网络直接调查和网络间接调查两大类。其中，网络直接调查还可以分为网络问卷法、网络实验法和网络观察法等；按技术可分为站点法、E－mail法、随机 IP 法和视听会议法等。不同的方法具有不同的特点和适用条件，在进行企业网络营销调查时，应根据调查的目的和内容对所要采用的方法进行选择。

1. 网络直接调查方法　网络直接调查指为当前特定目的在互联网上收集第一手资料或原始信息的过程。直接调查的方法有四种：观察法、专题讨论法、在线问卷法和实验法。实际中，用得最多的是专题讨论法和在线问卷法。调查过程中具体采用哪一种方法，要根据实际目标和需要而定。需提醒的一点是，网上调查应注意遵循网络规范和礼仪。下面具体介绍专题讨论法和在线问卷法的实施步骤。

（1）专题讨论法　专题讨论可通过网络新闻组、电子公告牌（BBS）和邮件列表（Mailing Lists）讨论组进行。第一步，确定要调查的目标市场；第二步，识别目标市场中要加以调查的讨论组；第三步，确定可以讨论或准备讨论的具体话题；第四步，登录相应的讨论组，通过过滤发现有用的信息，或创建新的话题，然后大家讨论，从而获得有用的信息。

（2）在线问卷法　在线问卷法即请求浏览其网站的每个人参与企业的各种调查。在线问卷法可以委托专业调查公司进行。具体做法是：第一步，向若干相干的讨论组邮寄简略的问卷；第二步，在自己的网站上放置简略的问卷；第三步，把相关信息返回讨论组，并把链接指向放在自己网站上的问卷。

要注意的是，在线问卷调查不能过于复杂、详细。在线问卷设计得不好，会占用被调查者太多时间，使被调查者无所适从甚至感到厌烦，最终影响问卷的反馈率，影响调查表所收集数据的质量。

为了最大程度地提高答卷率，可采取一定的激励措施，如提供免费礼品，抽奖送礼等。在网站建设和推广过程中，采用在自己网站放置简单问卷的形式，可以很好地了解访问者的人口统计特征，有助于网站内容建设和决定在网站上提供什么样的服务。

2. 网络间接调查方法　网络市场间接调查指网上二手资料的收集。二手资料的来源有很多，政府出版物、公共图书馆、贸易协会、市场调查公司、广告代理公司和媒体、专业团体、企业情报室等，其中许多单位和机构已在互联网上建立了自己的网站，各种各样的信息都可通过访问其网站获得，再加上众多综合型

ICP（互联网内容提供商）和专业型 ICP，以及成千上万个搜索引擎网站，使互联网上二手资料的收集非常方便。

互联网上虽有大量的二手资料，但要找到自己需要的信息，首先必须熟悉搜索引擎（Search Engine）的使用，其次要掌握专题性网络信息资源的分布。一般地，在互联网上查找资料主要有三种方法，即利用搜索引擎；访问相关的网站，如各种专题性或综合性网站；利用相关的网上数据库。

（1）利用搜索引擎查找资料　搜索引擎是网上使用最普遍的网络信息检索工具。目前，几乎所有的搜索引擎都有两种检索功能，即主题分类检索和关键词检索。

1）主题分类检索。主题分类检索即通过各搜索引擎的主题分类目录（Web Directory）查找信息。主题分类目录是这样建成的：搜索引擎把搜集到的信息资源按照一定的主题分门别类建立目录，先建一级目录，一级目录下面包含二级目录，二级目录下面包含三级目录……如此下去，建立一层具有概念包含关系的目录。用户查找信息时，先确定要查找信息属于分类目录中的哪一类主题，然后对该主题采取逐层浏览打开目录的方法，层层深入，直到找到所需信息。当需要找某一类主题的资料，但又不是很明确具体是哪一方面的资料时，可以采用主题分类检索。

2）关键词检索。用户通过输入关键词来查找所需信息的方法称为关键词检索法。这种方法方便直接，十分灵活，既可以使用布尔算法、位置算法、截词符等组合关键词，也可以缩小和限定检索的范围、语言、地区、数据类型、时间等。关键词检索法可对满足选定条件的资源进行准确定位。

使用关键词法查找资料一般分为以下三个步骤：

第一步，明确检索目标，分析法检索课题，确定几个能反映课题的核心词作为关键词，包括它的同义词、近义词、缩写或全称等。如查阅国外人口统计资料，可使用的关键词有“census”（人口调查）、“demographic”（人口统计）、“population”（人口数）及所要调查的国家名。

第二步，采用一定的逻辑关系组配关键词，然后在搜索引擎检索框中输入，单击“检索”或“Search”按钮，即可获得想要的结果。

第三步，如果检索效果不理想，可调整检索策略，如果结果太多，可进行适当的限制；如果结果太少，可扩大检索的范围，取消某些限制，直到获得满意的结果。

（2）访问相关的网站收集资料　如果知道某一专题的信息主要集中在哪些网站，可直接访问这些网站，获得所需资料。如想了解中国的农产品行情，访问中国农业网（http：//www.chinaagri.com），即可查到全国各地的农产品批发价格；想了解中国计算机市场行情，可订阅上海索易网（http：//www.soim.com/

e/ezine）的网上刊物，免费了解计算机市场行情；如果想了解某一国家的人口统计资料，可直接访问该国政府的人口情报中心或人口调查局网站的数据库，如访问美国人口调查局网站的数据库可获得有关美国市场的人口统计资料。

（3）利用相关的网上数据库查找资料　在互联网上，除了借助搜索引擎和直接访问有关收集市场的二手资料外，第三种方法就是利用相关的网上数据库（即 Wep 版的数据库），如著名的 USPatent（美国专利）、MEDLINE（Medicine Online）、CA（Chemical Abstracts，化学文摘）等。网上数据库一般有免费和付费两种，互联网上有成千上万种免费数据库（题录和文摘居多），当然还有更多的付费使用数据库。在国外，市场调查用的商情数据库一般都是付费的。我国的数据库业近十年有较大的发展，近几年也出现了几个 Web 版的数据库，但它们都是文献信息型数据库，如中国期刊网等。

4.2.2　网络营销市场调查的内容

虽然网络市场调查与传统市场调查在调查介质方面存在较大差异，但二者的调查目的和内容是一致的。与传统市场调查类似，网络调查的内容可大致分为三个方面：一是对消费者的调查，包括其对商品的满意度及消费爱好、倾向等项目的调查；二是对企业产品及其竞争对手的调查；三是对市场客观环境，包括相关政策、法律、法规等内容的调查。

1. 对顾客的网络市场调查　随着市场营销模式的转变，人们正逐渐走出传统“价值链”系统的思想误区，市场正在由以供应者为中心的卖方市场向以消费者为中心的买方市场过渡。特别是在电子商务提倡个性化服务的环境下，针对顾客所进行的市场调查已被越来越多的企业重视，成为企业网络市场调查的重头戏。此类调查主要采用网络问卷、E－mail 和网络观察等方法。

2. 对产品及竞争对手的网络市场调查　对于产品市场调查一直为企业所重视，产品的质量关系到用户的购买和满意度，并对企业的信誉产生直接的影响，传统的市场调查大多局限于对同类产品信息的收集，以及对顾客使用后满意度的调查。随着现代营销观念的转变，顾客也可参与到企业的设计、生产过程中来，而不仅仅是被动接受。因而，对于产品的网络市场调查应充分突出“顾客参与”这一宗旨，可以让用户参与产品在线设计，对产品的外观、性能等提出自己的要求。例如，有的汽车制造公司将汽车的最新款式通过网络展示，用户可以对性能、颜色等方面提出要求，从而决定生产、销售以及开发的策略。这与电子商务所提出的“个性化服务”和“量身定做”是相一致的。

对于生产出来的产品的试用情况调查多采用实验法，即在产品决策正式实施前，先生产一小批产品投放到市场上进行销售试验，测试实施该产品决策的效果。这种方式也称为贝塔测试。目前，在网上进行的产品试用调查，多表现为企业与顾客通过 E－mail 法进行的交流和意见反馈。如一些软件公司在自己站点上发布所开发的软件测试，供用户下载使用，然后通过 E－mail 等手段收集使用后的信息，从而进一步改进性能，为市场调查提供强有力的依据。

在市场竞争中，竞争对手的信息对企业而言，具有极高的价值，这是市场调查中不可缺少的内容。由于与竞争对手之间的特殊关系，企业对于竞争对手的网上调查往往采用一些间接的渠道和方式，如浏览竞争对手的站点，收集相关资料，加以分析研究；还可以参与相关的 BBS 和网上新闻的讨论，从第三方获取有关竞争对手的间接信息，最好选择有代表性的商业站点的 BBS 或新闻讨论组，这样可尽量减少讨论组中“漫无边际”的非相关信息的干扰。此外，互联网上包含了大量的商业数据库，企业可以通过浏览这些数据库查找相关的商业行业信息。

3. 对于市场客观环境的网上市场调查　企业在市场调查中，还需收集市场客观环境方面的信息，主要涉及国家在法律、经济及行政管理方面制定的相关方针政策和法律、法规，其中要特别注重导向性政策信息的搜集研究和利用，另外还包括地方政府及有关管理部门颁发的一些市场管理条例。对于此类信息的调查，可利用搜索引擎搜索政府及商贸组织等机构的站点，然后进行登录查询，既方便又快捷，这是传统调查方法无法比拟的。

4.2.3　网络营销市场调查实务

1. 网络营销市场调查的原则

（1）认真设计在线调查表　在线调查表应该主题明确，简洁明了，问题便于被调查者正确理解和回答，且结果便于调查结果的处理，这是所有问卷设计的基本原则。

（2）吸引尽可能多的人参与调查　参与者的数量对调查结果的可信度至关重要，问卷设计内容中应体现出“你的意见对我们很重要”，让被调查者感觉到，填写调查表就好像帮助自己或所关心的人一样，这样往往有助于提高问卷回收率。当然，也离不开有力的宣传推广，网络调查与适当的激励措施相结合会有明显的作用。

（3）尽量减少无效问卷　提醒被调查者对遗漏的项目或者明显超出正常范围的内容进行完善。

（4）公布保护个人信息声明　无论哪个国家，对个人信息都有不同程度的自我保护意识，让用户了解调查目的并确信个人信息不会被公开或者用于其他任何场合。

（5）避免滥用市场调查功能　市场调查信息也向用户透露出企业的某些动向，使市场调查具有一定的营销功能。但应该将市场调查与营销严格区别开来，如果以市场调查为名义收集用户个人信息，开展所谓的数据库营销或者个性化营销，不仅严重扰乱企业在消费者（至少是被调查者）中的声誉，同时也将扰乱合法的市场调查。

(6) 尽量降低样本分布不均衡的影响　样本分布不均衡表现在用户的年龄、职业、教育程度、用户地理分布以及不同网站的特定用户群体等方面。因此，在进行市场调查时，要对网站用户结构有一定的了解，尤其样本数量不是很大的情况下。

(7) 奖项设置合理　作为补偿或者刺激参与者的积极性，问卷调查机构一般都会提供一定的奖励措施，这样同一个用户多次填写调查表的现象常有发生，即使在技术上给予一定的限制条件，但也很难杜绝。因此，合理设置奖项有助于减少不真实的问卷。

(8) 采用多种网络调查手段相结合的方法　在网站上设置在线调查问卷是最基本的调查方式，但并不限于这种方式。常用的网上调查手段除了在线调查表之外，还有电子邮件调查、对访问者的随机抽样调查、固定样本调查，等等。根据调查目的和预算采取多种网络调查手段相结合的方法，以最小的投入取得尽可能多的有价值的信息。

2. 在线调查表设计中应注意的问题

1）网络市场调查中邮发给调查对象的调查表，由问候语、问题项目单、回答栏、编码栏四个部分构成。问候语应向调查对象讲明调查的宗旨、目的和使用方法等内容，并请求当事人予以协助。

2）问题设计应力求简明扼要，可有可无的问题或者没有太多实际价值的资料无需出现在调查表中。一般所提问题不应超过十项。

3）所提问题不应有偏见或误导，避免使用晦涩、纯商业以及幽默等容易引起人们误解或有歧义的语言。同时，不要把两种及以上的问题放在一个问题中，例如，“你认为这个网站是否易于浏览且有吸引力?”这样的问题将使回答者在不完全肯定时无法选择。

4）不要诱导人们回答。不要采用让人们按照提问者一开始就定下的思路（方向）回答的方法。例如，当听到“这种酱油很润口吧”的提问时，回答者往往会带着润口的先入观而去尝尝，并回答说“是”。在此场合，不如问“这种酱油是润口还是很辛辣”为好。

5）问题应是能在记忆范围内回答的。当看到“你一年前购买的蛋黄酱（用蛋黄、橄榄油和柠檬汁等制成）是哪一家生产商的产品”的提问时，恐怕大多数人都不会记得。所以，必须尽力避免一般被认为超出回答者记忆范围的提问。

6）提问的意见和范围必须明确。当看到“最近”你从这家电器商店购买了什么家电产品的提问时，首先使回答者感到不明确的是“最近”是指什么时间段。在此场合，应明确时间段，如“三个月之内”等。

7）以过滤性的提问方法来展开问题。不要一开始就把问题搞得很细，而是层层细分、展开进行提问，这样效果较好。比如，在有两个以上答案时，提问者总是向选择第一个答案的人一步步追问，层层细分。过滤性提问可以限定地向有兴趣的人提问，同时也可以排除对此不关心的人，并可以分析各项提问之间的相关联系。

8）避免引起人们反感的问题。避免提问引起人们反感的问题，只有回答者能够予以冷静的判断和回答的问题，才能得到有效的调查结果。

9）调查表中的所有问题都应设计得能够得到精确答案，所有问题都要围绕主题。

3. 网络市场调查的样本选择

（1）随机样本　随机样本是指按照随机原则组织抽样，任意从互联网网址中抽取样本。

（2）过滤性样本　过滤性样本是指通过对期望样本特征的配额，来限制一些自我挑选的不具代表性的样本。通常是以分支或跳问形式安排问卷，以确定被选者是否适宜回答全部问题。有些互联网调查能够根据过滤性问题立即进行市场分类，确定被访者所属类别，然后根据被访者的不同类型提供适当的问卷。另外一种方式是一些调查者创建了样本收藏室，将填写过分类问卷的被访者进行分类重置。最初问卷的信息用来将被访者进行归类分析，被访者按照专门的要求进行分类，而只有那些符合统计要求的被访者，才能填写适合该类特殊群体的问卷。

（3）选择样本　选择样本用于互联网中需要对样本进行更多限制的目标群体。被访者均通过电话、邮寄、E-mail 或个人方式进行补充完善，当认定符合标准后，才向他们发送 E-mail 问卷或直接到与问卷连接的站点。在站点中，通常使用密码账号来确认已经被认定的样本。因为样本组是已知的，因此可以对问卷的完成情况进行监视，或督促未完成问卷，以提高回答率。另外，选择样本对于已建立抽样数据库的情形最为适用。例如，以顾客数据库作为抽样框选择参与顾客满意度调查的样本。

4. 网络调查要注意的问题

（1）互联网的安全性问题　现在的网络使用者很为私人信息担忧，加上媒体的报道及针对网络使用者的各种欺骗性文章，使这一问题更显严重。然而，考虑到对互联网私人信息诸如信用卡账号之类进行担保的商业目的，提高安全性仍是互联网有待解决的重要问题。

（2）互联网无限制样本问题　因为网上的任何人都能填写问卷，很可能受到恶意的骚扰。如果同一个人重复填写问卷的话，问题就变得复杂了。例如，Info World（一家计算机使用者杂志）决定第一次在网上进行 2007 年读者意向调查。由于重复投票，调研结果及其离谱，以至于整个调研无法进行，编辑部不得不向读者请求不要再这样做。一个简单的防止重复回答的方法便是在被访者回答后锁住其所处站点。

4.2.4 网络营销市场调查报告的基本写法

1. 网络市场调查计划　通常来说，网络市场调查计划主要包括调查名称、调查目的、调查内容、调查范围及对象、调查方法和调查日程安排等。市场调查必须对现有客户、产品、销售对象、定价、促销活动、分销策略以及支持服务等有明确的调研步骤及目标。

2. 网络营销市场调查问卷　网络营销市场调查问卷通常由四部分内容组成：

（1）标题　标题一般由调查对象、调查内容和“调查问卷”组成，如“××中学学生消费情况调查问卷”。

（2）前言　前言用来说明调查的意义、目的、调查项目、内容以及对被调查对象的希望和要求等。

（3）问卷指导　问卷指导用来引导被调查者回答问卷。

（4）问题　这是调查问卷的核心，也叫题型。

3. 网络市场调查报告

（1）标题　标题即报告的题目。一般来说，市场调查报告的标题没有严格的格式。它要求与文章的内容融为一体，是文章内容的高度概括，用精练简洁的文字来表现文章的中心思想。市场调查的标题有：在标题里直接写明市场调查的地区、调查的项目和“市场调查”这一文种；在标题里直接提出某一种商品在市场上的问题，点明文章的中心，如《××牌冰箱被冷落》；用主标题点明文章的中心，再用副标题说明市场调查的项目、地区和文种；用大标题点明市场调查的项目、范围、内容和情况，用小标题说明全文的主要内容；直接在标题中写明调查的单位、内容和调查范围，如《天津××产品在国内外市场地位的调查》；标题直接揭示调查结论，如《××市×××市场进入饱和期》、《出口××包装不容忽视》等；标题除主标题之外，再加副标题，如《“泥巴换外汇”——××产品出口情况调查》。

（2）前言　前言部分用简明扼要的文字写出调查报告撰写的依据，报告的研究目的或是主旨，调查的范围、时间、地点及所采用的调查方式、方法。除此之外，有的调查报告为了使读者迅速、明确地了解调查报告的全貌，还在前言里极简要地列出一个报告的内容摘要。

（3）主体　主体部分是报告的正文。它主要包括以下三部分内容：

1）情况部分。该部分是对调查结果的描述与解释说明。可以用文字、图表、数字加以说明。对情况的介绍要详尽而准确，为结论和对策提供依据。

2）结论或预测部分。该部分通过对资料的分析研究，得出针对调查目的的结论，或者预测市场未来的发展、变化趋势。该部分为了条理清楚，往往分为若干条叙述，或列出小标题。

3）建议和决策部分。经过对调查资料的分析研究，发现了市场的问题和预测了市场未来的变化趋势后，应为准备采取的市场对策提出建议或看法。

4）结尾。这是全文的结束部分。一般写有前言的市场调查报告，要有结尾，以与前言互相照应，综述全文，重申观点或加深认识。

4. 市场环境分析　市场环境分析通常包括以下五个方面的内容：

1）市场分析主要是对市场的宏观把握，从而准确掌握市场未来走向。

2）消费者分析通常要划分不同的层次，按照不同层次逐层分析。

3）目标市场的定位是通过对市场大环境和消费者基本情况的掌握，作出对目标市场的准确定位。

4）产品定位是对产品的价格、性能、包装等作出综合评价。

5）营销组合策略。

5. 市场动态分析报告　市场动态分析报告一般包括调查时间、取样方式及对调查结果的分析等。市场动态分析报告对企业的未来发展有引导和指导的作用，因此在制作时应准确、及时、真实。

6. 市场调查问卷分析报告　市场调查问卷分析报告的结构一般包括调查问卷的设计，调查样本的选择方式，调查方法的具体选择，调查结果的具体分析等方面。市场调查问卷分析报告的撰写必须充分结合市场调查结果，不能凭空杜撰。

（1）市场调查问卷的内容为被调查者的基本情况，主要包括姓名、性别、年龄、民族、文化程度、工作单位、职业、住址、家庭人口等。调查这些项目，便于对收集到的资料进行分类和具体分析。

市场调查问卷主要包括三方面内容：

1）调查内容。调查内容是调查问卷的核心部分，是所需调查内容的具体项目。

2）问卷填写说明。问卷填写说明是填写问卷的具体要求和方法，包括调查目的、调查要求、项目含义、调查时间，以及被调查者填写时的注意事项、调查人员应遵守的事项等。

3）编号。有时问卷还必须编号，以便于分类归档和计算机管理。

（2）设计市场调查问卷时，应注意如下事项：

1）必要性。所提的问题应直接为目的服务，没有价值或无关紧要的问题不应列入。

2）可行性。应尽量避免列出令人难以回答的问题，注意使用适合被调查者身份、水平的词句或用语。

3）准确性。提问要简单明确，切忌模棱两可或难以理解。

4）艺术性。提问要讲究艺术，有趣味，使被调查者乐于回答。

7. 市场环境预测报告

（1）标题　市场预测报告的标题一般由四部分组成：范围、对象、时间和文种。例如，《北京地区2011年至2015年啤酒需求量的预测》，其中，“北京地区”是预测范围，“2011年至2015年”是预测时间，“啤酒需求量”是预测对象。有时，带有整体性的预测也可省略范围，只标明时间和对象就可以了。例如《2010年至2012年纺织品“流行色”预测》。

（2）正文　正文由现状、预测、对策三部分组成。第一部分，“现状”是利用资料和数据，对经济活动的历史和现状作简要的回顾和说明。预测报告的特点，就是根据过去和现在的经济活动预测未来。因此，在“现状”说明中要选择精确、简明的资料，为预测分析打下基础。第二部分，分析资料数据，预测经济活动趋势与规律，这是报告的中心部分。第三部分，根据预测分析，提出切实可行的建议。

写市场环境预测报告，要求能运用资料数据，准确说明现状；分解资料数据，科学推断未来；依据分析预测，提供可行性建议。

任务三　网络营销市场调查的作用和程序

4.3.1　网络营销市场调查的作用

网络营销市场调查是企业进行网络营销的首要环节之一，是发现顾客需求的最佳方法。通过调查可以获得竞争对手的资料，摸清目标市场和营销环境，为经营者细分市场、识别顾客需求、确定营销目标等提供相对准确的决策依据。事实上，如果市场调查进行得及时且迅速，销售情况必会形势大好。通过市场调查还可以了解顾客的潜在需求、竞争对手在顾客心目中的地位、顾客的生活方式等，这些信息的收集都有助于企业根据顾客的需求来重新更新产品设计，使产品能够更贴近顾客的需求，这样就可以在竞争中占得先机，从而提高公司的收入和利润。

4.3.2　网络营销市场调查的程序

网络营销市场调查与传统营销市场调查一样，遵循一定的方法和步骤，以保证调查过程的质量。网络营销市场调查一般包括以下几个步骤：

（1）明确问题与调查目标　进行网络营销市场调查，首先要明确调查的问题是什么；调查目标是什么；谁与可能在网上查询你的产品或服务；什么样的客户最有可能买你的产品或服务；在这个行业，哪些企业已经上网，他们在干什么；客户对竞争企业的印象如何；公司在日常运作中，可能要受到哪些法律、法规的约束等。

（2）确定市场调查内容　网络营销市场调查的内容，主要分为企业产品的消费者、企业的竞争者、企业的合作者和行业内的中立者三大类：

1）企业产品的消费者。消费者在网上购物必然要访问企业的站点，利用企业首页所提供的分类、目录或搜索引擎工具，浏览商品的说明、功能、价格、付款方式、送货与退货条件、售后服务等方面的信息。企业市场调查人员可通过互联网络跟踪消费者，了解他们对企业产品的意见和建议。

2）企业的竞争者。美国哈佛大学著名的战略学家、研究企业竞争战略理论的专家迈克尔·波特提出了行业竞争的结构模型，他指出："在任何产业里，无论是国内还是国外，无论是生产一种产品还是提供一种服务，竞争规则都寓于以下五部分力量之中，即新竞争者的加入、替代产品的威胁、现有企业之间的竞争、购买方的讨价还价的能力以及供应方的讨价还价的能力。"图 4-2 描述了行业竞争者的五种基本力量。

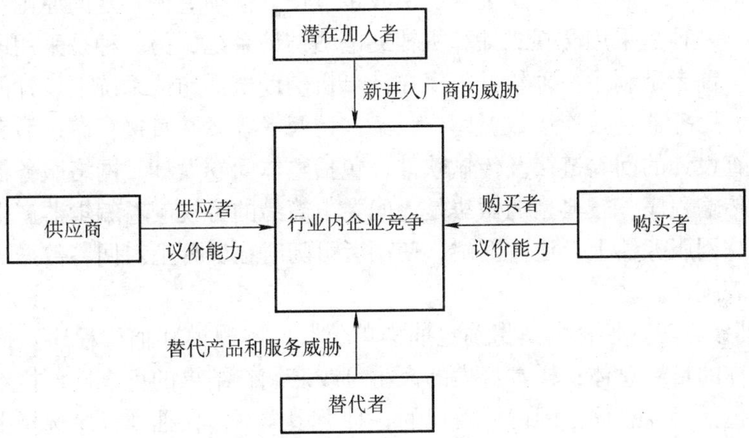

图 4-2　行业竞争的五种基本力量示意图

现有企业之间的竞争、新竞争者的加入与替代产品的出现形成了主要的行业竞争力，它们之间相互影响，相互制约。通过对行业竞争力的分析可以了解本企业在行业中所处的地位、所具有的竞争优势与不足，以便企业制定战胜各种竞争力量的对策。

3）企业合作者和行业内的竞争者。市场营销人员还应时常关注企业合作者和行业内中立者的网站，有时这些企业可能会提供一些极有价值的信息和评估分析报告。

市场调查人员在市场调查过程中，应兼顾到上述这三类对象，但也必须有所侧重。特别在市场竞争激烈的今天，对竞争者的调查显得格外重要，竞争者的一举一动都应引起调查人员的高度重视。

（3）制订调查计划　网络营销市场调查的第三步就是制订有效的调查计划，

包括资料来源、调查方法、调查手段、抽样方案和联系方法五部分内容。

1）资料来源。市场调查首先必须确定是一手资料（原始资料）还是二手资料，或者两者都要。在互联网上，利用搜索引擎、网上营销和网上调查网站可以方便地收集到各种一手和二手资料。

2）调查方法。网络市场调查可以使用的方法有专题讨论法、在线问卷法和实验法。专题讨论法和在线问卷法在 4.2.1 小节已介绍过。实验法是选择多个可比的主题作为不同的实验方案，通过控制外部变量，检查所观察到的差异是否具有统计上的显著性。如 2008 年 6 月，拉拉手网站和中央电视台信息部等一些新闻媒体单位联合推出“中国首届网上购物测试”活动，结果发现在配送等环节存在明显的地区差异。

3）调查手段。网络营销市场调查可采取在线问卷和软件系统两种方式进行。在线问卷制作简单，分发迅速，回收也方便，但须遵循一定的原则。软件系统有两种，　种是采用交互式计算机辅助电话访谈系统，另一种是采用网络调研软件系统。前者是利用一种软件程序在计算机辅助电话访谈系统上设计问卷并在网上传输，服务器直接连接数据库，收集被访问者答案并直接存储；后者是专门为网络调查设计的问卷链接及传输软件，包括整体问卷设计、网络服务器、数据库和数据传输程序。较典型的做法是：问卷由简易的可视问卷编辑器产生，自动传送到互联网服务器上，通过网站，使用者可随时在屏幕上对回答数据进行整体统计或图表统计。

4）抽样方案。抽样方案指确定抽样单位、样本规模和抽样程序。抽样单位是确定抽样的目标总体；样本规模的大小可改变调查结果的可靠性，样本需足够多，必须包括目标总体范围内所发现的各种类型样本；在抽样程序选择上，为了得到有代表性的样本，应采用概率抽样的方法，这样可以计算出抽样误差的置信度。当概率抽样的成本过高或时间过长时，可以用非概率抽样方法代替。

5）联系方法。联系方法指以何种方式接触调查的主体，网络市场调查采取网上交流的形式，如 E－mail 传输问卷、BBS 等。

（4）收集信息　利用互联网做市场调查，不管是一手资料还是二手资料，可同时在全国或全球进行。收集的方法也很简单，直接在网上递交或下载即可，这与受区域限制的传统调查方式有很大不同。如某公司要了解各国对某一国际品牌的看法，只需在一些著名的全球性广告站点发布广告，把链接指向公司的调查表就行了，无需像传统调查那样，在各国找不同的代理分别实施。此类调查如果利用传统方式是无法想象的。

在问卷回答中暗访者经常会有意无意地漏掉一些信息，这可通过在页面中嵌入脚本或 CGI 程序进行实时监控。如果访问者遗漏了问卷上的一些内容，调查表会拒绝递交或者验证后会重发给访问者要求补填。最终访问者会收到证实问卷已完成的公告。在线问卷的缺点是无法保证问卷上所填信息的真实性。

（5）分析信息　信息收集结束后，接下去的工作是分析信息。分析信息的能力相当重要，因为很多竞争者都可从一些知名的商业站点看到同样的信息。调查人员如何从收集的数据中提炼出与调查目标相关的信息，并在此基础上对有价值的信息迅速作出反应，这是把握商机、战胜竞争对手、取得经营成果的一个制奇法宝。利用互联网，企业在获取商情和处理商务的速度方面是传统商业无法比拟的。

（6）提交报告　调查报告的填写是整个调查活动的最后一个阶段。报告不是数据与资料的简单堆砌，调查人员不能把大量的数字和复杂的统计技术扔到管理人员面前，而应把与市场营销决策有关的主要调查结果写出来，并以报告的正规格式书写。

作为对填表者的一种激励或奖赏，企业尽可能把调查报告的全部或部分反馈给填表者或广大读者。如果限定为调查者，只需分配给填表者一个进入密码。对一些举手之劳式的简单调查（如仅二三道是非题），以实时互动的形式公布统计结果，效果更佳。

项目小结

市场调查对于企业的日常营销活动和长远的战略发展均是必不可少的。对于企业来说，仅仅意识到市场调查的重要性还是不够的，若要使其成为企业可以利用的有效手段，必须要熟练地掌握市场调查技术，尤其是网络市场调查技术。在网上进行市场调查需要许多知识和技术。一个完美的营销方案必须建立在对市场细致周密的调查基础之上，互联网为企业市场调查提供了便利。本项目主要介绍了网络营销市场调查的特点、网络营销市场调查的策略、网络营销市场调查的步骤和网络营销市场调查的技巧等内容。

关键概念

1. 市场调查　Marketing Research
2. 专题讨论法　Symposium on Law
3. 在线讨论法　Online Discussion Method
4. 关键词检索　Key Word Search
5. 主题分类检索　Subject Category Search

复习思考题

1. 网络营销市场调查的特点是什么?
2. 网络营销市场调查的基本方法有哪些?
3. 网络营销市场调查的程序是什么?

实践与训练

调查学校周边的企业是否有网络营销市场调查，并写一份300字左右的调查报告。

案 例 分 析

由雅虎（中国）和“荷氏”联手开展的“酷调研”，在雅虎中国的专题网页和全国29所高校同时举行，为期一个月，共收到有效答卷3396份，调查活动圆满结束。

本次调查的目的是打开品牌知名度，并发送30万新产品试用装。在调查中，“荷氏”利用雅虎在青年中的品牌优势和吸引力，通过雅虎“酷调研”将线上和线下资源进行有机结合，形成立体宣传攻势，网上定做雅虎/荷氏“一触即发，释放真酷”调查专门网站，面向全国青少年消费者征集对“酷”的看法，问题设计青少年生活的方方面面，并将“荷氏”产品自然地加入到整个过程。

（资料来源：http：//www. yahoo. com. cn《酷调研》）

思 考 题

1. 雅虎（中国）这次网络调查的目的和意义是什么?
2. 能否举出其他成功的网络调查的案例，分析其成功的原因。

项目五　网络消费者行为分析

学习目标

- ◆ 了解网络消费者、动机以及需求的概念
- ◆ 理解消费者需求层次论、动机理论以及网络消费者行为过程
- ◆ 掌握网络消费者类型、购买动机以及网络消费者购买行为类型

引　例

网上零售商 Bluefly（http：//www. bluefly. com）由于准确把握了目标市场的购买动机和习惯，Bluefly 的网站设计非常合理。虚拟的陈列货架导航简便，商品琳琅满目，使访问者浏览极为方便。除了一般的浏览者，还有一些顾客只专注某些特定的产品或品牌。Bluefly 为他们设计了一个预定登记系统，在特定产品到货时以电子邮件的形式通知顾客。

Bluefly 充分利用了互联网的优势，它在确定顾客对象时，没有依赖入口统计信息和过去的购物记录，而是通过预定登记直接掌握顾客的需要。

当网友偶然逛到 Bluefly 网站时，会发现这个网站的浏览过程很流畅，商品也非常多样化。然而，如何找到自己需要的东西呢？Bluefly 为初次到访的新朋友提供了一种贴心服务，即依照不同的品位提供特别的品牌和产品，让网友选择相应的项目并留下电子邮件地址，当他们感兴趣的商品到货时，就立即通知。

（资料来源：摘自（美）特班等著，严建援等译《电子商务管理视角》）

思　考　题

1. Bluefly 公司成功秘诀是什么？

2. Bluefly 网站不依赖统计数字或以往的消费行为分析来决定营销策略，试分析这种做法的优缺点。

任务一　网络消费者需求的特点

5.1.1　消费者需求的内涵

消费者需求是指消费者生理和心理上的缺乏状态，即感到缺少些什么，从而想获得它们的状态。需求就是指一定时间内和一定价格条件下，消费者对某种商

品或服务愿意而且能够购买的能力，是和人的活动紧密联系在一起的。人们购买产品，接受服务，都是为了满足一定的需求。一种需求满足后，又会产生新的需求。因此，人的需求决不会有被完全满足和终结的时候。正是需求的无限发展性，决定了人类活动的长久性和永恒性。

需求虽然是人类活动的原动力，但它并不总是处于唤醒状态。只有当消费者的缺乏感达到了某种迫切程度，需求才会被激发，并使消费者有所行动。比如，我国绝大多数消费者可能都有住房更宽敞的需求，但由于受经济条件和其他客观因素制约，这种需求大都只是潜伏在消费者心底，没有被唤醒，或没有被充分意识到。此时，这种潜在的需求或非主导的需求，对消费者行为的影响力自然就比较微弱。

5.1.2 网络消费者需求层次

作为个体的消费者，其需求是十分丰富多彩的，可以从多个角度予以分类。

1. 根据需求在人类发展史上的起源分类

（1）生理性需求　生理性需求是人类最原始、最基本的需求，它是人和动物所共有的，而且往往带有明显的周期性。比如，受生物钟的控制，人需要有规律地、周而复始地睡眠，需要日复一日地进食、排泄。应当指出，人的生理需要和动物的生理需要有本质区别。人的生理需要，从需要对象到满足所运用的手段，都无不印有人类文明的印记。

（2）社会性需求　社会性需求是指人类在社会生活中形成的，为维护社会的存在和发展而产生的需求，如求知、求美、友谊、荣誉、社交等需求。社会性需求是人类特有的，它往往刻有时代、阶级、文化的印记。人是社会性的动物，只有被群体和社会所接纳，才会产生安全感和归属感。社会性需求得不到满足，虽不直接危机人的生存，但会使人产生不舒服、不愉快的体验和情绪，从而影响到人的身心健康。一些物质上很富有的人，因得不到友谊、爱，得不到别人的认同而产生孤独感、压抑感，恰恰从一个侧面反映出社会性需求的满足在人的发展过程中的重要性。

2. 根据需求的对象分类

（1）物质需求　物质需求是指对与衣、食、住、行有关的物品的需求。在生产力水平较低的社会条件下，人们购买物质产品，在很大程度上是为了满足其生理需求。但随着社会的发展和进步，人们越来越多地运用物质产品体现自己的个性、成就和地位。因此，物质需求不能简单地对应于前面所介绍的生理性需求，它实际上已经渗透着社会性需求的内容。

（2）精神需求　精神需求主要是指认知、审美、交往、道德、创造等方面的需求。这类需求不是由生理上的缺乏感，而是由心理上的缺乏所引起的。

现代网络消费者是一群乐于索取的人，他们对网络销售的公司或者个人的需求由低到高划分为如下四个层次：

1）需要了解产品、服务的信息。网络消费者获取产品、服务的信息一般都是通过网络销售公司或者个人的网站或网店，例如销售公司的 B2B、B2C 的官方或第三方平台上的网站以及类似淘宝网的第三方的销售平台。现代的消费者需要了解产品、服务的详细信息，从中寻找能满足他们个性化需求的特定信息。在 www. Amazon. com 网上书店，顾客需要的信息可能个性化到如下程度：我喜欢的某一位作家的所有在版图书及最近的作品，或我研究的某个专题的最新著作等。通过信息的寻找，需查阅最近的全国书目，定期到当地综合图书馆或书店寻找。而现在 Amazon 设立了一个名叫 Eyes 的自动搜索工具，可为顾客搜寻到所需的图书信息，并及时给顾客发送 E－mail。

2）需要帮助解决问题。顾客服务的另一种说法就是帮助顾客解决问题。从产品安装、调试、使用方法，到售后服务等都是顾客服务的范围。在传统的营销中，帮助解决问题占据了传统公司大量的精力，客户服务人员重复着同一类问题的答案，效率低下而且服务成本高。现代的网络消费者要的不仅是一个问题的解决，同时还需要对产品有关的知识自我学习以及培训。众多的网络销售公司以及个人，都在公司的官方网站及非官方的论坛中介绍公司产品方面的知识。

3）接触网络销售公司的人员。现代顾客不仅需要自己了解产品、服务的知识，解决问题的方法，同时还需要像传统顾客服务一样，在必要的时候和公司的有关人员直接接触，解决比较复杂的问题，或询问一些特殊的信息，反馈他们的意见等。

4）了解整个过程。现代消费者不仅需要了解信息、接触网络销售公司的人员，还常常为整个营销过程中的一个积极主动因素去参与产品的设计、制造、配送等。这一点充分体现了现代顾客的个性化服务的双向互动的选择特性。

以上这四个层次的需求之间有一种相互促进的作用。本层次需求满足得越好，就越能推动下一层次的需求。需要满足得越好，企业和顾客之间的关系就越密切。整个过程是一种螺旋式的上升，不仅促使公司对顾客需求有更充分的理解，也会引起顾客对公司期望的膨胀，最终不仅实现了“一对一”关系的建立，而且不断地巩固、强化了这种关系。这个过程被称为“顾客整合”。顾客整合是基于现代顾客个性化需求发展的结果，它充分体现了现代顾客个性化需求不是一个静态的过程，而是一个双向互动的过程，这就为运用网络这一优秀的顾客服务工具奠定了基础。

5.1.3 网络消费者类型

根据网络消费者的上网习惯以及特征，网络消费者可以分为以下几种类型：

（1）简单型　简单型的消费者需要的是方便、直接的网上购物。他们每月只花少量时间上网，但有一半时间用于网上交易。网络销售企业或者卖家必须为这一类型的人提供真正的便利，让他们觉得在你的网站上购买商品将会节约更多的时间，从而保持网络消费者的忠诚度。

（2）冲浪型　冲浪型的消费者占常用网民的8%，而他们在网上花费的时间却占了32%，并且他们访问的网页量是其他网民的4倍。冲浪型网民对常更新、具有创新设计特征的网站很感兴趣。网络销售企业或者卖家应该为这一类型的客户提供新颖的产品，并提供较多的产品信息以及知识库。网络销售企业或者卖家应关注这一类型的网民，他们是网络消费的主力军，懂得较多的相应的网络购物技巧。

（3）接入型　接入型的消费者是刚接触网络的新手，占网民36%的比例，他们很少购物，喜欢网上聊天和发送免费问候卡等。那些有着著名传统品牌的公司应对这类人群保持足够的重视，因为网络新手们更愿意相信生活中他们所熟悉的品牌。这种类型的网络消费者一旦达成购买交易，会比较容易成为网络销售企业或者卖家的忠实客户。

（4）议价型　议价型消费者占网民8%的比例，他们有一种趋向，愿意购买便宜的商品。eBay、淘宝网等网站大多数的顾客属于这一类型，他们喜欢议价，并有强烈的在交易中获胜的愿望。网络销售企业或者卖家在遇到此类消费者时，必须能较好地运用产品的销售策略，一旦成功地满足此类型消费者的需求，他们就会成为企业或者卖家的忠实客户。

（5）定期型和运动型　定期型和运动型的网络消费者通常都是被网站的内容所吸引。定期型消费者常常访问新闻和商务网站，而运动型消费者则喜欢运动和娱乐网站。

目前，网上销售商面临的挑战是如何吸引更多的访问者，如何努力地将网站访问者变为消费者。因此，网络营销人员应该将自己的注意力集中在以上几类消费者身上，从中确定自己的潜在消费群体，这样才能做到营销有的放矢。

5.1.4　网络消费需求的特征

由于互联网商务的出现，消费观念、消费方式和消费者的地位正在发生着巨大的变化，使网络消费者心理与以往相比呈现出以下一些新的特点和趋势：

（1）个性消费的回归　没有一个消费者的心理是完全一样的，每一个消费者都是一个细分市场。心理上的认同感已成为消费者作出购买品牌和产品决策的先决条件，个性化消费再度成为消费的主流。

由于消费者个性化的消费观念的回归，现在社会中出现了很多定制化服务的网络销售公司以及个人。在NIKE的官方网站，网络消费者可以为自己设计一双鞋子；在DELL官方网站，网络消费者可以选择配置一台自己满意的笔记本；在www.bluecotton.com网站上，网络消费者可以参与设计自己喜欢图案的T恤衫；在www.jaguar.com网站上，网络消费者可以配置一辆自己梦想的汽车。

（2）消费需求的差异性　对于不同的网络消费者，因所处的地域、环境等的不同，在同一需求层次上的需求也会有所不同。所以，从事网络营销的企业或者个人要想取得成功，必须在整个生产过程中，从产品的构思、设计、制造，到产品的包装、运输、销售，认真思考这种差异性，并针对不同消费者的特点，采取有针对性的方法和措施。

（3）消费主动性增强　消费主动性的增强来源于现代社会不确定性的增加和人类追求心理稳定和平衡的欲望，网上消费者以年轻人为主，一般经济收入比较高，因此，主动性消费是其特征。

（4）对购买方便性的需求与购物乐趣的追求并存　在网上购物，除了能够满足实际的购物需求以外，消费者在进行购物的同时，还能够得到更多的信息，体会到在传统商店没有的乐趣。另外，网上购物的方便性也会使消费者节省大量的时间和精力。

（5）价格仍然是影响消费心理的重要因素　正常情况下，网上销售的低成本将使经营者有能力降低商品销售的价格，并开展各种促销活动，给消费者带来实惠。例如，亚马逊书店比传统市场低15%～30%的书价对消费者是很大的吸引。

（6）网络消费仍然具有层次性　网络消费本身是一种高级的消费形式，但就其消费内容来说，仍然可以分为由低级到高级的不同层次。在网络消费的开始阶段，消费者侧重于精神产品的消费，到了网络消费的成熟阶段，消费者在完全掌握了网络消费的规律和操作，并且对网络购物有了一定的信任感后，消费者才会从侧重于精神消费品的购买转向日用消费品的购买。

（7）网络消费者的需求具有交叉性　在网络消费中，各个层次的消费不是相互排斥的，而是具有紧密的联系，需求之间广泛存在着交叉的现象。例如，在同一张购物单上，消费者同时购买普通的生活用品和昂贵的饰品，以满足生理的需求和物质的需求。这种情况的出现是因为网络虚拟商店可以囊括几乎所有的商品，人们可以在较短的时间内浏览多种商品，因此产生交叉性的购买需求。

（8）网络消费需求的超前性和可诱导性　在网上购物的消费者以经济收入较高的中、青年为主，这部分消费者比较喜欢超前和新奇的商品，他们也比较注意和容易被新的消费动向和商品介绍所吸引。

（9）网络消费中女性占主导地位　喜欢消费和购物是女性的天性，在传统的生活中是这样，在网上的虚拟社会中亦然。当女性网民所占的比例和数量达到一定量时，网络消费中女性占主要的地位。调查表明，在被调查女性中，9%掌握着家庭中1/3的消费资金，15%掌握着家庭中50%的消费资金，47%掌握着家庭中2/3的消费资金，29%掌握着家庭中3/4的消费资金，而且近六成被调查家庭的消费计划也都是由女性制订的。由于女性对网上购物的感觉越来越好，因此女性网上购物人数将超过男性也在情理之中。网络营销中应始终保持对女性顾客的关注，大多数女性较感兴趣的网上内容有服装、情感以及女性话题等。

任务二　网络消费者的购买动机

5.2.1　网路消费者购买动机的内涵

1. 动机的含义　动机（Motivation）这一概念是由 R. Woodworth 于 1918 年率先引入心理学的。他把动机视为决定行为的内在动力。一般认为，动机是引起个体活动，维持已引起的活动，并促使活动朝向某一目标进行的内在作用。

人们从事的任何活动都是由一定动机引起的。引起动机有内外两类条件，内在条件是需求，外在条件是诱因。需求经唤醒会产生驱动力，驱动有机体去追求需求的满足。例如，血液中水分的缺乏会使人（或动物）产生对水的需求，从而引起唤醒或紧张的驱动力状态，促使有机体从事喝水这一行为来满足需求。由此可见，需求可以直接引起动机，而导致人朝特定目标行动。

既然如此，为什么不用需求直接解释人的行为的动因，而是在需求概念之外引入动机这一概念呢？首先，需求只有处于唤醒状态，才会驱使个体采取行动。而需求的唤醒可能源于内部刺激，亦可能源于外部刺激。换句话说，仅仅有需求还不一定能导致个体的行动；其次，需求只为行为指明大致的或总的方向，而不规定具体的行动线路。满足同一需求的方式或途径很多，消费者为什么选择这一方式而不选择另外的方式，对此需求并不能提供充分的解释。引进动机概念，正是试图从能量与具体方向两个角度对行为提供更充足的解释；再次，在有些情况下，虽然人类的体温只能在很有限的范围内变动，但它却能自动调节，以适应高于体温与低于体温的环境。当然，人体均衡机制的调节幅度也是有限的，当均衡状态被大大地打破且超出了正常的调节幅度后，人体内会自动产生要求恢复均衡的力量，动机也就由此而生；最后，即使缺乏内在的需求，单凭外在的刺激，有时也能引起动机和产生行为。

总之，动机既可能源于内在的需求，也可能源于外在的刺激，或源于需求与外在刺激的共同作用。简单地将“需求”与“动机”视为同义并不科学，对深入分析、理解消费者行为也无帮助。

2. 动机的特征

（1）动机的不可观察性或内隐性　动机是连接刺激与反应的中介变量，它只能通过对某些外显行为指标的研究作出推断，其本身是无法直接观察到的。一些人购买名牌产品，可能是出于身份、地位的需要这一动机，企业如果据此设计高品质产品，并通过其他营销手段维持其产品的名牌形象，很可能迎合这部分消费者的需求心理，从而获得成功。果真如此，企业采用的以身份、地位为追求目标的策略极其成功，这恰恰印证了消费者具有追求身份、地位的强烈动机。

由于动机无法直接观察，只能靠对行为的推断来予以确定。因此，它并不具有对行为的预示作用。同时，对行为后动机的推断，难免带有主观色彩。正因为如此，一些学者对动机研究提出了诘难。虽然如此，动机研究的价值并不能被抹杀，它对解释购买行为差异是极为有用的。以消费者学习有关产品知识为例，在消费者原有知识、经验、能力、情境与刺激因素及其强度没有明显不同的条件下，知识掌握程度上或学习成绩与效果上的差异很可能是源于动机强度的不同。

动机的无法直接观察也提醒我们，在对行为后的动机作推断时，必须谨慎、小心。以消费者购买名牌产品为例，他或她可能是出于表明身份、地位的需求，也可能是出于避免或减少购买风险的考虑。对同一行为后动机的不同解释，意味着完全不同的营销意义。所以，在制订和实施营销计划前，对购买动机的仔细研究和小心求证是非常重要的。

（2）动机的多重性　消费者所做的产品或品牌的选择，很可能是由某种动机支配和主宰的。然而，这并不意味着某一购买行为是由单一的动机所驱使的。事实上，很多购买行为都隐含着多种动机，所以，企业在设计产品和制定营销策略时，既应体现和考虑消费者购买该产品的主导动机，又应兼顾非主导的动机。

（3）动机的实践性与学习性　动机包含着行为的能量与行为的方向两个方面的内容。行为能量很大程度上是由需求的强度所决定的，而行为方向则受个体经验以及个体对环境、对刺激物的学习的影响。现代很多动机理论不仅仅是涉及建立在生理需求基础上的各种动机，而且越来越多地强调和重视社会化。

（4）动机的复杂性　动机的复杂性至少可以从三个方面体现出来：一是任何一种行为的背后都包含着多种不同的动机，而且类似的行为未必出自于类似的动机，类似的动机也不一定导致类似的行为；二是同一行为后的各种动机有着强度上的差别，哪种动机处于优势地位、哪种动机处于弱势地位，并不容易分清；三是动机并不总是处于显意识水平或显意识状态。也就是说，对为什么采取某一行动，消费者自身也不一定能给出清楚的解释。由此提出的一个问题是，在研究消费者动机时，如何区分消费者不愿披露某种动机与消费者无力揭示其行为动机两种情况；但也很难完全以纯生理的因素予以解释。

5.2.2　网络消费者的具体购买动机

网络消费者的具体购买动机一般有：

（1）求实动机　求实动机是指消费者以追求商品或服务的使用价值为主导倾向的购买动机。在这种动机支配下，消费者在选择商品时，特别重视商品的质量、功效，要求一分价钱一分货。相对而言，购买过程中，如当几种布料价格接近时，消费者宁愿购买布幅较宽、质地厚实的布料，而对色彩是否流行等因素给予的关注相对较少。

（2）求新动机　求新动机是指消费者以追求商品、服务的时尚、新颖、奇特为主导倾向的购买动机。在这种动机支配下，消费者选择产品时，特别注重商品的款式、色泽、流行性、独特性与新颖性。相对而言，产品的耐用性、价格等成为次要的考虑因素。一般而言，在收入比较高的人群以及青年群体中，求新的购买动机比较常见。

（3）求美动机　求美动机是指消费者以追求商品欣赏价值和艺术价值为主要倾向的购买动机。在这种动机支配下，消费者选购商品时，特别重视商品的颜色、造型、外观、包装等因素，讲究商品的造型美、装饰美和艺术美。求美动机的核心是讲求赏心悦目，注重商品的美化作用和美化效果，它在受教育程度较高的群体以及从事文化、教育等工作的人群中是比较常见的。据一项对近400名各类消费者的调查中发现，在购买活动中首先考虑商品美观、漂亮和具有艺术性的人占被调查总人数的41.2%，位居第一位。

（4）求名动机　求名动机是指消费者以追求名牌、高档商品，借以显示或提高自己的身份、地位而形成的购买动机。当前，在一些高收入层、大中学生中，求名购买动机比较明显。求名动机形成的原因实际上是相当复杂的。购买名牌产品，除了有显示身份、地位、富有和表现自我等作用以外，还隐含着减少风险，简化决策程序和节省购买时间等多方面考虑因素。

（5）求廉动机　求廉动机是指消费者以追求商品、服务的价格低廉为主导倾向的购买动机。在求廉动机的驱使下，消费者选择商品以价格为第一考虑因素。他们宁肯多花体力和精力，多方面了解、比较产品的价格差异，选择价格便宜的产品。相对而言，持求廉动机的消费者对商品质量、花色、款式、包装、品牌等不是十分挑剔，而对价格、折让等促销活动有较大兴趣。

（6）求便动机　求便动机是指消费者以追求在商品购买和使用过程中省时、便利为主导倾向的购买动机。在求便动机的支配下，消费者对时间、效率特别重视，对商品本身则是不很挑剔。他们特别关心能否快速方便地购买到商品，讨厌过长的等候购物时间和过低的销售效率，对购买的商品要求携带方便，倾向于求便的购买动机。

（7）从众动机　从众动机是指消费者在购买商品时自觉或不自觉地模仿他人的购买行为而形成的购买动机。模仿是一种很普遍的社会现象，其形成的原因多种多样。有出于仰慕、钦慕和获得认同而产生的模仿；有由于惧怕风险、保守而产生的模仿；有缺乏主见，随波逐流而产生的模仿。不管出于何种原因，持模仿动机的消费者，其购买行为受他人影响比较大。一般而言，普通消费者的模仿对象多是社会名流或其所崇拜、仰慕的偶像。电视广告中经常出现某些歌星、影星、体育明星使用某种产品的画面或镜头，目的之一就是要刺激受众的模仿动机，促进产品销售。

任务三　网络消费者的购买行为分析

5.3.1　网络消费者购买过程

人们购买一种商品的行为并不是突然发生的，在购买行为发生之前，购买者就会有思维活动或行为来保证以后购买的商品自己能够满意。即使一个消费者把商品买到家里，他还会进一步研究他所买的商品，看其性能如何，等等。这样看来，与消费者购买行为相关的是一个完整的消费者的购买过程。

1. 需求确认　消费者首先要认识到自己对某种商品的需求后，才会去选择和购买。因此，需求确认是消费者购买决策过程中的第一个阶段。在这个阶段里，消费者认识到自己的即时状态与理想中的状态的差距，所以就想消除这个差距。

在传统的购物过程中，诱发需求的动因是多方面的。当人们看到冰箱里空了，就会去买蔬菜、水果、饮料等来补充它。但对于网络营销来说，诱发需求的动因只能局限于视觉和听觉。文字的表述、图片的设计、声音的配置是网络营销诱发消费者购买的直接动因。从这方面讲，网络营销对消费者的吸引具有相当的难度。这就要求从事网络营销的企业或中间商注意与自己产品有关的实际需求和潜在需求，了解这些需求在不同时间的不同程度，了解这些需求是由哪些刺激因素激发的，进而巧妙地设计促销手段去吸引更多的消费者浏览网页，诱导他们的需求欲望。

2. 信息收集　消费者认识到自己的需求以后，便会自动地进入购买决策过程中的另一个阶段——收集信息。当然，对于反复购买的商品，消费者会越过信息搜索阶段，因为所需信息已被其通过过去的搜索而掌握。另外，对于一个消费者来说，越贵重的商品，消费者越重视其信息的搜索。

在购买前的信息搜索过程中，消费者首先在自己的记忆中搜索可能与所需商品相关的知识和信息。如果没有足够的信息用于决策，他便要在外部环境中寻找与此相关的信息。信息的外部来源有以下两种：

（1）个人来源　个人来源指亲戚和朋友的外部信息来源。在与亲朋好友的聊天中，人们会获取关于商品的信息和体会，这种信息和体会在某种情况下对购买者的购买决策起着决定性的作用。网络营销决不可忽视这一信息来源的作用。在没有实物作为信息载体的情况下，人们对于网上商品的质量、服务的评价主要是通过语言和电子邮件传递的。这种传递可能是小范围的，如一个家庭、一个单位；也可能是很大范围的，如一个地区、一个国家或者是全世界。所以，对一件好的商品，一次成功的销售可能带来若干新的顾客；对一件劣质产品，一次失败的销售经历，可能使销售商几个月甚至几年都不得翻身。

（2）公共来源　公共来源的范围较广，可以是政府或其他组织的评奖，也可以是报纸或杂志中关于产品的评论与介绍，还可以是广播电台或电视台组织的有关商品的节目。网络营销的信息传递主要依靠网络广告和检索系统中的产品介绍，包括在信息服务商网页上所做的广告，中介检索系统的条目以及自主页上的广告和产品介绍。

3. 评估选择　评估选择有一个过程。首先，假设每个消费者都把产品看成是一系列产品属性的集合。其次，消费者会根据他或她的独特的需要和希望而区别不同属性的重要性程度。第三，消费者会形成一系列关于各个属性中不同品牌性能的品牌信念。人们关于某个特定品牌的一系列信念就是我们所说的品牌形象。消费者的信息受亲身经验和选择性注意、曲解及保留的影响，所以可能与真正的产品属性有些差异。第四，消费者期望的产品全部满意度随不同的属性水平而变化。第五，消费者通过某种评价程序而形成对不同品牌的态度。

在消费者评价与选择的标准中，通常会有一个是促成消费者决策的主要因素，这个因素被称为决定性因素。决定性因素依商品的种类和消费者的感觉、生活方式、态度、需要等诸多方面的因素而变化。有时决定性因素并不止一个，可以是两个同样重要的因素。

对企业来说，使某种商品具有独一无二的特色并不是工作的全部，要紧的是这个特色必须与消费者眼里的决定性因素结合起来，这样才能吸引消费者并满足消费者的迫切需要。网络购物不直接接触实物，消费者对网上商品的比较依赖于过去对商品的描述，包括文字的描述和图片的描述。

4. 购买决策　消费者经过搜索信息对产品进行评估与选择后就会作出购买决定。购买决定是指消费者在购买动机的支配下，从两件或两件以上的商品中选择一件满意商品的过程。在评估选择步骤中，消费者对不同产品进行排序并形成了购买意向。一般来说，消费者的购买决定将是购买他最喜爱的产品，但在购买意向和购买决定之间还可能会受到两个因素的影响，第一个因素是他人的态度，第二个因素是不可预料情况因素。

当然，消费者也可能因为评价与选择过程中的问题推迟或取消购买的决定，这时消费者购买的决策过程处于停滞状态。参与营销的企业不可能对消费者的购买决定做任何工作，因为消费者一旦作出购买决定，余下的只是在商店或其他什么地方完成交易，也就是付款、提货或安排交货地点等事宜。

5. 购买评价　将商品买回家以后，消费者的购买决策过程还没有终止，因为在最初使用商品的过程中，消费者会以购前的期望为标准来检查与衡量自己买回来的商品。为的是看看有没有什么问题或不满意的地方。到此，营销人员的工作也并未结束。决定消费者对购买的产品满意还是不满意的关键在于消费者的期望和产品的被觉察到的性能之间的关系。如果产品未达到消费者的期望，消费者就会失望；如果达到了期望，消费者就会满意；如果超出了期望，消费者就会惊喜。

让消费者满意是非常重要的。公司的销售额来自基本的群体：新顾客和回头客。吸引新消费者往往比挽留现有顾客要困难，而挽留现有顾客的最佳方式就是让他们满意。满意的顾客会重复购买，会向他人推荐该产品，并且留意竞争性品牌及广告，还会向该公司的其他成员推荐。许多营销者不仅仅是满足顾客的期望，他们的目标是让顾客惊喜。一般来说，满意的顾客会向 3 个人讲述买了件好产品，不满意的顾客会向 11 个人进行抱怨。实际上，一份研究显示，13% 对某个公司不满的人会向至少 20 人进行抱怨。显然，坏话比好话传得更快更远，并会迅速危机消费者对某个公司及其产品的态度。

因此，一个公司的明智之举应该是定期衡量顾客的满意程度，不能坐等不满意的顾客自己提出抱怨。研究表明，大约 96% 的不满意顾客会向公司抱怨。公司应建立鼓励消费者进行投诉的系统。这样做，公司可以了解到自身做得怎么样及如何提高。除了寻求抱怨并作出反应外，营销者应积极采取行动减少顾客购买后的不满意程度，并帮助顾客建立其良好的购买感觉。

5.3.2 网络消费者购买优势和劣势

1. 网络消费者购买优势

（1）信息优势　互联网相关技术备受青睐的原因在于它架起了一座通向外界的桥梁。互联网环境是开放、无国界的，消费者可以与世界各个地方的人们交换信息，及时获取最新资讯。计算机的存储技术使互联网成为全球最大的信息资源库，信息可长期存储、发布。更为方便的检索技术、传输过程使消费者可以轻而易举地获取想要的信息。

（2）分析优势　社会分工日益细化和专业化，对于一些耐用的大件产品以及高技术含量产品，消费者缺乏足够的专业知识进行鉴别与评估。尽管消费者得到的各种指标、数据、说明书很多，但对于这些信息内涵缺乏必要的了解。比较、定量化分析模型、谈判软件以及智能代理的出现，使消费者自己可以参考这些分析模型，理性地判断产品价格的合理性，对产品的整体效果进行评定。在这种情况下，企业趋向于按照成本定价而不是按顾客价值定价。目前，网上出现了一些方便顾客搜索、比较的工具。

（3）抗干扰优势　一些消费者不喜欢面对面地从销售员那里购买东西，也有些人出于隐私的考虑不愿到商店购买易于引起敏感性话题的产品。在网络购物环境下，消费者可以通过主页了解产品，反复比较进行选择。通过填写表格来表达自己对产品品种、质量、价格和数量的选择。上错了网址可以按键重来，输错了命令可以取消，这种随意性使互联网成为一个自由轻松的网络购物空间。消费者不会受到周围环境的干扰，也不会为销售员的态度所左右。在这里一切都显得比较自我、舒适与从容。

（4）时间优势　在线购物的另一个优势是不受时间的限制。网络企业可以每年365天，每天24h全天候地进行各种营销活动、发布信息、交易、提供服务。消费者可以随时购物，不会遇到交通堵塞，不需要排队守候，不会在销售高峰时浪费时间，不会再有双休日、节假日产品维修与投诉无门的麻烦。消费者可以随时上网购物，从容寻找合适的产品，实现随时随地购物。这也使商家无需在本该员工休息时间安排加班，商业企业管理和发展获得了更为有利的条件。

2. 消费者网络购买劣势

（1）感受劣势　在非网络选购的状态下，消费者是通过看、闻、摸等多种感觉来对产品进行判断与选择的。而网络购物只提供了一种可能——看。这势必对消费者的刺激大大减弱。对于相当一部分人而言，身临其境地购物是一种社会实践，是一种接触社会的机会，是一种享受。网上购物失去了上街闲逛的乐趣，对那种热烈的现场气氛的感受大大减少，购物过程的乐趣必大打折扣。而在我国，购物仍然是许多居民一种主要的休闲方式。

此外，传统的店面销售所营造出的友好和谐的购物环境，良好的销售人员形象的塑造，对于消费者购买心理产生的影响、刺激作用也因为网络购物的虚拟性而不复存在。因此，人际沟通与切身感受的缺乏是网上购物的软肋。

（2）适用范围小　虽然理论上任何产品都可以进行网上交易，但在实际的操作过程中，仍有许多产品不适合网络销售。这涉及产品的属性与特点。例如，布匹的质感如何用文字给予恰当的描述，饮料的口感又如何准确表达，何况对布料的手感、饮料的口感也因人而异。目前在线销售中成熟的实物产品要数计算机硬件、音像制品（书籍、唱片）、家用电器以及软件。因为这些产品的物理性质决定了在配送过程中不易耗损和破坏，有些产品还可以在网上免费试用。另外，长期以来人们已经习惯了这类产品的邮寄购买的配送过程。

此外，从成本角度考虑，对于某些产品而言，网上购买成本要比传统购买成本高出很多，这在一定程度上也缩小了消费者选择产品的范围。上网作为一种消费行为，用户必须为此支付一定的费用。对于众多拨号上网的用户来说，首先要支付每小时一定数量的拨号费。由于目前的环境与技术的不完善，上网仍是一件耗时的事。一方面带宽不够导致上网速度较慢，另一方面互联网上提供的精彩内容与便捷服务常使网民的购买注意力下降，网民容易沉溺网络之中。消费者选定产品之后，除了产品的实际价格以外，还要支付产品邮寄、传递的费用，这中间还不包括购物的精神成本。尽管互联网给人们带来休闲、轻松的体验，但人们仍然需要承受一定的精神压力和风险，例如，人们必须耗费精力去判断网上信息的真实性，判断网络交易是否安全等。

5.3.3 网络消费者购买行为类型

对传统意义上的消费者来说，按照消费者购买时的卷入程度以及产品的品牌差别程度，他们的购买类型可分为四种类型，复杂型购买、和谐型购买、多变型购买和习惯型购买。

复杂型购买发生在消费者初次购买电视机、照相机等单价高、品牌差异大的耐用消费品的场合。由于多数消费者不太了解这些产品的品种、规格、性能等技术细节，因此购买时需要经历一个认识学习的过程。

和谐型购买发生在卷入程度虽高，但所购产品品牌差别不大的场合。一般消费者关心的是价格是否优惠和购买的时间与地点是否便利。

多变型购买是消费者购买饼干等品牌差别很大的产品的低卷入行为。在这种购买中，为寻求变化和新鲜，消费者经常变换所购买产品的品牌。消费者一般不主动寻求产品信息，也不认真评价品牌。

习惯型购买是消费者购买食盐等品牌差别很小的低卷入行为。消费者大多是根据消费习惯和经验来购买这一类产品。

互联网作为一种新型媒体，它的应用必然会对消费者的购买行为和购买过程产生影响，而上述传统的购买行为方式划分也在网络经济下产生一些新的变化。互联网上前所未有的充分的信息环境和方便快捷的操作，使消费者不容易受到所谓“权威观点”的影响，而倾向于自己去收集、筛选信息，凭借自己独立的判断力来分析所获得的信息。产品品牌对消费者的影响已不如以前那么大了，消费者更加注重的是产品质量、价值和自己个性化需要的满足。

按照消费者的需求个性化程度，可以将消费者网络购买行为划分为定制型、简单型与复杂型。

定制型购买充分满足消费者的个性化需求。消费者通过网络按照自己的需求与标准要求厂商对产品的外观到内在“内容”进行定制化生产。这种产品有三类，一是技术含量高、价值高的大型产品，如汽车、住宅、计算机等。这些复杂的大型产品是多个部件和多种功能的集合体，通用产品经常造成要么功能不足，要么功能过剩，标准化和大规模生产所带来的成本降低被功能过剩所抵消。通过定制，虽然增加了制造成本，但可以大大消除非必要功能，从而获得更个性化，同时也是更经济的产品。二是技术含量不高，但价值高的个性化、形象化产品。这类产品与消费者的兴趣、偏好有直接的关系，如服装、首饰、家具、办公用品等。这些产品虽然技术含量不高，但它直接影响着一个人的形象和气质、个性，而这又是一个在社会竞争中获得成功的要素或标志，所以许多人愿意为此付出较高的代价。三是计算机软件及信息产品。

对于企业而言，实现这种差异化的甚至“一对一”的营销，必须具有雄厚的财力和较强的技术力量，并且要求企业销售额的扩大所带来的利益必须超出营销总成本费用的增加。

简单型购买的产品大多是食品、音像制品。消费者对它们的个性化需求不大，基本上属于同质市场。消费者购买前不会认真地收集信息，进行分析筛选，而以方便购买作为首要条件。一般来说，消费者购买这类产品是以传统购买习惯为依据的，不需要做太多的选择，购买过程被简单化。

复杂型购买主要发生在购买电视机、冰箱、轿车等产品技术含量相对较高的耐用消费品的场合。消费者对这些产品的性能并没有什么特殊的要求，但消费者毕竟对产品的许多技术细节不尽了解，对品牌的依赖性较大。随着这些产品逐步走向成熟，消费者对它们变得越来越熟悉，这种复杂型购买将逐步减少，购买趋于简单化。对这些产品，消费者的个性化需求主要表现在产品的颜色、外观造型上，对厂家的要求不是很高，厂家卷入的程度也不高。

针对网络经济下的消费者购买行为，也有学者提出新的分类方式。他们把网络购买行为分成五种类型，分别是简单型、冲浪型、接入型、定期型和运动型。

项 目 小 结

本项目首先阐述了网络消费者的概念，结合消费者需求的层次论分析了网络消费者需求层次，总结了网络消费者的类型以及网络消费者的需求特征，并针对中国网民的网络应用数据进行整理及分析。其次，阐述了网络消费者的动机概念，总结了从早期的动机理论到现代的动机理论的发展过程，分析了网络消费者的具体购买动机。最后，分析了网络消费者的购买行为理论以及网络消费者购买的优劣势，总结了网络消费者购买行为的过程及购买行为类型。

关 键 概 念

1. 网络消费者　Network Consumer
2. 需求　Demand
3. 动机　Motivation

复习思考题

1. 网络消费者的需求特征？
2. 网络消费者有哪些类型？分别有什么特征？
3. 网络消费者的动机有哪些？
4. 分析网络消费者购买的优劣势。

5. 简述网络消费者购买行为的过程。

实践与训练

熟练利用网络工具进行网络消费者信息收集，针对网络消费者的分析结果，探讨切实可行的解决方法。

案例分析

Zappos 是美国最大的网络鞋店，其 2007 年通过在线销售实现收入 8.4 亿美元，占美国当年鞋类网络市场总值 30 亿美元的 28%，被称为“鞋业亚马逊”。

Zappos 面向的消费者从 18 岁到 80 岁，在线销售 800 多个品牌，价格从 20～2000 美元/双不等，SKU（单款单色）数量近 10 万个。丰富的产品给了消费者极大的选择空间，也深深吸引了不同类型的消费者。

Zappos 真正不同于其他同类型网站的是其客户服务理念，也就是说致力于服务领导者的定位成就了 Zappos 的卓越。其销售业绩从 2000 年的 160 万美元到 2007 年的 8.4 亿美元，几乎每年都以 100% 的速度增长。

1. 无可挑剔的配送服务　在公司成立初期，Zappos 采用地面运输方式。随着业务规模的扩大与盈利能力的提升，Zappos 持续提升配送效率，目前正致力于通过航空方式实现隔夜送达。为此，设在肯塔基州的 Zappos 的仓库就坐落在联邦快递（UPS）的枢纽机场附近，并且 24h 无休运作。从 3 天到 2 天，再到目前隔夜送达，在大大提升客户满意度的同时，其配送成本达到了销售收入的 20%。

2. 疯狂的“退货”制度　由于鞋的销售对试穿的要求比较高，一直阻碍鞋的在线销售，甚至有人认为鞋这样的对现场体验要求很高的产品很难单纯地依赖在线销售模式。为此，Zappos 最初推出了 30 天免费退货制度，而且运费由 Zappos 承担。最近，免费退货期延长到了 1 年，而且运费仍然由 Zappos 承担。

3. 卓越的在线沟通　为了降低顾客的购物障碍，Zappos 为每一种不同款式、颜色的鞋，都拍了八张不同角度的产品照，让消费者可以更清楚地了解产品。而 Zappos 的仓库中有高达 6 万种不同款式的鞋子，而提供这么详尽的商品资讯事实上是非常困难的。同时，详尽的产品文字介绍以及购买者发表的评论等，都为计划购买者了解产品提供了帮助。

4. 构建强势服务文化　Zappos 的所有新员工，甚至包括不和顾客直接接触的职位，如会计师、法律顾问等，在入公司时都要在拉斯维加斯总部花一周的时间接听客服电话，然后再飞到肯塔基的物流中心，把订购的鞋子打包并发送到顾客指定地址。

有这样一个案例，公司的一位客服人员在发现顾客所订的鞋子缺货后，便去竞争对手的网站搜索，并把找到的相关页面告诉顾客。而公司总裁谢家华对此的评价是：对 Zappos 而言，更好的客户服务比增加一笔订单更为重要。

还有一个广为流传的故事就是关于 Zappos 总部的搬迁。Zappos 最初的总部在旧金山，当推行全天 24h 客户服务时，他们发现旧金山很难找到这样的员工。2004 年 1 月的一次偶然的机会，谢家华听说拉斯维加斯有优秀的客服人员，能满足公司 24h 服务的要求。当天，谢家华就决定将公司总部搬到拉斯维加斯。3 月份，Zappos 的大部分员工已经在拉斯维加斯上班了。

（资料来源：http：//www. zappos. com）

思 考 题

1. Zappos 认为网络消费者购鞋的过程中难以交易的障碍是什么？Zappos 公司是怎么解决这些问题的？

2. Zappos 公司针对顾客的策略能给 B2C 的网站什么启发？

项目六 网站策略

学习目标

- ◆ 了解网站的分类，网站标志设计策略
- ◆ 理解域名的商业价值
- ◆ 掌握域名结构中一级域名命名的技巧
- ◆ 网站的定位策略和网站策划的过程

引 例

戴尔计算机公司是世界上最成功的网络直销的计算机公司。该公司于1984年由企业家迈克尔·戴尔创立。它的理念非常简单：按照客户要求制作计算机，并向客户直接发货。正是这种大胆的直接与客户接触的营销观念，使戴尔公司成为20世界90年代最成功的公司之一。在美国，戴尔公司是名列第一的主要个人计算机供应商。该公司的业务覆盖了中国、澳大利亚、印度、印度尼西亚、韩国、马来西亚及亚太地区的其他国家和地区。

戴尔公司透过首创的革命性"直线订购模式"，与大型跨国企业、政府部门、教育机构、中小型企业以及个人消费者建立直接联系。公司的管理者认为，戴尔公司的网站带来了巨大的商机，并且将会继续在整个业务中占据越来越大的比重，在今后的几年中，预计公司50%的业务将在网上完成。为了迎接这样一个巨大的商业网站面临的技术上和商业上的挑战，戴尔公司一直在进行广泛的市场调研，以便使互联网这一销售渠道更加完善。

2000年4月3日，戴尔计算机公司董事长兼首席执行官戴尔先生到清华大学举行题目为"戴尔与网络时代"的演讲。他在演讲中，简单阐述了戴尔公司在电子商务领域的成功经验、网络时代的特征和中国所具有的巨大潜力和优势。他认为，戴尔公司目前的全球市场增长率是44%，而在中国的业务1999年的增长速度竟达到了250%。谈到公司制胜的法宝，戴尔认为直接和用户打交道，提供更好的服务和产品，提高效率，最终建立更低的成本架构是至关重要的。互联网是戴尔公司实现以上目标的理想方式。利用这种新型的方式，戴尔公司很好地消除了不必要的中间环节和传统经济体制中的内耗，并能够始终保持与客户的密切联系。戴尔先生说："我个人对网络和信息技术充满了热情，这是我取得成功的基础。我们不仅要掌握基本的技能，同时还要敢于思考如何改进现有的网络，

如何促进信息时代的发展，如何发展电子商务并从这种经济模式上获益。信息技术的应用可以极大地提高我们的工作效率，使大家能够畅通地交流，并迅速发挥各自的能力。”

（资料来源：http：//bbs. zhongcai. com）

思　考　题

戴尔公司的营销模式与传统营销模式的不同之处有哪些？

任务一　企业网站的类型及组成

广义网站包括 Gopher 站点、Web 站点和 FTP 站点，但现在所说的网站一般指万维网站，是指可以通过浏览器访问的某个服务器上存储的一组文件以及附属的数据库，文件组中可能包括文本文件、多媒体文件以及应用程序文件，可以通过网页上的超级链接实现文件间的跳转。

企业网站既是企业在互联网上的代表，也是企业进行网络营销的重要工具。互联网的出现，向企业提供了全新的营销平台，企业可以借助自己的网站与顾客直接沟通。所以，为了使网络营销取得卓越的成效，全球几乎所有企业、机构都纷纷建立自己的网站，提升公司在顾客心中的位置，抢占网络先机，以较低的投入成本，取得较高的效益。因此，网站建设越来越成为企业网络营销必不可少的一环。

6.1.1　企业网站的类型

根据网站所有人的不同，网站可以分为个人网站、政府网站、企业网站和非营利机构网站等类型，我们这里最关心的当然是企业网站。企业网站可以按照不同的标准进行分类，常见的企业网站有以下四种分类方式：

1. 按照企业网站结构分类

（1）基本网站　基本网站是由少数文字为主的网页组成的网站，直接设置在服务器上。适用于小公司，优点是便宜，建设时间短，完全没有设备方面的困扰。缺点是容量有限，通常无法提供交互式组件和多媒体发展。

（2）多层次网站　多层次网站的网页上有各种各样的交互式组件和多媒体效果，多数外包给专业的网站架设的专业公司来规划设计。优点是拥有较大的存储容量和通信带宽，能够使用一些功能强大的工具，使网页的声音、图像流畅，具有交互功能。外包使公司不必担心技术问题，但成本较高，必须依赖网站架设供应商的支持，这就增加了沟通协调的成本。同时，网站架设供应商很难对企业的商业活动进行跟踪反馈，难以与顾客建立及时联系，所以采用这种方法的企业网站通常都存在信息更新缓慢，不能为企业带来太多的实际利益。

（3）全功能网站　全功能网站是架设在专属服务器上，拥有专属的服务器软、硬件，网页的内容丰富，有严格的安全管制的功能。优点是可以完全掌握网站的管理，自行决定用何种功能强大的软件和硬件来架设网站。相对来说，全功能网站软、硬件的投资成本较高，需要专业技术人员来负责管理。只有这样，网站才能真正服务于企业的营销活动以及商业活动。

2. 按照网站的应用层次分类

（1）公司宣传性质网站　该类网站使企业拥有一个属于自己而又面向广大上网受众的媒体。网站信息由企业自己制作，没有传统媒体的时间与版面的限制，还可伴随企业的活动不断适时更新。企业网站可以应用虚拟现实等多媒体手段吸引受众，并与访问者进行双向交流。

（2）网络分销网站　互联网为企业与分销商加强联系提供了有利的平台。企业通过互联网构筑虚拟专用网络，将分销渠道的内部网融入其中，可以及时了解分销过程的商品物流状况和销售情况，有利于加速销售周转。

（3）在线销售网站　在发布企业基本信息的基础上，增加网上接收订单和支付的功能，网站就具备了在线销售功能，成为一个虚拟的商店。这种虚拟的商店通过图片和文字来描述企业所提供的产品，形式有网上购物系统和在线交易系统，顾客可以进行在线购买。如果企业原来主要通过邮购的方式销售产品或服务，或者企业的很多潜在顾客所处区域缺乏产品的销售网点，或者消费者购买产品的行为不愿或不便公开，在线销售是非常合适的营销方式。

值得注意的是，在线销售不等同于网上商城，后者是网络服务商出租或免费提供网络空间给企业，用于建立虚拟的商店；而前者是企业在自己的网站上通过使用相应的销售应用软件，建立网上虚拟的商店。

（4）电子订阅网站　电子订阅网站为顾客提供电子杂志。有些企业网站专门为顾客提供信息的邮件列表，方便顾客网上订阅，网站定期通过电子函件为顾客提供信息。电子杂志是一种只能在互联网上存在的出版物，还没有广泛地被顾客所接受。现在的网上订阅机制积极为一些特定的顾客服务，网站一般提供一些专业信息及新闻、评论、电子杂志，就如俱乐部会员的会刊。

（5）顾客服务型网站　如果公司需要一天 24h 提供不间断的顾客服务，顾客服务型网站是一种较经济方便的选择。网站功能主要是为顾客解答问题，接受投诉意见，帮助顾客核实订货情况，跟踪货物处理情况，同时提供各种联系方式、反馈信息表，提供网上论坛等多种形式与顾客沟通和互动。

3. 按照网站采用的技术分类

（1）静态网站　在用户访问网站的过程中，服务器端没有应用程序（通用的服务器程序除外）运行的网站称为静态网站，即访问者不能向企业反馈信息，企业也不能通过网站获得访问者的意向和相关信息。它的特征是网站主页通常是以 htm 或者 html 为扩展名的文件。静态网站并不是所有内容都静止不动的，它可以包含动画，也可以包含多媒体文件，文件中甚至可以包含在客户端运行的小脚本。静态网站的最主要功能就是宣传和展示企业的形象和产品。目前企业网站中大约60%以上是静态网站。

（2）动态网站　在用户访问网站的过程中，服务器端有应用程序运行的网站称为动态网站。它的特征是网站主页通常是以 asp、php 或者 jsp 为扩展名的文件，网站页面通常根据指令调用数据库动态生成。

动态网站通过适当的数据库和 Web 技术，可以实现某些动态交互功能，包括访问者与网站的交互、访问者与企业的交互和企业对网站内容的动态更新维护等。也就是说，访问者可以通过网站向企业表达自己的合作、购买、投诉和建议等意向，也可以在网上定制和查找自己需要的信息；企业则能及时掌握访问者的反馈信息和需求。电子邮件就是最为广泛使用的一个动态网站应用，只不过电子邮件通常可以借助第三方的服务商来提供。除了电子邮件，常用的网站动态功能包括留言板、内容发布（包括新闻消息和产品信息发布等）、会员注册、网站信息检索查询、在线服务（包括在线调查、在线订购、在线反馈和在线招聘等）、论坛、网站计数器和流量分析、企业邮箱和客户邮件列表等功能，目前公司的网站通常或多或少都具有某些动态功能。

（3）无线网站　无线网站是可以通过 WAP 手机访问的站点，它使用的标记语言是无线标记语言（WAP）。随着无线通信技术的迅猛发展，以无线上网为主要上网方式的移动电子商务的前景被普遍看好。

（4）虚拟现实网站　虚拟现实网站是基于虚拟现实技术的网站，它使用的语言是 VRML（Virtual Reality Modeling Language）。虚拟现实网站被认为在广告、产品陈列台、虚拟社区、历险游戏、虚拟旅游等方面有很大的应用潜力。目前虽然宽带网络有了很大的发展，但虚拟现实技术的应用仍然有限。

4. 按照网站的功能分类　企业网站是为了让外界了解企业自身，树立良好的企业形象并适当提供一定服务的网站。根据行业特性的差别，以及企业的建站目的和实现的功能不同，大致可以把企业网站分为：

（1）基本信息型网站　基本信息型网站主要面向客户、业界人士或者普通浏览者，以介绍企业的基本资料、帮助树立企业形象为主；也有提供适量行业新闻或相关行业信息。企业信息类网站一般都被称做“企业的名片”，是必须印在名片或企业纸质宣传载体上，再通过人员发放渠道流传到社会用户群体，然后被受众者浏览。这类网站的唯一作用就是能帮助企业在互联网上树立形象标牌，它通常也被形象地比喻为企业的“Web Catalog”。

企业信息类网站的另外一种形式就是 Flash 动画类网站。因为这类网站通常多被采用企业形象素材，在目前，其表现对搜索引擎算是很不友善的，所以，无法分享搜索体验是这类网站的最大弊端，故将其归纳为企业信息类网站。

（2）电子商务型网站　电子商务型网站主要面向供应商、客户或者企业产品（服务）的消费群体，以提供某种直属于企业业务范围的服务或交易，或者为业务服务的服务或者交易为主。这类网站可以说是正处于电子商务化的一个中间阶段，由于行业特色和企业投入的深度广度的不同，其电子商务化程度可能处于从比较初级的服务支持、产品列表到比较高级的网上支付的其中某一阶段。通常这种类型可以形象地称为“网上××企业”。例如，网上银行、网上书店等。

（3）多媒体广告型网站　多媒体广告型网站主要面向客户或者企业产品（服务）的消费群体，以宣传企业的核心品牌形象或者主要产品（服务）为主。这种类型无论从目的上还是实际表现手法上，相对于普通网站而言更像一个平面广告或者电视广告，因此用“多媒体广告”来称呼这种类型的网站更贴切一些。

实际应用中，很多网站往往不能简单地归为某一种类型，无论是建站目的还是表现形式，都可能涵盖了两种或两种以上类型。对于这种企业网站，可以按上述类型的区别划分为不同的部分，每一个部分都基本上可以认为是一个较为完整的网站类型。值得注意的是，由于互联网公司的特殊性，在这里不包含互联网的信息提供商或者服务提供商的网站。

6.1.2　企业网站的组成

企业网站应该为浏览者提供大量的信息和服务，这就要求企业网站具有丰富的信息内涵和相关服务。网站的内容要将企业的产品、资源、组织、特点、宗旨等多种信息充分表示出来，还要利用网络互动的特点，将本企业与网络上其他相关资源连接，以方便浏览者浏览和获取更多的信息。一个完整的网站应该由以下几个部分组成：

（1）主页　主页是网站的首页，是一个企业在网上的“门面”，是浏览者进入后对网站和企业的第一印象，是网站当中最重要的一部分，所以它的设计对整个站点来说非常重要。主页包括企业名称、标志，着重标明最重要的新闻或修改内容以及客户与公司联系的地址等，最重要的是应提供对站点简洁清晰的导航菜单或图标和购物简介，并使主页上的导航菜单或图标能连接企业站点的其他页面，以方便顾客的浏览和购买。因此，主页设计的美观、方便程度以及信息概括能力都将影响浏览者对整个网站的印象，进而影响顾客的购买行为。

（2）新闻稿档案　新闻稿档案是任何一个组织的商业 Web 站点中都应该有的。新闻稿既可以发布有关新产品或新开发项目的情况，作为档案的一部分，又是活的公司年表。

（3）参考页面　创建参考页面并链接到与企业相关的特定主题的网络论坛

或其他网络资源，通过提供浏览者感兴趣的信息站点，可以很快使页面成为该主题的权威指南。浏览者会因可以在企业网站上获取更多相关信息，而增加对该网站的访问次数。

（4）产品页面或服务页面　产品页面是以制造产品为主的企业网站的核心部分，服务页面是以提供服务为主的企业网站的核心内容。产品页面或服务页面采用信息分层、逐层细化的方法展示公司产品或服务。产品页面的主要内容应包括产品简介、产品/价格清单，单个的产品页面、产品名称到产品页面的链接。此外，还可以利用高级的表格样式给目录增加新的风格，加入生动的图像，以吸引浏览者的注意力。

（5）员工页面　员工是企业最宝贵的资源和财富，网上企业通过创建员工页面可以吸引潜在客户，同时也是使虚拟企业人格化的有效手段。客户往往希望把电子邮件发给一个有名字的真正的人，而集中介绍员工的页面可以让客户对员工有所了解，同时提供了客户与企业联系的真正的个人的电子邮件地址。

（6）客户支持页面　客户支持页面的最佳用途是与客户沟通并提供服务和技术支持。许多用户上网进入企业网站并不一定是要购买产品，而是想寻求帮助，企业网站应尽其所能为客户提供相应的服务和技术支持，优良的客户服务能更好地满足客户需求，这种投资必定会获得回报。

（7）市场调查页面　无论是传统营销还是网络营销，市场调查都是必不可少的关键环节，网络即时互动的特性决定了它是一种强有力的市场调查工具。企业可以通过市场调查页面的制作，了解客户对其产品、服务的评价、建议等信息；通过在网上发布问卷，可建立市场信息的数据库，以作为营销决策的量化基础。

（8）企业信息页面　网上企业的特点之一是资信不易确定，这是网上购买者不轻易下订单的主要原因之一。因此企业应尽量提高企业资信的透明度，让访问者从多方面了解企业的运营状况，从而提高网上购买者对企业的信任程度，达到增加订单的目的。

（9）网络广告　网络广告不同于传统广告，它主要靠理性诉求来吸引大众，因此广告内容主要是产品介绍、促销活动、宣传等信息。互联网的多媒体特征，使网络广告可以集文字、动画、声音、三维空间等于一体，因此可以创造出颇具吸引力的效果，从而提高网站的访问率。

（10）其他内容　网络营销站点除了要做到信息涵盖面广、容量大，站点的内容覆盖企业多个部门的信息，并使访问者从不同详细程度了解这些信息等客户喜欢的内容外，还应根据自身的特点包括一些其他内容，如赞助商页面、货物追踪系统、电子货币、安全保障系统等。

任务二 域名策略

在数字化时代的进化过程中，无论是大型跨国公司，还是中小型专业公司，建立一个网站可以立即享受到诸如抢占网络商机、提升公司形象、加强客户服务、降低营销成本和提高效率的诸多利益，这是公司经营的制胜之道，开展网络营销就意味着企业应尽快建立自己的网站，拥有自己的域名。网站是企业开展网络营销活动的主要阵地。从目前的国际互联网发展来看，企业申请拥有自己的网址（域名），建立自己的网站，并不是一件很难的事，而且花费的代价也不大。

域名是指一种基于 IP 地址的层次化的主机命名方式。从技术上讲，域名是一种用于解决 IP 地址不易记忆的方法；从管理角度来看，层次化的域名体系使 IP 地址的使用更有秩序、更容易管理，是比 IP 地址更高级的地址形式。域名具有世界唯一性，域名注册机构保证全球范围内没有重复的域名。

企业网络营销网站作为企业在网上市场进行营销活动的阵地，网站能否吸引大流量的顾客是企业开展网络营销成败的关键。在着手企业网络营销站点建设之前，必须确定一个简单易记且具有代表意义的域名，一个好的域名对于企业网络营销的成败至关重要。

6.2.1 Internet 域名管理

1. 域名的格式 Internet 上的域名命名方式是采用层次性结构，即在主机命名中加入了层次结构，每个域名分为几段，用点号隔开。其格式为：主机名．网络名．机构名．顶级域名。

最高一级的名字空间划分是基于“国名”，例如，cn 表示中国。要注意的是美国的域名通常不包含国名，这是因为美国是 Internet 发源地，在 Internet 协议中规定，如果该域名没有地理区域，则默认为美国。常见的地理域名见表 6-1。

表 6-1 常见地理域名一览表

域名	含义	域名	含义	域名	含义
.au	澳大利亚	.se	瑞典	.br	巴西
.ar	阿根廷	.at	奥地利	.sz	瑞士
.be	比利时	.no	挪威	.de	德国
.it	意大利	.fr	法国	.es	西班牙
.jp	日本	.mx	墨西哥	.nl	荷兰
.nz	新西兰	.pl	波兰	.ca	加拿大
.uk	英国	.tr	土耳其	.cn	中国
.dk	丹麦	.us	美国（可以省略）	.tw	中国台湾（地区）

第二级的名字空间划分是基于“组织名”，例如，net 表示网络组织，com 表示商业组织等。常见的组织域名见表 6-2。

表 6-2　常见组织域名一览表

域名	含义	域名	含义
. int	国际组织	. com	商业组织
. edu	教育组织	. gov	政府组织
. mil	军事组织	. org	非盈利组织
. net	网络资源组织	. firm	商业公司组织
. store	商业销售企业组织	. web	与 www 相关的实体组织
. arts	文化和娱乐实体组织	. info	提供信息服务的实体组织
. nom	个体或个人		

第三级的名字空间是基于主机的“本地名”的，例如 taobao 代表淘宝公司。

第四级的名字空间是基于“主机名”，由单位自定。

图 6-1 所示是企业域名典型的例子。

图 6-1　主机域名构成

另外，通俗的域名类别可分为国际域名和国内域名，两者的主要区别在于域名的划分方式和管理机构不同。例如，海尔集团公司的域名为 china. haier. com，就是一个国际域名。联想计算机公司的域名为 www. lcs. legeng. com. cn，就是一个国内域名。

2. 域名的命名　域名资源是有限的，甚至可以说是非常短缺的，一个企业或网站的域名并不仅仅是一个标识而已，域名在很大程度上也是重要的营销资源，需要慎重对待域名命名问题。一个好的域名不但影响到网络营销的效果，而且对于网站推广也具有重要意义。

选择一个好的域名，一般应遵循以下原则：

（1）商业含义明确，令人一目了然　企业应留意域名，尽量与企业的名称、品牌整合在一起，构成一个完美的企业形象标志。如果企业本身具有较高的知名度，同时企业的缩写为人熟知，那么域名要简短、形象，选择企业名称缩写比较恰当，例如 mengniu. com. cn（蒙牛乳制品有限公司）就比较让人容易识别，含义也较多。

（2）考虑网站的服务对象　如果企业主要面对的是国外的客户，或者国内的客户是普遍受过高等教育，熟悉英语，那么根据企业的特色用准确的英文词汇来组合域名比较恰当，防止误用中式思维的英语，令人摸不着头脑，使企业形象受损。更严重的是，国外的客户进行搜索时，难以检索到，使商机错过。如果企业的客户集中为国内普通大众，那么域名可以使用汉语拼音，这样的域名更有感情色彩，而且国内客户对企业的名称有一定的印象，通过汉语拼写，一般就可以在互联网上找到企业的网站。

（3）简短易记　域名作为企业在网上的地址，不宜太长，否则很难记忆，应该方便访问者直接与企业站点进行信息交换。如果域名过于复杂，容易造成拼写错误，就会影响客户使用域名访问该站点的积极性。一般说来，具有 2 ~ 4 个音节，字母数低于 15 个的域名，人的记忆是可以接受的。

（4）选择与本公司密切相关的域名　按照习惯，一般应使用企业的名称或商标作为域名，如能将企业名称与域名统一，可以营造完整立体的企业形象，不但便于消费者在不同环境下都能准确识别，而且两种商标的宣传可以起相互补充促进的作用，目前大多数企业都采用这种方法。也可选择与企业广告语一致的中英文内容，但注意不能超过 20 个字符。如果企业有很多个很有价值的商标，最好都进行注册保护。

（5）申请多个域名　由于域名命名的限制和申请者的广泛，因此极易出现类似的域名，如经常有人将 www. whitehouse. com 错误地当做白宫的站点 www. whitehouse. gov，导致顾客的错误识别，因此企业一般要同时申请多个相关的域名以保护自己。另外，为便于顾客识别不同服务，也可以申请类似但又有区别的域名，如微软公司的 www. microsoft. com 和 home. microsoft. com 等。

3. 注册　按照国际惯例，域名申请遵循“先申请，先服务”的原则。一个域名一旦被申请，就将永远属于申请者，除非它自动放弃或转让。域名注册的过程并不复杂，一般步骤为：选择域名注册服务商，查询自己希望的域名是否已经被注册，注册用户信息，支付域名注册服务费，提交注册表单，域名注册完成。

现在提供域名注册服务的公司很多，不过这些公司并不一定是域名注册商，这些公司可能是某个域名注册商的代理商。到 2004 年底，经过 ICANN 认证的国内顶级国际域名注册商共 8 家（新网、时代互联、中国频道、新网互联、三七二一公司、中国万网、商务中国、东方通信域名注册中心），每家注册商都有不同数量的代理商，各家公司提供的服务内容大体类似，但服务水平和服务方式会有一定的差异。通过顶级域名注册商直接注册域名，通常可以完全自助完成、自行管理，整个过程完全电子商务化。如果对互联网应用比较熟悉，这种方式比较方便；如果初次接触这个领域，与本地的代理服务商联系，可以得到更多的帮助。

域名注册管理机构本身并不直接提供域名注册服务，它将域名注册权授予注册服务商，域名注册商通过代理服务商或者直接向用户提供域名注册服务。不过，用户无论通过代理商还是域名注册服务商进行的域名注册，注册信息最终都需要提交给域名注册管理机构。如果对域名注册商的身份有疑问，可以到 CNNIC 网站上公布的域名注册商名录上去核对。

2000 年 1 月 18 日，中国互联网络信息中心开始运行中文域名系统。在注册中文域名时，必须先注册相应的英文域名。当用户在浏览器地址栏中键入中文域名时，中文域名系统先将中文域名翻译成英文域名，然后用英文域名系统负责从域名到域名 IP 地址的解析。如果域名服务器没有安装中文域名服务器软件，用户在客户端安装一个客户端软件后也可以使用中文域名。

正确注册域名无疑是电子商务的开始，但是，如何注册和安排域名站点却是一个难题，我们不妨从各种不同的域名应用安排中分析其利弊。

（1）分散域名策略　一个公司除了把公司名称注册之外，将其不同商标的产品也各自独立地分散域名。当一个生产规模大、产品多样化的公司的某种产品具有非常独特的个性，并拥有了相对较大规模市场忠诚度的时候，必须有分散域名。同一公司生产的商品，不一定都能得到市场的统一认同，所以把某一个商品独立出来的时候，这个域名所代表的品牌站点可以很快被其消费者所找到。一般来说，品牌消费者并不一定都知道这个品牌是哪个公司的，而且往往他们也不关心。比如很多人知道 ICQ，可是要他们马上说出生产公司的名称（Mirabilis）时却大多说错了。还有，一些公司所生产的不同品牌商品是为了满足不同的消费者喜好，不可能所有的人都同时喜欢同一公司所生产的所有商品。比如宝洁公司的洗发水有飘柔、海飞丝、潘婷等不同牌子。如果有人喜欢飘柔而讨厌海飞丝，那么如果他在查看飘柔主页的时候却必须经过海飞丝的页面，这未免令他不高兴乃至厌烦。所以，产品多样化或者产品个性强的时候，公司必须为某些品牌独立注册域名，以培养、尊重和强化消费者的消费忠诚度。另外分散域名的优点还在于，当公司旗下某一独立品牌商品出现信誉危机的时候，对其他品牌的信誉和知名度不会造成妨害。

当然，分散域名也有其弊端所在。最明显的就是站点建设的劳动强度增大，管理分散，这就造成了网站成本的增加。而且在某一程度上来说，也影响了公司的整体形象。所以，要采取分散域名注册的决策，必须至少拥有三个基本原因之一。这三个基本原因就是产品多样化、独特个性品牌、特定市场的消费者忠诚度。

作为信息服务业企业来说，分设分散域名必须慎重。因为作为信息服务企业来说，分设分散网站的知名度就是网站的价值所在，除非网站内有不同路线的并行服务（比如内容提供的同时也搞网络销售），否则，单一域名所凝聚的名牌价值其实比分散域名的网站知名度的简单相加还要高。我们看雅虎，它的服务其实是很多样的，涉及了搜索、网络社区服务、电子商务、金融信息、新闻等，但是它始终就是一个 yahoo. com。

从消费心理来看，一个品牌一开始必须不停地强调，而不是淡化。只有等强化达到某个程度之后，才可以根据产品和市场的细分来分开域名管理。也就是说，以网络为商业目的的网站，一开始最好不要采用分散域名的方法。除非是刚开始进入市场时准备了大量资金，足够在网络上进行大量的试错试验。那么，就不妨用分散域名的方法来分散风险、试探市场需求和接受能力。

（2）单一域名策略　把产品以目录的形式放在同一个域名之下是目前企业采用最多的域名策略。这样的网站首页一般不是很好看，可是很有效，容易吸引人，能唤起人们定期浏览的决定而收藏进收藏夹里。此决策最大的好处就是使公司有很强的整体感，容易以公司整体的信誉去推动产品的市场占有率。只要单一品牌已经获得了足够的市场信赖度，那么几乎所有产品的推销工作都已经不战而胜。

在决策适应面上，几乎所有企业都适合采取这种单一域名策略。问题是这样就难以达到出奇制胜的目的，而且如果公司的产品是由不同的经济实体完成的话，比如说分公司，那么反而会在统一风格和集体规划方面造成混乱。所以应该说单一域名运用较适合稳步发展的企业、较长市场历史的企业和单一实体公司的企业。但是，任何不管其原始域名策略是什么，初期建设一定要刚开始进入网络市场的企业围绕单一域名来进行。一方面容易充实网站内容，快速打出名气，集中宣传效应；另一方面可以适应市场需求，试探消费反应。域名策略较传统品牌策略可以快速反应，及时调整。不言而喻，单一域名是最能够显示明确的市场反应和最容易得到调整的。

（3）三级域名策略　企业域名的一般形式为：产品名．企业名 . com，也就是所谓的“三级域名”。从技术层面讲，这样的域名使用几乎是无成本的。不用耗费任何域名费用，只要有一个可以自由配置的 DNS 服务器，就可以做到。“三级域名”最适合于公司推出新产品时使用，既可以借助公司信誉推动新产品的市场推广，又可以表示产品的个别性，以试探市场反应，然后再确定是否应该把产品品牌独立出去。

就消费者接受心理方面而言，三级域名比目录看起来多一些权威感，虽然“产品名/产品名 . com”和“企业名 . com/产品名”这样的字节数相同，输入强度一样，但是三级域名的独立性相对来说就比较强，可以起到郑重其事的效果，以示公司对此产品的强调。

域名的重要性已无需证明，而如何运用域名也是一个不容忽视的问题。一个企业为了死守一个域名而不断困扰在官司中固然是不明智的，而忽视域名的重要或者胡乱使用域名却也表现出了对企业形象系统的无知。换个角度看，有时候放弃一个计划中的争议域名，反而可以得到一个新的成功，而确定了一个网站品牌之后，如何运用域名就是企业资源运用的课题了。

6.2.2 域名的商业价值

域名作为互联网上信息交换的唯一的表示标志，越来越成为网上营销和竞争的重要资源。

域名的商业价值主要体现在其品牌价值上。好的域名在企业宣传时，将起到事半功倍的作用。恰当的域名可以使消费者深刻难忘，并能马上联想到该企业，以及企业早已树立起的卓越的实力与形象。美国专家认为，域名及传统商业世界中六大商业资源（公司法人、营业执照、注册商标、产品品牌、公司名称和销售地点）于一体，具有极高的商业价值，而且域名为客户提供了类似电话号码的检索功能，可使客户在检索中自动进入企业网站，因此域名具有极高的商业价值。

任务三　企业站点的建设

作为企业在网上市场进行营销的阵地，企业网络营销站点能否吸引大流量的顾客是企业开展网络营销成败的关键，也是网络营销的基础。

6.3.1 站点定位的内涵

站点定位是指塑造本网站（和竞争者网站相比）与众不同的特征，并把它传递给顾客（浏览者），使之接受并产生爱好的过程。即向顾客说明本网站与现有的其他网站的区别，使目标市场的顾客正确理解、认识本网站有别于其他同站的特色，确定以何种方式触动浏览者，给浏览者一个访问本网站的特殊理由。

站点定位过程一般包括明确竞争优势、选择竞争优势两个阶段。

（1）明确竞争优势　竞争优势是指网站在为浏览者提供价值方面比竞争者更有效。对网站来说这种竞争优势可能是更新内容、独特的网页设计、更快的速度或其他。网站定位是在浏览者心中建立起本网站区别于竞争者的独特性。显而易见，这种独特性应当是一种优势，是顾客所注重的产品特征。所以，明确竞争优势的本质是排列网站可用于定位的各种要素，确定网站在哪些要素上具有优势，可以作为定位的竞争优势。

（2）选择竞争优势　一个网站站点不可能也没有必要在当前或通过努力后在所有方面都优于竞争对手，它只能选择若干最有力的要素加以培养使之成为自己的竞争优势。选择竞争优势就是根据网站的目的和特点，选择本网站可采用的定位要素，培养它，使之超过竞争对手。

6.3.2 营销网站的规划

网站规划是网站建设的基础和指导纲领，决定了一个网站的发展方向，同时对网站推广也具有指导意义。网站规划的主要目的在于树立网络营销的全局观念，将每一个环节都与网络营销目标结合起来，增强针对性，避免盲目性。一个专业的网站是在合理的网站规划下，将计划采用的营销手段融合进去，而不是等待网站建成之后才考虑怎么去作营销。网站规划要包括以下九个方面的基本内容：

1. 建立网站的目的　建立网站的目的也就是一个网站的目标定位问题，网站的功能和内容以及各种网站推广策略都是为了实现网站的预期目的。建立网站可以有多种目的，如从事直接网上销售、作为产品信息发布工具、信息中介服务、教育和培训等。

2. 域名和网站名称　一个好的域名对网络营销的成功具有重要意义，网站名称同域名一样，也具有重要意义，域名和网站名称应该在网站规划阶段就作为重要内容来考虑。有些网站发布一段时间之后才发现域名或者网站名称不太合适，需要重新更改，不仅非常麻烦，而且前期的推广工作几乎没有任何价值，同时对自己网站形象也造成一定的伤害。

3. 网站的主要功能　在确定了网站目标和名称之后，就要设计网站的功能。网站功能是战术性的，是为了实现网站的目标。网站的功能是为用户提供服务的基本表现形式。一般来说，一个网站有几个主要功能模块，这些模块体现了一个网站的核心价值。

4. 网站技术解决方案　根据网站的功能确定网站技术解决方案，应重点考虑下列几个方面：

1）是采用自建服务器，还是租用虚拟主机。

2）选择操作系统，用 UNIX、Linux 还是 Windows 2000/NT。分析投入成本、功能、开发、稳定性和安全性等。

3）采用系统性的解决方案，如 IBM、HP 等公司提供的企业上网方案、电子商务解决方案，还是自己开发。

4）网站安全性措施，防黑客、防病毒方案。

5）相关程序开发，如网页程序 ASP、JSP、CGI、数据库程序等。

5. 网站内容规划　不同类别的网站，在内容方面的差别很大。因此，网站内容规划没有固定的格式，需根据不同的网站类型来制订。

6. 网站测试和发布　网站发布前要进行细致周密的测试，以保证正常浏览和使用。主要测试内容包括：

1）服务器稳定性和安全性。

2）各种插件、数据库、图像、链接等是否工作正常。

3）在不同接入速率情况下的网页下载速度。

4）网页对不同浏览器的兼容性。

5）网页在不同显示器和不同显示模式下的表现等。

7. 网站的推广　网站推广活动一般发生在网站正式发布之后，当然也不排除一些网站在筹备期间就开始宣传的可能。网站推广是网络营销的主要内容，可以说，大部分的网络营销活动都是为了网站推广的需要，例如，搜索引擎登录、发布新闻、交换链接、网络广告等。

8. 网站维护　网站发布之后，还要定期进行维护，主要包括下列几个方面：

1）服务器及相关软硬件的维护，对可能出现的问题进行评估，制定响应时间。

2）数据库维护，有效地利用数据是网站维护的重要内容。因此，数据库的维护要受到重视。

3）内容的更新、调整等。

4）制定相关网站维护的规定，将网站维护制度化、规范化。

9. 网站财务预算　网站建设和推广的财务预算也是重要内容。网站建设和推广在很大程度上受到财务预算的制约，所有的规划都只能在财务许可的范围之内。财务预算应按照网站的开发周期，包含网站所有的费用明细清单。

6.3.3　站点创立步骤

1. 精心策划网站的结构　企业网站站点的结构是指整个企业网站的布局和框架，包括以企业营销为核心的主题层次的划分、内容的分类、页面顺序安排等。对于一个网站来说，如何合理地组织自己要发布的信息内容，以便浏览者能够快速、准确地检索到要找的信息，是一个网站内容能否组织成功的关键。

2. 网站建设方式　建设一个网站有多种不同的方式，每种方式所需的成本和所能得到的服务大相径庭，企业需要根据市场定位和市场需求来决定建站方式。目前主要有以下几种方式：

（1）自建网站　这种方式是指由企业自己申请通信线路、IP 地址、域名，自己购买和配置网站建设所需要的服务器及其他设备，自己进行网页的设计和制作，并对网站进行长期维护和内容更新。企业以这种方式建站可以掌握网站的管理，但需要投入的经费太多，如设备费、维护费、通信费、专业人员的管理费等。所以，自建网站主要适用于具有较强实力的企业以及专业网络公司。

（2）服务器托管　这种方式是指用户将自己的 Web 服务器等设备托付给 Internet 服务商 ISP，放在 ISP 机房，并通过专线连接到 Internet，所有的设备由 ISP 代为管理和维护。这种方式下企业既可以根据需要配置服务器的性能，又可以利用ISP的通信线路，同时还可以节省大量的管理和维护费用，主要适合中小型企业。

（3）虚拟主机　这种方式是使用特殊的软硬件技术，把一台计算机主机分成不同的“虚拟”的主机，每个虚拟主机都有独立的域名和IP地址（或共享的IP地址），具有完整的Internet服务器功能。在同一台计算机上，运行着为多个用户打开的不同的服务器程序，互不干扰，而每个用户都有自己的一部分系统资源（IP地址、文件存储空间、内存等）。在外界看来，每台虚拟主机和一台独立的主机完全一样。这种方式经济适用，无需对软硬件设备进行投资，节省了专线通信费用及服务器的管理和维护费用，技术要求也较低，适合技术力量不强的中小企业。

（4）子域发布　如果企业既没有自己的Web服务器，也不准备申请独立域名，但又希望在Internet网上发布有关信息，企业可以自己制作网页，或者委托ISP企业或类似企业代为制作网页，并在受托企业的主机上租用一定的空间，把网页信息放在受托企业的主页上发布。这种方式经济适用，无需任何软硬件投资，适用于小信息服务商、中小企业及个人信息的发布。

3. 网站内容设计　网站内容是客户了解企业的关键，网站内容必须达到准确、精炼，以保证客户能够在较短时间内捕捉到网站的核心内容。网站在内容设计上，应注意以下几个方面的问题：

（1）合理组织信息内容　网站的信息内容由站点的目标和市场定位来决定，它根据目标客户的需要而设计，在以生产商品为核心的企业，产品便成了整个站点建设的核心内容；在以提供服务为核心的企业，服务就成为建站的核心内容。

（2）全面规划组织结构　网站的信息分类与浏览方向都需经过妥善的规划，使其具有整体感。如果信息分散或是链接不当，都会给访问者造成混乱的印象，从而降低他们对网站的兴趣。网页设计人员应先规划好网站的整体结构，将所有信息分门别类，然后用一个主页面将各部分内容链接在一起。

（3）精心设计网页版面　网站的内容是以一个个网页的形式呈现在客户面前，网页版面能否给浏览者带来最直接的视觉感受，是网站能否引人入胜的关键。网页版面是文字与图形、文学与美术的巧妙结合，在设计网页时，应做到主题鲜明突出、页面简洁明快、色彩协调清新、图片精美小巧、文字整齐扼要等。设计网页要注意以下几点：

1）页面装载速度。一个理想的商务站点最好能够做到快速装载，不宜使用太多的图片、声音等文件，因为浏览者的耐心是有限的。有一个很可行的办法，那就是在描述产品时，先装载相应的小图片，如顾客希望进一步了解相关信息，可将该图片放大。

2）站点导航模式。站点导航是顾客在浏览网站某一页面时，可以方便地通过导航链接直接访问本站其他相关的页面。在设计导航模式时，最好每个页面都使用相同的模式。

3）在线订购系统。理想的商务网站最终必须要实现顾客能够在线订购商品，这就要求站点应符合以下要求：

一是提供商品预览服务。从某种程度上讲，良好构思的图片能诱发消费者的购买欲望，所以，要精心设计预览图片，使用合适的颜色，既要突出商品特性，又要避免过多的夸张。

二是提供联系方式。如果顾客对某些信息感兴趣，就希望能与站点的有关人员进行联系，进一步了解有关情况，索取有关资料或是对该站点的建设提出建议等。这种情况对于商业站点尤其重要。

（4）准确提炼网站内容　网站内容是对网站架构的具体描述，是浏览者了解企业的关键。由于受网络传输速度等因素的影响，网站的内容务必达到准确、精炼，切不可错字累累，以保证浏览者能够在短时间内捕捉到网站的核心内容。同时还要注意对网站内容的及时更新和延伸扩展，特别是有关产品最新动态、企业重大活动、客户服务举措等信息。另外，不要忘记给浏览者设一个“留言簿”，或设置一个“网上调查表”，以便及时了解浏览者对网站的反馈信息。

4. 网站标志选择

（1）网站的标志　首先需要设计一个网站的标志（LOGO）。如同品牌标志一样，LOGO是网站特色的内涵和集中的体现，看见LOGO就会联想起网站。在一定条件下，标志可以作为产品代替者身份出现，使人们见到标志就如见到了产品，联想到生产者及其商誉，甚至成为产品联想的外在的物质手段。标志可以是中文、英文字母，也可以是符号、图案，还可以是动物或者人物，通常由文字单独构成或由文字图形组合构成，依次称为文字标志和图形标志。

（2）文字标志的设计　为了使自己的标志有足够的吸引力并与竞争者标志区分，文字标志多采用不同风格的字体和艺术性文字，使文字标志与商品形象相适应。利用人们理解语言文字的文化心理以及文字意义所反映的社会文化特征，选择不同的字体。机械设备等工业产品网站文字标志多采用粗体字，服装、香水等日用品网站多用雅致灵秀的字体，技术性商品的网站多用端正方形的字体。不同字体所创造的氛围及内涵使人们更好地理解商品形象。

（3）图形标志的设计　图形标志的设计既要符合美术的要求，又要符合作为商业性标志的一些特殊要求。一个成功的品牌图形标志意味着从产品自身的质量、用途、材料等特性出发，结合企业经营与发展战略，通过艺术表现形式，达到传达产品信息，塑造产品及企业形象来吸引消费者的目的。

（4）网站的标志色彩　标志色是品牌经营者经过特别设计选定的代表品牌识别的特殊颜色。标志色一般为一种或两种，不宜超过三种。标志色不仅影响视觉识别和传播，而且影响着社会认同心理，直接影响着浏览者的感觉。色彩的色相、色度、色性是客观存在，人们在掺入复杂的感情和生活经验之后，色彩成为一定的象征，并带来一定的联想。

白色：纯净、明快、清洁；黑色：静寂、沉默、凝重；灰色：温和、重用、谦让；红色：热情、活力、喜悦；黄色：希望、愉快、辉煌；绿色：和平、宁静、自然；紫色：优雅、高贵、神秘；橙色：乐观、热烈、积极。

5. 网站的内容构件　在完成上述准备工作之后，可以根据需要设计基本的栏目。一般说来，一个完善的商业网站应包括如下一些内容构件：

（1）主页　主页也叫网站的形象页。一般服装企业网站比较讲究形象，因为一个高雅美观的形象是在网络空间企业实力和产品形象的体现，是向消费者传达购买信息的有效方法。

（2）服务和产品清单　企业必须将自己的服务、报价、合同范本放在网站上，供浏览者随时查询、下载，这一内容往往是浏览者最希望得到的信息。

（3）要闻快讯　对外公布企业最新的信息、企业的重大举措，往往具有一定的宣传效果。这部分信息要能够链接到以往发表的要闻，供浏览者进行历史查寻。

（4）活动日程表　介绍企业将要组织的各种活动，并对活动进行详细的说明。

（5）岗位招聘　将招聘的条件和有关的表格放在网上。

（6）新产品发布　新产品发布的同时，要提供顾客反馈意见表，用以收集需求信息。

（7）主要客户一览表　将主要客户列出，可以显示企业的市场占有率和自身产品质量的信心。

（8）FAQ 反馈意见表　常见问题解答（Frequently Asked Questions，FAQ）是用来回答客户经常提到的问题。例如，Microsoft 公司的网站中有非常详尽的“知识库”（KnowledgeBase），对于客户提出的一般性问题，在网站中几乎都有解答。同时还提供了一套有效的检索系统，让人们在数量巨大的文档中快捷地查找到所需要的东西。

（9）相关站点的链接　相关站点的链接作用有两方面：一方面，与其他站点的相互链接，可以增加网站的点击率；另一方面，可以为内部使用人员过滤大量信息，使内部人员轻易访问需要的站点。

（10）文件海量存储　通过授权访问，使网站成为各地员工获得最新文件的海量存储器，向员工和客户推荐一些好的文章。

6. 网站的推广　站点建成之后，如何才能让客户知道企业的网址，并访问企业的网站呢？网站推广与宣传就是为了让更多的人知道企业的网站，以提高网站的知名度，争夺有限的注意力资源，尽最大可能提高网站的访问量，吸引和创造商业机会。网站的推广与宣传主要分为两种方式：一是通过传统媒体，二是通过互联网。

（1）传统媒体上的推广与宣传　传统媒体包括电视、广播、报刊、户外广告、企业印刷品等，这些都可以用来宣传企业的网站。

1）广播、电视。在传统媒体方面，广播和电视具有很多优势，是网站广告宣传的最好选择。目前，电视在国内广为普及，而电视广告凭借其生动的画面和高收视率会达到很好的宣传效果，在已有的电视广告中加入网站网址往往会收到异乎寻常的效果。如中央电视台制作的很多节目，在播出时都在屏幕上打出了网址。

2）印刷品广告。印刷品广告是指在报纸或杂志上做广告，在广告上增加一栏网址同样会起到很好的效果，当然要选择目标顾客关注较多的印刷品来刊登广告。打开国内主要的报刊，几乎都会找到一些网站的网址。

3）户外广告。户外广告是指在路边广告牌、车体等地方制作广告图标，比如搜狐、新浪等网站都曾在公交车站牌、公家车体做过广告，效果很好。

4）企业的印刷品。企业在同外界交往时要耗费大量信封、信笺、名片、礼品包装等，在上面印上企业的网址，也不失为一种简单易行的站点推广方法。

（2）互联网上的推广与宣传　网站推广的方法很多，大多数的网络营销方法对网站推广都有不同程度的作用，常用的网络营销方法见表6-3。

表6-3　网络营销常用方法

搜索引擎营销	在搜索引擎登录并获得好的排名仍然是网站推广的基本任务之一，搜索引擎营销的研究和应用也仍然是网络营销的基本内容之一
网站资源合作	网站之间的资源合作是互相推广的一种重要方式，其中常见的形式有互换链接、互换广告、内容共享、用户资源共享、合作伙伴注册等，通过共享各自的营销资源达到共同发展的目的
病毒性营销	通过用户的口碑宣传网络，信息像病毒一样传播和扩散，利用快速复制的方式传向数以千计、数以百万计的受众
网络广告	几乎所有的网络营销活动都与品牌形象有关，在所有与品牌推广有关的网络营销手段中，网络广告的作用最为直接
许可 E－mail 营销	E－mail 营销是在用户事先许可的前提下，通过电子邮件的方式向目标用户传递有价值信息的一种网络营销手段
邮件列表营销	邮件列表实际上也是一种 E－mail 营销形式，邮件列表也是基于用户许可的原则，用户自愿加入、自由退出。稍微不同是，E－mail 营销直接向用户发送促销信息，而邮件列表是通过为用户提供有价值的信息，在邮件内容中加入适量促销信息，从而实现营销的目的

（续）

个性化营销	个性化营销的主要内容包括：用户定制自己感兴趣的信息内容，选择自己喜欢的网页设计形式，根据自己的需要设置信息接收方式和接收时间等
网络会员制营销	通过利益关系和计算机程序将无数个网站连接起来，将商家的分销渠道扩展到地球的各个角落，同时为会员网站提供了一个简易的赚钱途径。网络会员制营销是拓展网上营销渠道的一种有效方式，主要适用于有一定实力和品牌知名度的电子商务公司
网络社区营销	网络社区是用户常用的服务之一，由于有众多用户的参与，因此已不仅仅具备交流的功能，实际上也成为一种网络营销场所
信息发布	借助于各种网络资源，尤其是在相关网站发布自己的企业和产品信息，达到宣传和促销的目的，信息发布也是一种有效的网络营销方法。可供发布信息的渠道有供求信息平台、分类广告、黄页服务、网络社区等
网上商店营销	建立在第三方提供的电子商务平台上、由商家自行经营的网上商店，是一种比较简单的电子商务形式
无线网络营销	是以移动电话、手机用户群体为目标用户，以移动电话等移动终端为载体，打破个人计算机的局限，实现随时、随地、随身的信息交互，是开展网络营销及电子商活动的总称

互联网上有成千上万的网站，浏览者访问网站都是有目的性的，使用互联网上的推广方法，更能增强网站的吸引力。在互联网上进行网站推广需要借助于一定的网络工具和资源，常用的网站推广工具和资源包括搜索引擎、电子邮件、电子书、网络实名通用网址、即时信息、网站链接、分类目录、在线黄页和分类广告、免费软件、网络广告媒体、传统推广渠道等。所有的网站推广方法实际上都是对某种网站推广手段和工具的合理利用，因此制订和实施有效的网站推广方法的基础是对各种网站推广工具和资源的充分认识和合理应用。以下为常用的网站在互联网上的推广方法：

1）搜索引擎注册。根据中国互联网信息 2002 年 1 月公布的统计报告显示，76.3%的用户是通过搜索引擎得知新网站的，因此在著名搜索引擎上登记网址是一种很有效的方式。注册的搜索引擎越多，网站被访问的机会也就越多。在搜索引擎注册一般都是免费的。

2）建立链接。互联网通过超链接将所有的网页联系在一起，与不同站点建立链接，可增加站点被访问的机会。建立链接主要有以下几种方式：一是在同行业站点申请链接；二是与其他网站进行相互链接；三是与一些专业网站建立链接，如与“中国经贸网”建立链接，可增加许多商务机会。

3）发布网络广告。利用网络广告推销站点是一种比较有效的方式。常用的做法是加入广告交换组织，广告交换组织通过不同站点的加盟，在不同站点交换显示广告，起到相互促进作用。另一种方法是在合适的站点上购买广告栏发布网络广告。

4）提供免费服务。网站提供免费资源要付出一定的代价，但可在增加网站访问量上得到回报。值得注意的是，提供的免费服务最好与所销售的产品密切相关，这样，所吸引来的用户也就可能成为企业的业务对象。

5）借助网络社区和 BBS。网络社区和 BBS 等是很独特的网络宣传方式，网上虚拟社区主要是提供一种信息交流场地。常用的互联网应用技术是网上聊天 Chat 和网上公告栏 BBS。Chat 可以实现实时交流讨论，BBS 可以实现分散性的交流讨论。设置网上虚拟社区后，一定要注意管理和维护。对于一些客户反映的问题要及时记录并解决，对于不能及时解决的问题也要告诉客户目前正在解决中。

6）电子邮件宣传。用电子邮件进行网站的推广与宣传有如下一些技巧：第一，让客户主动参与，即用各种方式如竞赛、评比、促销等有意识地创造自己的网上客户群，用电子邮件来维持与他们的联系。第二，准确定位。电子邮件是最便宜的沟通方式，用户一般对滥发的电子邮件比较反感，但对于自己相关的电子邮件还是非常感兴趣的。为了提高宣传效果，避免收件人反感，要根据邮件内容尽量准确地选择收件人群体。第三，注意发送周期。邮件发送周期不能过长或过短。企业建立电子邮件列表，可以让客户自由登记注册，然后定期向客户发布企业最新的信息，加强与客户联系。

7）参加排行榜的评选。中国互联网信息中心 CNNIC 每年都举办中国优秀网站的网上评选活动，由于需要经过评委会初评、公众投票、听取专家意见等一系列过程，因此具有较强的权威性。

项目小结

企业网站是企业通向互联网的门户，大多数网络营销方法都是以企业网站为基础的。本项目介绍了网络营销中有关的企业网站策略，主要包括企业网站的类型及组成、域名策略和企业站点的建设三部分内容。

关键概念

1. 网络营销　Cyber marketing、Online marketing、Internet marketing
2. 域名　Domain Name
3. 策略　Policy
4. 搜索引擎营销　Search Engine Marketing

复习思考题

1. 简述网站的分类。

2. 简述网站规划的基本内容。

3. 简述网上商务站点建设方式。

实践与训练

浏览不同行业的电子商务网站，利用所学知识创建简单的商业站点。要求：

（1）创建一个网站。

（2）创建一个具有一定水平的主页。

（3）格式定义和框架选定。

（4）插入主页图像，使用主页图像背景。

（5）创建一个表格，并设置其属性、背景图片、格式等。

（6）设置一个命名按钮和列表框。

（7）设置一个表单并建立超级链接。

（8）各网页的调试和浏览。

（9）各网页间的调试、链接、浏览。

案 例 分 析

海尔集团通过建立自己的网站，一方面宣传企业形象，另一方面利用现代化的信息网络，加大自己产品的市场推销力度。

1. 海尔集团对网络重要性的认识　海尔集团的领导者认为，当今世界正处于信息时代，信息资源的开发和利用已关系到企业在信息时代的生存和进一步的发展，必须予以高度的重视。

2. 网站建设的基本情况　海尔集团针对网络技术的应用日益成熟的现实，经过深入的调查研究和精心的策划，与1996年底在国内企业中率先申请域名，建立海尔网站，开始利用互联网对外宣传企业。本着“要么不干，要么干好”的宗旨，网站建设从一开始就有了一个较高的起点。网站上有中英文两个版本，以利于国内外访问者访问。网站开辟了十几个栏目，如关于海尔、海尔新闻、产品信息、用户反馈、组织结构等，为国内外客户了解产品信息、洽谈贸易、产品订阅、咨询、售后服务以及全国各地信息联网提供了极大的便利。

3. 海尔网站的栏目设计及其特点 （由于网站需要经常更新，因此，可能现在的海尔网站内容与下面分析的不一致。）1999年的海尔网站包括以下六个主要栏目：

1）海尔网上商场（海尔产品展示专卖、在线订购、最新产品推介）。

2）海尔新闻中心（海尔最新消息、网上《海尔人》、年度经营报告、海尔股市行情、股东大会公告）。

3）海尔办公大楼（总裁致辞、关于海尔公司、海尔组织机构、海尔分支机构、商机发布交流、海尔虚拟访问、海尔工作机会）。

4）销售服务网络（网上售后服务中心、国内客户服务中心、海尔家庭活动）。

5）海尔科技馆（海尔发展史、海尔大事记、海尔经营理念、海尔科技发展、海尔企业文化、海尔国际化、真诚回报社会、海尔荣誉、海尔知识库）。

6）海尔网上乐园（海尔贺卡、E－mail 提供服务、海尔屏幕保护、海尔游戏天堂、热门站点链接）。

从上述栏目设置上可以看出海尔强烈的品牌意识，几乎每页都围绕“海尔”展开，意在向世人全方位介绍其企业与产品。同时，该网站内容非常丰富。

作为企业网站，在宣传自身的同时，必须着重注意为顾客提供实际的服务。该版还有一个“实话实说”栏目，设计了专门的征求意见表，使消费者的意见和建议可以迅速反馈给海尔集团。后来这个栏目被“国内顾客服务中心”所代替。

4. 海尔网站的突破　2000 年 4 月，海尔网站又一次改版，并正式开通了网上商城。海尔网上商城采用智能化集成电子商务平台，使多媒体技术、数据库技术和 Web 技术相结合，构成了一个含有大量文字、图片、视频信息，并可与三维虚拟场景交互的面向互联网的多媒体数据库应用系统，实现了基于 Web 的产品定制与导购功能。海尔网上商城全面展示海尔的在销产品；提供灵活多样的查询手段，通过对产品的详尽介绍，科学地引导顾客购物，迅速定位客户所需要的产品；方便的支付方式和完善的物流配送，使客户真正体会到网络消费的便捷和实惠。用户可以方便地在网上按照个人需要实现各种产品的自行组配，从而使海尔缩短了与用户的距离，最大限度地满足了用户的个性化需求。

在海尔网上商城购物，顾客不但可以享受优惠的网上购物价格（免费配送），享受海尔的星级服务，而且可以享受海尔在网上提供的许多个性化超值服务。客户可以定制适合自己的特殊需求的产品，也可以直接参与产品的设计，真正成为海尔产品的主人。

（资料来源：http：//www. ljjzdh. com 青岛海尔集团历史）

思　考　题

海尔网站建设成功的经验有哪些？

项目七　网络产品策略

学习目标

◆ 熟悉网络营销产品的特点

◆ 掌握网络营销产品的概念及分类

◆ 掌握网络营销产品的营销策略

引　　例

为了迎合网络时代消费者的消费习惯和消费需求，作为国内家电行业的龙头老大——海尔也不例外，搭上了互联网这个“便车”。纵观海尔的发展过程，我们可以看到，海尔公司在2000年3月就已经开始与SAP合作，对企业进行自身的ERP改造，随后便搭建了BBP采购平台。2002年，海尔又建立了网络会议室，在全国主要城市开通了9999客服电话。尤其是在“非典”时期，当海尔总部管理者坐在视频会议桌前“指点江山、挥斥方遒”的时候，这一做法的商业价值就突出体现出来。

根据海尔的数据显示，“通过BBP交易平台，海尔每月接到6000多个销售订单，定制产品品种达7000个，采购的物料品种达15万种。新物流体系降低呆滞物资73.8%，库存占压资金减少67%”，可以说已经达到世界领先水平。正如海尔集团首席执行官张瑞敏在评价该物流中心时说：“在网络经济时代，一个现代企业，如果没有现代物流，就意味着没有物可流。对海尔来讲，物流不仅可以使我们实现3个零的目标，即零库存、零距离和零营运资本，更给了我们能够在市场竞争中取胜的核心竞争力。”

据有关人士分析：进军电子商务、实施“网上直销”战略是家电行业面临激烈的市场竞争拓展利润空间的必由之路。因此，海尔顺应时代潮流建立了自己的网站，不仅涵盖了其产品，更突出了海尔优质的服务这一特点，“时刻把客户的需要和利益放在第一位”。在海尔的网上商店中，除了推荐的常规产品，还有产品定制，海尔承诺“只要是您能想到的，我们都能做到”。此外，海尔的网站上还设置了友情链接，包括知名的门户网站、网上商城等，大大方便了客户的需求。

在搭上互联网这个“便车”之后，海尔公司又把目光瞄准了“2008年奥运会”这块大蛋糕。随着中国获得奥运会的主办权后，海尔公司也相应地提出了

"奥运营销战略"。2005 年 8 月，海尔公司与北京奥组委正式签约，成为北京 2008 年奥运会唯一的白色家电赞助商。之后，海尔公司一直"以奥运主人的姿态传播奥运、建设奥运、服务奥运，并根据自身品牌特点展开了系统全面的奥运营销策略"，借助奥运会，打造全球化的品牌。

纵观其奥运营销战略，其提出的基础是海尔公司的企业文化和奥运精神的相互契合。在接受人民日报的访问时，张瑞敏就说："如果说有一种全人类都能共同理解的语言，我觉得奥运的精神和理念是再贴切不过的了。它超越国界，超越民族。奥运能够得到全人类的高度认同，就是因为更高、更快、更强的奥运精神是一种不断追求、不断拼搏奋斗的精神。在企业看来，奥运精神的本质恰恰就是处于全球化时代企业面临激烈竞争的形势，要生存、要发展所必备的挑战自我、战胜自我的精神。"

1999 年达沃斯"世界经济论坛"提出了"企业内部组织适应外部变化、全球知名品牌的建立、网上销售体系的建立"三条原则。网络营销是海尔应时代的需要提出的营销策略，以"通过网络营销手段进一步增强海尔在家电领域的竞争优势，不靠提高服务费来取得盈利，而是以提高在 B2B 的大量的交易额和 B2C 的个性化需求方面的创新"。在此基础上，有人预测，"海尔的网络营销平台将发展成为公用的平台，不仅可以销售海尔的产品，也将销售其他各类产品"

而奥运营销是海尔公司应奥运事件做出的营销计划。在国际上，企业利用奥运会开展营销由来已久，可口可乐、三星等奥运会的合作伙伴已经成为"奥运营销"的典范。把国际化作为重要战略的海尔紧紧抓住这次机会，成为 2008 年北京奥运会白色家电赞助商。这不仅提升了海尔在国内的品牌和形象，而且扩大了海尔在世界上的知名度。

无论是网络营销策略还是奥运营销策略，都是海尔公司整体营销战略的一部分，都不可或缺，只不过如何发展两者以及使这两者更有效地融合不仅反映了一个企业的战略眼光，而且还是对一个企业综合实力的考验。

（资料来源：阿里巴巴网站）

思　考　题

网络时代下的海尔是凭借什么在家电市场中取得成功的？

任务一　网络营销产品概述

7.1.1　网络营销产品概念

在市场经济中，产品是企业生存的核心。产品是能够提供给市场以满足消费者需要和欲望的任何东西。产品作为连接企业利益与消费者利益的桥梁，包括实体商品、服务、经验、事件、人、地点、财产、组织、信息和创意。在传统营销中，企业设计开发产品是以企业为起点的，消费者与企业在产品设计和开发过程中基本上是分离的，顾客只是被动地接受和反应，无法直接参与产品概念形成、设计和开发环节。

在网络营销活动中，消费者个性化需求更加突出，并且借助网络的优势，消费者购物的主动性、选择性也大大加强，消费者的个性化需求更加易于实现。因此，网络营销的产品概念不应再停留在“企业能为消费者提供什么”的理解上，而应树立“消费者需要什么，消费者想要得到什么”、真正以消费者需求为导向的产品整体概念。因此，网络营销产品的概念可以概括为：网络营销中的产品是指能提供给市场以引起人们注意、获取、使用或消费，从而满足某种欲望或需要的一切东西。

7.1.2 网络营销产品特点

开展网络营销就要经营适合以电子数据方式销售并适合利用互联网传递的商品。一般而言，目前适合在互联网上销售的产品通常具有以下特性：

1. 产品形式　产品形式是针对资讯丰富的产品而言的。资讯丰富并易于数字化改造和传播的产品比较适合于网络营销。不同形式的产品，网络营销策略的重点也是不一样的。例如，音乐、电子图书、信息软件、信息服务、网上咨询、远程教育、远程医疗等，经营这类商品，商家投资小，消费者购买方便，商品可以直接通过网络实现配送，消费者只需按几下鼠标就可以完成全部购物过程；而如果企业经营的产品是大型机械设备或是推土机、车床等较冷门的专业产品，网络营销的主要任务就是企业形象的宣传与产品品牌的推广，而产品本身的营销就需要特别加以推广或借助于其他媒体工具而非在线销售。

2. 产品性质　产品性质是针对规范化的产品或非选购品而言的。网络的虚拟性使顾客可以突破时间和空间的限制实现远程购物或远程订购，但却无法使消费者在购买之前进行较充分的挑选与评估、比较。因此，适合在网上营销的产品一般属于规范性强、统一、产品之间差别小的商品或非选购品，消费者可以从网上获得这类产品的信息，根据这些信息就能确定和评价其产品质量，如书籍、计算机、手机、预订机票、名牌产品等。

3. 产品式样　产品式样是针对顾客自主性强、能满足个性化需求的产品而言的。有一些商品顾客愿意花时间去比较、选购，而这种比较因为互联网的出现开始变得容易。这类商品如计算机、手机、汽车、机票、旅馆等，都是很时髦的在线产品。另外，网络营销的产品还要符合营销国家或地区的风俗习惯、宗教信仰和教育水平。同时，网络营销产品的式样还必须满足购买者的个性化需求。

4. 产品品牌　一般是名牌企业的产品、名牌产品或知名网站经销的产品。

名牌企业的产品、名牌产品或知名网站经销的产品的质量和价格，已经被众多的消费者购物实践验证过，消费者在购物过程中只是认牌购物，不必再花费太多的精力和时间去比较、选择。因此，尽管不属于挑选性小的同质产品，但也可以实现网上营销，如海尔系列产品、TCL 产品的网络营销都比较成功。

5. 产品包装　产品包装指适合网络营销要求的标准化包装。作为通过互联网经营的针对全球市场的产品，其包装必须适合网络营销的要求。通过网络传送的无形商品可无任何包装，其他实体性产品必须采用适合专业配送的标准化包装。只有包装标准化，企业自身才能很好地进行物流配送；也只有包装标准化，消费者才有可能迅速地对企业产品产生信任感。

6. 目标市场　目标市场是针对一般容量大、覆盖范围广、配送容易的产品而言的。网上市场是以网络用户为主要目标的市场。因此，适合在网上销售或能发挥网络营销优势的产品一般是那些覆盖范围较大和市场容量较大的产品。如果产品的目标市场比较狭窄，虽然也能实施网络营销，但营销效益不佳，不能充分发挥网络营销的优势。

7. 产品价格　产品价格一般要有全球化和低价优势。网络营销市场面对的是开放的和全球化的市场，用户可以在世界各地直接通过网站进行购买，而不用考虑网站是属于哪一个国家或者地区的。因此，企业不能以统一的市场策略来面对差异性极大的全球性市场，必须采用全球化和本地化相结合的原则进行定价。

8. 产品价值　产品价值最好有不可替代的垄断性。企业的营销渠道可以有三种选择模式：一是单一的网下营销；二是单一的网上营销；三是网上渠道与网下渠道的整合运用。如果企业选择单一的网上营销渠道，一般应选择那些替代性不大的、具有较强垄断性的产品经营，或者选择那些不太容易在网下设店经营的特殊产品。如果经营那些消费者随处可得或极易替代的产品，则很难形成网络营销优势。

7.1.3　网络产品分类

在网络上销售的产品，有不同的分类方法，下面介绍两种常用的分类方法。

1. 根据网络营销产品的具体形式划分

（1）有形产品　有形产品是指以能看得见、摸得着的有形的实体产品。它是以互联网作为交易媒体的实体商品营销活动的主要内容。

（2）数字化信息产品　数字化信息产品是指能够以数字化信息的形式存在并通过互联网传递的网络营销产品。例如，通过互联网销售的计算机软件、书籍、音乐、图片、音像资料等。

（3）服务产品　服务产品是指网络营销产品的形式是以服务的形式传递与获得的。例如，各网站提供的免费或收费的电子邮箱服务、搜索引擎服务、信息发布服务，或者远程、远程医疗、订票服务、旅游服务等。

2. 根据网络营销产品是否有形来划分　按照性质的不同，网络营销产品可以分为以下两大类：有形产品和虚体产品，见表7-1。

表7-1　网络营销产品分类

产品形态	产品种类	产品	
有形产品	普通产品	消费品、工业品、旧货等实体产品	
虚体产品	软件	计算机软件、电子读物、电子游戏等	
	服务	普通服务	远程医疗，法律救助，航空、火车订票，入场券预订，饭店、旅游服务预约，医院预约挂号，网络交友，计算机游戏等
		信息咨询服务	法律咨询、医药咨询、股市行情分析、金融咨询、资料库检索、电子新闻、电子报刊、研究报告、论文等

（1）有形产品　有形产品是指有具体物理形状的物质形态产品，我们大多数使用的产品都属于这个形态。

（2）虚体产品　虚体产品与有形产品的本质区别是：虚体产品一般是无形的，即使表现出一定形态，也是通过其载体体现出来的，但产品本身的性质和性能必须通过其他方式才能表现出来。在网络上销售的虚体产品可以分为两大类：软件和服务。

服务可以分为普通服务和信息咨询服务两大类。普通服务包括远程医疗、法律救助、航空订票、火车订票、入场券预订、饭店预约服务、旅游预约服务、医院预约挂号、网络交友、计算机游戏等，而信息咨询服务包括法律咨询、医药咨询、股市行情分析、金融咨询、资料库检索、电子新闻、电子报刊等。

7.1.4　网络产品营销策略

1. 网络产品市场生命周期各阶段营销策略　众所周知，一般的产品从诞生到消亡一般要经过引入期、成长期、成熟期和衰退期四个阶段。当然，不同类型产品的生命周期特点也不尽相同，互联网产品的最大不同就是它的生命周期往往不是针对单一的产品而言，而是某一类产品的生命周期尤为明显。

（1）引入期的推广策略　引入期一般是指新产品研发成功上线到正式进入市场的阶段，互联网公司更多时候称之为测试阶段。此阶段的典型特征是：用户对新产品的概念十分陌生，对产品功能、特点及优势等不理解或持一种怀疑、观望的态度。所以此时的推广策略应该侧重于新产品的解释说明。

（2）成长期的推广策略　成长期是指产品初步推广成功后，转入大面积推广的阶段。成长期的主要工作是用产品的最核心价值来吸引最核心的用户群体，由于通过引入期的验证及磨合，产品已经基本完善，这时期的推广策略以速度快、范围广、力度大为主要特点。这一阶段适用的具体策略有以下几种：

1）网络广告。通过直接的广告宣传来吸引流量，重点在于有的放矢，充分利用互联网的优点来选择最适合的广告发布商。

2）邮件营销。虽然说现在邮件营销最常被人使用，但在基数巨大的情况下效果还是明显的。

3）搜索引擎营销（PPC）。搜索引擎营销是指通过购买搜索引擎上的某个关键词，进行产品呈现和流量引导。此策略是效果最明显的推广手段，但成本也很高。如果竞价后的产品不能及时产生收入，就不得不考虑推广成本的问题。

4）口碑营销（病毒内容活动）。策划一个有创意的内容，让大众主动愿意传播品牌和营销的信息。口碑营销的重点在于如何选择或创造一个具有广泛传播性质的“源”。

5）搜索引擎优化。从成长期开始就应该注重搜索引擎的优化工作，重点关键字的优化和长尾关键词的选择都不能少。

成长期是产品推广的重要阶段，除上述几个常用的推广策略外，还有很多可供参考，如：友情链接、线下活动、分类目录、在线黄页、分类广告、信息发布、通用网址、电子书等。具体的推广策略也可以根据产品的特点灵活选择。

(3) 成熟期的推广策略　成熟期是指经过成长期以后，用户的规模已经达到一定的数量，浏览量趋于稳定或缓慢增长的阶段。此阶段的推广策略应以品牌形象建立为主。

(4) 衰退期的推广策略　衰退期是指产品逐渐老化，转入新产品更新换代的时期。一个产品的衰退并不是立即下线，而是经历一个阶段。在寻找到新的机会或转型之前，以前的用户需要留住，客户关系不能放弃，公司的利润还得保持。此时期的推广特征是以内部推广为好，可以通过提供附加服务、多做活动等方式尽量留住用户，以延长退出时间。

2. 产品组合策略　产品组合是指一个企业提供给市场的全部产品线和产品项目的组合或结构，即企业的业务经营范围。企业在调整和优化产品组合时，依据不同的情况，可选择如下策略：

(1) 扩大产品组合　扩大产品组合策略包括开拓产品组合的宽度和加强产品组合的深度。开拓产品组合的宽度是指增加一个或几个产品线，扩大产品经营范围。

(2) 缩减产品组合　当市场繁荣时，较长、较宽的产品组合会为许多企业带来较多的盈利机会，但当市场不景气或原料、能源供应紧张时，缩减产品组合反而可能使总利润上升。

(3) 产品延伸　产品延伸战略指全部或部分地改变公司原有产品的市场定位。具体有向下延伸、向上延伸和双向延伸三种。

1）向下延伸。市场定位高的企业通常将其产品线向下延伸，发展低档产品。

2）向上延伸。定位低的企业将其产品线向上延伸，发展高档产品。

3）双向延伸。原定位于中档产品市场的企业掌握了市场优势以后，决定向产品线的上、下两个方向延伸，一方面增加高档产品，另一方面增加低档产品，扩大市场阵地。

任务二　网络营销新产品的开发

7.2.1　网络营销新产品的概念

网络营销学中所讲的新产品是从网上市场和企业网络营销两个角度来认识的。对网上市场而言，第一次出现的产品即为新产品，或者说，凡是能给消费者带来某种新的满足、新的利益的产品，都可称为新产品；对企业网络营销而言，第一次生产与销售的产品即为新产品，或者说，只要产品整体概念中的任何一部分有所创新、改革、改进，都属于新产品。

1. 网络营销新产品开发面临的问题

（1）在某些领域内缺乏重要的新产品构思　随着时间的推移，在汽车、电视机、计算机、静电印刷等领域值得投资的、切实可行的新技术微乎其微。未来的产品构思开发必须适应网络时代的需要。

（2）不断分裂的市场　市场主导地位正从企业主导转为消费者主导，个性化消费成为主流，未来的细分市场必将是以个体为基准的。

（3）社会和政府的限制　网络时代强调的是绿色发展，新产品必须以满足公众利益为准则，诸如消费者安全和生态平衡。

（4）新产品开发过程中的昂贵代价　网络时代竞争加剧，通常需要形成许多新产品构思，公司就得面对日益上升的研究开发费用、生产费用和市场营销费用。例如，微软公司曾动用3000个软件开发人员、耗时3年开发Windows XP操作系统，仅研发费用就投入50亿美元。

（5）新产品开发完成的时限缩短　许多公司很可能同时得到同样的新产品构思，而最终胜利往往属于行动迅速的公司。反应灵敏的公司必须压缩产品开发的时间。

（6）成功产品的生命周期缩短　当一种新产品成功后，竞争对手就会立即对之进行模仿，从而使新产品的生命周期大为缩短。

生命周期最短的是计算机行业产品。根据莫尔定理，计算机芯片的处理速度每18个月就要提高一倍，而芯片的价格却以每年25%的速度下降。

2. 网络营销新产品开发策略　在互联网时代，由于信息和知识的共享，科学技术扩散迅速加快，企业的竞争从原来简单依靠产品竞争转为拥有不断开发新产品能力的竞争。网络营销个性化新产品开发有以下几种类型，但策略制定的环境和操作方法不一样。

（1）新问世的产品　新问世的产品即开创了一个全新市场的产品。全新产品具有独创性、先进性和实用性等主要特征。

这种策略一般多被新创建的公司采用。网络时代使市场需求发生根本性变化，消费者的需求和消费心理也发生重大变化。因此，如果有很好的产品构思和服务概念，即使没有资本，也可以凭借这些产品构思和服务概念获得成功，因为许多风险投资公司愿意投入资金在互联网市场上。如我国的专门为商人服务的网站阿里巴巴网站（http：//www. Alibaba. com），凭借其提出的为商人提供网上免费中介服务的概念，迅速将公司成长起来。

这种策略是网络时代中最有效的策略，因为网络市场中只有第一没有第二。

（2）新产品线　新产品线即使公司首次进入现有市场的新产品。互联网的技术扩散速度非常快，利用互联网迅速模仿和研制开发出已有产品是一条捷径，但在互联网竞争中一招领先招招领先，因为新产品开发速度非常快。这种策略只能是作为一种对抗的防御性策略。

（3）现有产品线外新增加的产品　现有产品线外新增加的产品即补充公司现有产品线的新产品。由于市场不断细分，市场需求差异性增大，这种新产品策略是比较有效的策略。首先，它能满足不同层次的差异性需求；其次，它能以较低风险进行新产品开发，因为它是在已经成功的产品上再进行开发。例如，最大的电器生产商伊莱克斯生产的冰箱（见图7-1）。

图7-1　伊莱克斯冰箱新品图片

（4）现有产品的改良品或更新　现有产品的改良品或更新即提供改善功能或较大感知价值并且替换现有产品的新产品。在网络营销市场中，由于消费者可以在很大范围内挑选商品，因此消费者具有很大的选择权利。企业在消费者需求品质日益提高的驱动下，必须不断改进现有产品和进行升级换代，否则很容易被市场抛弃。

（5）降低成本的产品　降低成本的产品即提供同样功能但成本较低的新产品。网络时代的消费者虽然注重个性化消费，但个性化消费不等于是高档次消费。个性化消费意味着消费者根据自己的个人情况，包括收入、地位、家庭以及爱好等来确定自己的需要。消费者的消费意识更趋向于理性化，消费者更强调产品给其带来的价值，同时包括所花费的代价。在网络营销中，产品的价格总体是呈下降趋势，因此提供相同功能但成本更低的产品更能满足日益成熟的市场需求。

（6）重定位产品　重定位产品即以新的市场或细分市场为目标市场的现有产品。这种策略在网络营销初期可以考虑，因为网络营销面对的是更加广泛的市场空间，企业可以突破时空限制以有限的营销费用去占领更多的市场。在全球的广大市场上，企业重新定位产品，可以取得更多的市场机会。

企业网络营销新产品策略中采取哪一种具体的新产品开发方式，可以根据企业的实际情况决定。但结合网络营销市场的特点和互联网的特点，开发新市场的新产品是企业竞争的核心。对于相对成熟的企业，采用后面几种新产品策略也是一种短期较稳妥的策略，但不能作为企业长期的新产品开发策略。

3. 网络营销新产品的开发过程　新产品的开发过程是一个从创意生成、创意筛选、概念发展、产品设计、原型开发、测试营销一直到商品化的过程。传统上的做法是在此过程中的每一步骤结束时，都要进行是否继续进入下一步骤、返回前一步骤或停止项目的决策，目的在于最大限度地挖掘未被满足的市场需求，在投入大量的资源前将任何可能的决策失误降到最低点。

（1）创意生成（Idea Generation）　创意可能来自研发、制造、营销等内部群体或个人，也可能来自外部的客户、供应商、销售商，甚至可能从同类竞争产品中获得启发。创意生成阶段的目标是如何采用一个有效的方法来鼓励群体产生关于新产品或产品改进的想法，并尽可能多地聚集这些创意，而不进行过滤。顾客的需求是新产品构思的重要来源，营销人员可以通过网站的公告栏和社区群体讨论等发现流露出来的顾客创意，了解市场的个性化需求和总体特征。

（2）创意筛选（Idea Screening）　一旦有了创意后，就要求参与产品开发的所有相关人员对聚集的创意进行分类和识别，从中筛选出有价值的创意。创立一个高效的创意评分系统，可使最好的创意继续前进。

（3）概念发展（Concept Development）　富有吸引力的新产品创意需要提炼后才能发展成产品概念。产品创意指公司希望为市场提供的可行的产品构思，而产品概念指用有意义的顾客术语来表述的产品构思，具体包括满足顾客需求的描述、产品解决方案的形式、初步的产品规范和设计、产品定位和经济可行性。

(4) 产品设计（Product Design） 面对市场的激烈竞争，缩短产品设计时间的模块化就是将新产品分成几个子系统来独立设计和测试，负责各个子系统的工作小组可以平行地进行工作，不必等到前一个工作结束后再开始下一道工序，这样可大幅度缩短开发时间并降低新产品的开发成本。模块化的设计需要有研发团队之间持续、通畅的沟通作保障。

(5) 原型开发（Prototype Development） 原型开发指将产品从概念变成模型的过程。在本阶段通常需要投入相当多的时间和资源来制作一个更完整、更精确的模型。

(6) 测试营销（Test Marketing） 测试营销是一种小规模的营销实验，它的目的是通过对小规模实验中采用的一些营销变量进行观察、测试和识别，制定出一个适宜于产品大量导入市场阶段的营销支持模式，包括广告、分销、包装、定价和促销等。利用在线营销实验可对新产品进行评估，如公司服务器可以随机向不同的来访者展现不同的产品，然后通过跟踪其点击率来测量来访者对不同产品的反应，了解被测试的各营销变量间的因果关系，预测它们在市场的潜在性。

(7) 商品化（Commercialization） 产品的商品化涉及产品的市场导入计划，这个计划包括对导入时机、地点的把握，所需的资源配置，与产品定位相配套的营销支持模式，以确保新产品一上市就在市场上取得成功。

7.2.2 网络营销新产品构思、研制、试销与上市

1. 网络营销新产品构思与概念形成 新产品的构思可以有多种来源，可以是顾客、科学家、竞争者、公司销售人员、中间商和高层管理者，但最主要来源还是依靠顾客来引导产品的构思。网络营销的一个最重要特性是与顾客的交互性，它通过信息技术和网络技术来记录、评价和控制营销活动，来掌握市场需求情况。网络营销通过其网络数据库系统处理营销活动中的数据，并用来指导企业营销策略的制定和营销活动的开展。

2. 网络营销新产品研制 与过去新产品研制与试销不一样，顾客可以全程参加概念形成后的产品研制和开发工作。顾客参与新产品研制与开发不再是简单地被动接收测试和表达感受，而是主动参与和协助产品的研制开发工作。通过互联网，企业可以与供应商、经销商和顾客进行双向沟通和交流，可以最大限度提高新产品研制与开发速度。

值得关注的是，许多产品并不能直接提供给顾客使用，它需要许多企业共同配合才有可能满足顾客的最终需要，这就更需要在新产品开发的同时加强与以产品为纽带的协作企业的合作。如计算机的硬件和软件是需要许多公司配合才能满足市场需要的，为提高新产品研究开发速度，提供 CPU 的 Intel 公司在研究新产品的同时，就将其技术指标向协同企业公开，以使其能配套开发新产品；提供操作系统的微软公司，也是在开发新操作系统的同时，就将操作系统的标准和规范

公开，在产品上市前先与硬件制造商合作测试操作系统稳定性，以及配合硬件制造商的硬件设计和制造，使得操作系统与计算机上市时能保持同步。这些相互协作和支持都可以很容易通过互联网实现，而且费用非常低廉。

3. 网络营销新产品试销与上市　网络市场作为新兴市场，消费群体一般具有很强的好奇性和消费领导性，比较愿意尝试新的产品。因此，通过网络营销来推动新产品试销与上市是比较好的策略和方式。但须注意的是，网上市场群体还有一定的局限性，目前的消费意向比较单一，所以并不是任何一种新产品都适合在网上试销和推广的。一般对于与技术相关的新产品，在网上试销和推广效果比较理想，这种方式一方面可以比较有效地覆盖目标市场，另一方面可以利用网络与顾客直接进行沟通和交互，有利于顾客了解新产品的性能，还可以帮助企业对新产品进行改进。

利用互联网作为新产品营销渠道时，要注意新产品能满足顾客的个性化需求的特性，即同一产品能针对网上市场不同顾客需求生产出功能相同但又能满足个性需求的产品，这要求新产品在开发和设计时就要考虑到产品式样和顾客需求的差异性。如 Dell 计算机公司在推出电脑新产品时，允许顾客根据自己的需要自行设计和挑选配件来组装自己满意的产品，Dell 公司可以通过互联网直接将顾客订单送给生产部门，生产部门根据个性化需求组装计算机。因此，网络营销产品的设计和开发要能体现产品的个性化特征，适合进行柔性化的大规模生产，否则再好概念的产品也很难在市场上让消费者满意。

任务三　网络营销产品品牌策略

7.3.1　网络产品的品牌内涵

1. 网络产品的品牌　根据美国营销学会的定义，品牌是一个名字、术语、标记、符号、图案设计或者上述的组合体，是用于识别某销售者或组织所提供的产品或服务，而区分于其他竞争产品或服务。所以我们可认为传统意义上的品牌组成包括品牌名称、品牌标识与商标。

网络营销中的品牌除了传统品牌的组合体外，还包含一个独特的部分：企业网站的域名。公司商标的知名度和域名的知名度在互联网上是一致的。

2. 网络品牌特点　相对于传统意义上的企业品牌，网络品牌具有下列特点：

（1）网络品牌是网络营销效果的综合表现　网络营销的各个环节都与网络品牌有着直接或间接的关系。因此，可以认为网络品牌建设和维护存在于网络营销的各个环节，从网站策划、网站建设到网站推广、顾客关系和在线销售，无不与网络品牌相关，网络品牌是网络营销综合效果的体现，如网络广告策略、搜索引擎营销、供求信息发布等各种网络营销方法均对网络品牌产生影响。

（2）网络品牌的价值只有通过网络用户才能表现出来　网络品牌的价值意味着企业与互联网用户之间建立起来的和谐关系。网络品牌是建立用户忠诚的一种手段，因此对顾客关系有效的网络营销方法，对网络品牌建设同样是有效的。

（3）网络品牌的核心内容是为用户提供有价值的信息和服务　百度是最成功的网络品牌之一，当我们想到百度这个品牌时，头脑中的印象不仅是其简单的网站界面，更主要的是它在搜索方面的优异表现，百度可以给我们带来搜索效果的满意。可见，有价值的信息和服务才是网络品牌的核心内容。

（4）网络品牌建设是一个长期的过程　与网站推广、信息发布、在线调研等网络营销活动不同，网络品牌建设不是通过一次活动就可以完成的，不能指望获得立竿见影的效果。从这个角度也可以说明，网络营销是一项长期的营销策略，一些短期目标并不能全面衡量网络营销的效果。

3. 品牌价值构成要素　与离线品牌一样，网络品牌的成功取决于顾客的认知，因而网络品牌价值由顾客对品牌认知度、品牌联想度、品牌忠诚度等一系列要素构成。

（1）品牌认知度　消费者对品牌的认知度可以说是建立品牌识别的最终策略和目的，在很大程度上影响着其购买和选择。它代表了消费者对品牌总体质量的感受和在品质认知上的整体印象和体验，可通过目标客户对网络品牌的认知程度、已有客户中有购买行为的客户所占的比率等指标来衡量。

（2）品牌联想度　品牌联想度代表了品牌的基础识别，它的主要组成因素包括品牌网站名称、网站地址、网络形象设计、网络行为识别等，也代表了消费者认知、记忆某品牌的能力。如 www. nokia. com. cn 作为诺基亚的域名，会让使用者很自然地联想到诺基亚公司，联想到该站点提供的服务或产品同样具有诺基亚公司一贯承诺的品质和价值。

（3）品牌忠诚度　品牌忠诚度是消费者对品牌偏爱的心理反应，是消费者对该品牌的信任和依赖程度，也反映出一个消费者由某一个品牌转向另一个品牌的可能程度。网络品牌忠诚度可以通过品牌网站客户回访率、客户重复购买率等指标衡量。

因此，在网络环境品牌价值建设过程中，努力提高消费者的品牌认知度、品牌联想度、品牌忠诚度是至关重要的。

另外，消费者对品牌的良好体验也是品牌价值可信赖的标志。可以说在万维网上，品牌就是体验，体验就是品牌。所以，企业网站要努力做到让消费者从网站访问的经历中获得无与伦比的便捷感、成就感和归属感。

7.3.2　网络产品的品牌建设过程

网络产品的品牌建设过程如下：

（1）清晰界定品牌受众　离线品牌的目标市场受限于易于管理的细分数量，

而在线品牌可以容纳大量的基于价值或兴趣的细分市场。例如，花旗银行明确地选择具有金融超市的站点的消费者，客户能申请并访问银行提供的服务。

（2）了解目标客户　作为在离线环境下了解目标客户行为的补充，通过收集在线环境下的点击数据，可以得到大量有关目标市场的信息，推断出其他更多可能影响消费者选择和体验的相关因素。

（3）了解竞争态势　对竞争对手的广告等活动可以在线直接观察。

（4）设计品牌意图　品牌应从顾客的视角来解释和描述其意图，使其既容易理解，又能提供积极的品牌联想。在线环境下提供品牌关键信息定制的机会更多，但是要避免品牌过分的个人化而导致的品牌零碎化，如不同的消费者对同一品牌的联想可能会千差万别。在线环境下，不能因为强调品牌信息定制化而牺牲品牌的某些关键属性。如花旗银行 Web 站点上内容重点突出、编排流畅、易于使用的特点传达了客户第一的理念。

（5）识别客户体验中的关键点　识别最能激发消费者的营销手段，如产品价格、客户界面、在线和离线传播组合等。在线环境可以把购买过程设计得更为动态和灵活。

（6）实施品牌战略　在实施品牌战略的过程中，必须始终保持在线与离线品牌的完整性和一致性，如花旗银行在离线环境中培育出的信任延续到了在线世界里。其在线策略和品牌紧密地看齐它的离线目标：成为客户的主要金融和保险服务来源，同时其 Web 站点也成为又一个便利客户的服务渠道、塑造品牌的又一媒体。

（7）建立反馈系统　在离线环境中，收集并分析客户对品牌的反馈耗费的时间很多，而品牌在在线环境下更容易被监视和评估，设立常规的品牌反馈系统的目的是要通过跟踪、研究品牌当前的发展轨迹来预测该品牌的未来。在线环境中，通常使用一些复杂的工具来跟踪客户对品牌、营销传播的反应。这些工具往往允许匿名、交互和快速的反馈，因而往往也更有效。

7.3.3　企业域名商标管理

1. 域名商标管理　域名商标的管理主要是针对域名对应站点内容的管理，因为消费者识别和使用域名是为了获取有用信息和服务，站点的页面内容才是域名商标的真正内涵。站点必须有丰富的内涵和服务，否则再多的访问者可能都是过眼云烟，一瞬即逝，难以真正树立域名商标的形象。要保证域名使用和访问频率高，必须注意下面几点：

（1）信息服务定位　域名作为商标资源，必须注意与企业整体形象保持一致，提供的信息服务必须和企业发展战略进行整合，避免提供的信息服务有损企业已建立的形象和定位。

（2）内容的多样性　丰富的内容才能吸引更多用户，才有更大的潜在市场，一般可以提供一些与企业相关联的内容或站点地址，使企业页面具有开放性。但必须注意内容的多媒体表现，信息的提供采取生动活泼的形式，如声音、文字和图像的配合使用。

（3）时间性　页面内容应该是动态的经常变动的，因为固定页面访问一次就可，没有回头再访问的必要。这一点非常重要，因为企业大部分收益是由少数固定消费者消费实现的。

（4）速度问题　由于互联网的发展过于迅猛，使通信成为一个制约瓶颈，使用者的选择机会很多，因此对某站点的等待时间仅是极其有限的几秒钟。如果在短时间内企业未能提供信息，消费者将毫不犹豫地选择另一域名站点。因此，企业的首页一般可设计得简洁些，以便用户可以很快有内容查看，不致于感觉等待太久。

（5）国际性　由于访问者可能来自国外，因此企业提供的信息必须兼顾国外用户。一般对于非英语国家都提供两个版本，一个是母语，另一个是英语，供用户查询时选择使用。

（6）用户审计　加强对域名访问者的调查分析，针对特定顾客提供一对一的特殊服务，如采取 Cookie 技术对用户进行记录和分析，以提高与顾客交互的质量，提高顾客域名忠诚度。必须注意的是不能强行记录顾客有关个人隐私的信息，如姓名、住址和收入等，这是目前上网者最担心的问题。

2. 企业域名品牌发展　提高站点内容的丰富性和服务性，还须注重域名及站点的发展问题，以尽快发挥域名的商标特性和站点的商业价值，避免出现影响企业形象的域名站点问题。创建网上域名品牌其实与建立传统品牌的手法大同小异。

（1）多方位宣传　域名是一个符号和标识。企业在开始进入互联网时，其域名还鲜为人知，这时企业应善用传统的平面与电子媒体，并舍得耗费巨资打品牌广告，让网址利用大小机会多方曝光。此外，通过建立相关链接扩大知名度。

（2）通过产品本身的品质和顾客的使用经验来建立品牌　这一点对网站品牌格外重要。两大网上顾问公司 Jupiter Communications 和 Forrester 都不约而同地指出，广告在顾客内心激发出的感觉，固然有建立品牌的功效，却不如在网站上体会到的整体浏览或购买经验。例如，戴尔计算机让顾客在线上根据个人需求定制计算机，Yahoo 和 AOL 都提供一系列的个人化工具。

（3）利用公关造势网站建设品牌　这对新兴网站非常重要。

（4）遵守约定规则　互联网开始是非商用的，使其形成使用低廉、信息共享和相互尊重原则。商用后企业提供服务的收费最好是免费或者非常低廉，注意发布信息的道德规范，未经允许不能随意向顾客发布消息，因为这样可能会引起顾客的反感。

（5）持续不断地塑造网上品牌形象　一些年轻的网上企业可以飞快建立起品牌，但没有一家公司能够违背传统营销的“金科玉律”：永垂不朽的品牌不是一天建立的。想要成为网上的“可口可乐”或是“迪士尼”，需要长久不断地努力与投资。在瞬息万变的网络世界中，只有掌握住这个不变的定律，才能建立起永久经营的基石。

项目小结

互联网的快速崛起，使网络在营销中得以广泛应用，传统的营销体系受到冲击。尽管产品仍是企业的生命所在，产品策略也是市场营销中的首要策略，但网络的发展使其有了改变，产品已不再是传统概念上的产品。它除了对原有实体产品整体概念层次扩展了以外，还涉足虚体产品，包括软件和服务。传统的产品组合策略在网络营销中也是完全适用的。本项目主要介绍了网络产品及其特点，网络产品营销策略及网络营销新产品的开发，阐述了企业域名品牌及其发展策略。

关键概念

1. 网络营销产品　Internet Marketing Products
2. 产品组合　Portfolio
3. 产品线　Products Line
4. 网络营销新产品　Internet Marketing of New Products
5. 网络品牌　Network Brand

复习思考题

1. 什么是网络营销产品？网络营销产品组合策略包含哪些方面？
2. 网络营销产品具有哪些特点？
3. 简述网络营销新产品开发面临的问题及其策略。
4. 什么是网络品牌？网络品牌具有哪些特点？
5. 网上域名品牌发展策略是什么？

实践与训练

王峰是某家用电器制造公司营销部的工作人员，主要负责网络营销的策划工作。该公司的主要产品有电视机、电冰箱和空调，这些产品均具有环保特征，并可以为用户提供个性化设计。但由于家电产品竞争激烈，该公司的市场份额出现了下降的态势。作为扭转这种被动局面的措施之一，该公司建立了自己的网站，并由王峰负责通过网站推广本公司的产品。

假如你是王峰，请根据网站应具有的功能，简述该公司产品推广的具体设想。

案 例 分 析

台电在国内属于较大的 MP3 随身听生产厂家，基本处在比上不足比下有余的微妙位置。众多质优价高的国外品牌暂且不说，在国内市场中，无论是知名度还是销售量都不及魅族、OPPO 等专门从事随身听研制的公司。而在进入 MP3 随身听市场之前，台电主要以摄像头、U盘和光驱一类外设为主要产品。

在 2006 年 9 月和 12 月，原本一直占据不了主流市场的台电推出了音质表现能力优秀的T29 和视频播放能力优秀的 C260 两款数码 MP3 随身听，凭借它们出色的外观设计和高性价比，瞬间占领了市场，加上较好的网络广告投放效果，两款机型均取得了相当好的销售业绩，其中 C260 还曾在国内知名评测站点太平洋电脑网中占据了销售榜首和最受欢迎榜首。

但是由于两款机型各有偏重，不少消费者提出希望有一台兼备较好的音频和视频播放能力的机型。在这样的背景下，C280 应运而生，以下就以 C280 这款 MP3 随身听在产品营销策略中的案例。

该产品策略上的对照点：

1. 新产品开发　在产品开发时就发布消息，并在各大相关数码站点投放横幅广告，如图7-2、图 7-3 所示。

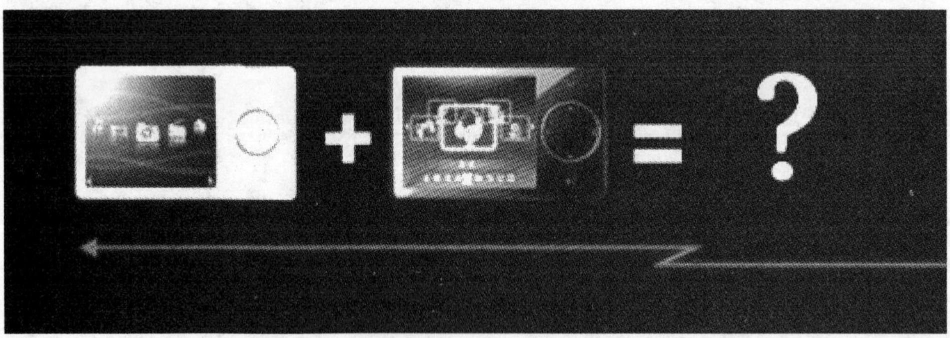

图 7-2　各大相关数码站点播放的横幅广告（一）

图 7-3　各大相关数码站点播放的横幅广告（二）

图中加号左侧为注重音质的T29，右侧则是作为C280前代版本的注重视频的C260。广告用一个很简单的加法等式表现，虽然没有披露C280的外观和性能参数，却已经在一定程度上说明了这款机型的性质和功能是结合了出色音质和视频表现的。凭借之前T29和C260的良好销售业绩，广告上并没有对这两款机型做过多注释，一定程度上依赖了这两款成功产品带来的影响力和知名度。与此同时，各大评测站点都及时以新闻的形式给出报道，取得了良好的宣传效果，使许多准备购买MP3的消费者都开始关注此款机型。

2. 品牌策略　虽然有了T29和C260的成功先例，但台电的品牌知名度仍不及魅族、OPPO一类的国内大厂。在C280推出前夕，台电推出了一系列推广活动，而且不仅限于MP3产品。其中取得很大反响的就是4GB晶彩酷闪U盘，打出了199元的低价神话，一度引起了疯狂抢购，以至于各个卖场纷纷断货。活动期间官方也向各大网站发布了消息和广告，此举不但扩大了台电品牌的知名度和影响力，让更多消费者记住了这个品牌，更重要的是向消费者传播了自己的产品具有物美价廉、性价比高的优点。

3. 产品生命周期　数码类产品的生命周期都相当短，以MP3为例，其生命周期也就只有数个月至一年。一般的随身听会因为各种问题在2～3年内消耗完其使用寿命，消费者更新换代的需求时间短，产品开发周期自然也是越来越短。在这样的环境下，如何快速预测消费者的需求并开发产品占据市场显得尤为重要。

从两年以128MB内存的纯音频播放器为主流，到现在以2～4GB内存的音频、视频兼备的播放器为主流，随身听的飞速发展使得一切周期都在缩短。在网络广告方面，一款随身听的广告投入一般从上市之前到上市后续也就只有几个月的时间，一些经典型号可能适当延长时间，但总的来说周期都很短暂。尤其在新品上市前后的一段时间内，更是要以轰炸的方式来投放各类广告和新闻类软广告，在短期内引起消费者注意并激发其购买欲。

在产品上市前夕，台电就在各大网站不断发布相应的消息和广告，在许多数码类网站的首页头版都可以看见相关的报道或图片，并不断在“期待上市的MP3”、“值得观望的MP3”等此类介绍文章中出现。

4. 产品包装决策　C280上市前，官方发布消息，称C280的外观和配件与C260大致相同，但也有所区别。在上市前半个月左右时，再次由各大网站以报道的形式披露两张照片，而照片的相同点都是没有完全展示出机身全部，把最能区别前代版本外观的按键部分截掉些许，给人“犹抱琵琶半遮面”的感觉（见图7-4）。直到即将上市时，官方才发布C280的全机照片。

外包装上，采取了非常简洁的白色盒子，盒子表面只有公司名称、产品照片和“IN MUSIC”字样，设计十分简洁，在白色背景下突出了黑红搭配的机身照片。

5. 产品组合　在产品组合方面，除了标配耳机、挂绳、绒布套一类的物品外，还推出促销活动。买到序列号在前2007的产品，消费者将得到一款质量较高的耳机。另外还有用于保护机身的水晶盒、硅胶套，还有直流充电器一类配件可供消费者选购。凭借上市前期轰炸式的广告和报道建立消费者的基础，再加上对前2007名的优惠政策，此款机型在三月份一上市便取得了不错的销售量。

在外观设计上还有一个较为突出的特点，就是仿效又区别于前代C260的外观。一方面更改了外观设计，以区别之前的型号，同时保留了前代的按键位置。这样做的最大好处就是避免了

图 7-4　C280 的全机照片

周边产品的重复设计，例如水晶盒、硅胶套一类保护类的周边产品，消费者就可以直接购买为前代设计的，而不需要等待商家重新设计制作，不但为公司节省了精力，也让消费者更称心。

在五一期间，为了维持销量，台电又在太平洋电脑网等网站发布买 MP3 产品送便携支架的广告（见图 7-5），部分地区还配送电池盒、充电器一类的配件。以此来维持和增加先有产品的销量，减少库存。

图 7-5　台电科技的宣传广告

6. 服务策略　售后服务方面，采取广泛使用的全国联保。凭借保修卡可以到指定维修点质保，也可以将产品寄回公司质保，这样一来可以免除没有指定维修点地区的消费者的疑虑，扩大销路。而且在一些网站进行的售后服务调查中，台电以较好的服务态度和服务质量取得了编辑的认可，以此发布的报道文章自然也使消费者对这个品牌的信任度增加不少。

要占据市场，在宣传产品的同时就一定要宣传品牌。一款产品只能占领市场几个月，而一个品牌却能占领市场几年甚至几十年。因此在作产品宣传时，要想办法在广告或活动中加入包含企业理念的内容，并让这种理念深入到消费者心中，使消费者下次看到该品牌的产品时会形成同样的概念。

（资料来源：http：//www. 88cyw. com）

思　考　题

结合所学网上产品策略知识，分析 C280 在众多品牌中能够获胜的关键点是什么？

项目八　网络营销定价策略

学习目标

◆ 了解网络营销定价的内涵、定价的特点和种类

◆ 理解网络营销定价的基本方法，免费定价策略的实施

◆ 熟练掌握定价的策略及实施方法

引　　例

雅宝拍卖竞价雅宝公司是1999年成立的成长最快的网络拍卖公司。雅宝竞价拍卖交易网是率先在国内开创了竞价交易平台的互联网商务模式。雅宝竞价交易网以消费者为核心，目标是建立国内最大、最高效的电子商务平台。在雅宝竞价交易网上，消费者处于核心的、主导的地位。2009年10月，一台联想计算机在雅宝以14701元的价格成交。这是雅宝竞价交易网在B2C的电子商务、1∶1（包括1∶n）交易模式中以浮动价格方式成交的一个例子。这次交易并不是一次"直销"经历。供应方虽然是企业，但由于参与交易的是一件特殊产品，交易仍限于1∶1。另外，同样是由于对这件产品价格的不同理解，雅宝用消费者出价竞买的方式寻求这一件产品的"供需价格平衡点"。随着市场对小批量、定制化或有独特意义产品需求的增长，在消费者接受商品的价格不统一、不确定的情况下，这一交易方式将推动实现"生产的最优条件"。

（资料来源：http：//jpkc. gench. com. cn/wlyx/pdf/al/4 - 1. pdf）

思　考　题

试问雅宝的竞价交易给你何种启示？哪些产品适合网上拍卖？

任务一　网络营销定价概述

8.1.1　网络营销定价内涵

企业的定价目标是指企业希望通过制定产品价格所实现的目的。它是企业选择定价方法和制定价格策略的依据。不同的企业有不同的定价目标，同一个企业在不同的发展阶段也有不同的定价目标。企业的定价目标一般有：生存定价、获

取当前最高利润定价、最大市场占有率定价、获取当前最高收入定价和最优异产品质量定价。

（1）以维持企业生存为目标　这个目标也称之为生存定价。当企业生产能力过剩、面临激烈的市场竞争或者试图改变消费者需求时，企业可以把维持企业生存作为主要目标。

（2）以获得当前最高的利润为目标　这个目标也称之为获取当前最高利润定价。选择这个目标，必须具备一定的条件，即当产品声誉好，而且在目标市场上占有绝对优势地位时，才可以采用；否则要以长期目标为主。

（3）以市场占有率最大化为目标　这个目标也称之为最大市场占有率定价。实现这个目标可能需要全部商品或者部分商品实行低价，这样才能吸引住顾客，才能提高市场占有率，才能有最大市场占有率，这是企业定价选择的一个重要目标。

（4）以应付和抑制竞争为目标　这种定价也称之为获取当前最高收入定价。这种定价目标多数比较适合大企业。大企业资金和实力都比较雄厚，而中小企业在市场竞争激烈的情况下，一般以市场为导向，随行就市定价，这样也就缓和了竞争，稳定了市场。

当前，网络营销活动中，网上市场还处于培育阶段，企业进入网上市场的主要目标是占领市场，谋求长期的生存与发展机会。获取高额利润目前还只是一种长远的战略目标。所以，目前网络营销产品定价一般都属低价甚至是免费。根据顾客的身份与购买日的的不同，网络市场可以分为两大市场：一是网上消费者市场，二是网上组织市场。对于网上消费者市场，由于当前上网人数还很少，有网上购物行为的顾客所占的比例也不是很大，因此当前最主要的工作是市场培育与市场“圈划”。面对这个市场，企业只能采用相对低廉甚至免费的定价策略来占领市场。网上组织市场的购买者一般是企业或其他组织机构，它们的购买行为一般都比较理性。企业针对这个网上市场则可以采用能实现双盈的定价策略，即通过互联网技术的运用与网络资源的开发，降低企业间的供应与采购成本、库存费用、生产成本以及营销费用，以共同分享成本降低带来的价值增值。

（5）以树立企业形象为目标　这种定价也称之为最优异产品质量定价。在网络营销中，有的企业的定价目标实行的是优质优价，以高定价来保证高质量产品的地位，以此树立企业的形象。

8.1.2　网络营销定价因素

影响企业定价的因素是多方面的，如企业的定价目标、企业的生产效率、国家的政策法规、消费者的接受能力、竞争对手的定价水平、供求关系以及供求双方的议价能力等网络营销环境下影响定价的主要因素有：

1. 需求因素　从需求方面看，市场需求规模以及消费者的消费心理、感受价值、收入水平、对价格的敏感程度、消费者的议价能力等都是影响企业定价的主要因素。在经济学里我们将因价格和收入变动而引起的需求的相应变动称为需求弹性。一般来说，需求弹性可以分为需求收入弹性、需求价格弹性、交叉价格弹性和顾客的议价能力等几类。

（1）需求收入弹性　随着人们收入的增加或减少，对某种产品或服务的需求可能会产生三种变化，即需求增加、需求减少或需求不变。需求收入弹性就是指因收入变动而引起的需求相应变动的敏感程度。网络营销的客户群是以网络用户为主。根据CNNIC的统计报告，在我国网络用户中占据主体地位的仍然是低收入人群。虽然我国属于发展中国家，但近年来，人们的收入也会有较快的增长。因此，网络营销定价中要考虑需求收入弹性的大小问题。

（2）需求价格弹性　需求价格弹性是指因价格变动而引起的需求相应变动的敏感程度。在正常情况下，市场需求与价格的变化呈反方向变动。随着价格的提高或降低，对某种产品或服务的需求可能会产生三种变化，即需求增加、需求减少或需求不变。一般来说，高档食品、奢侈品、服务产品、娱乐消费多属于需求价格富有弹性，需求价格弹性变化比较大的产品；而生活必需品则一般表现为需求价格缺乏弹性，需求价格弹性基本不变的产品。正因为价格会影响需求，所以企业产品定价的高低会影响企业产品的销售。因此，网络营销活动中，价格策略的制定必须了解所定价产品的需求价格弹性的大小，即了解需求量对价格的敏感程度。一般来说，对于需求价格富有弹性的产品，可以实施低价策略；而对于需求价格缺乏弹性的产品，则可以实施薄利多销的低价策略。

（3）交叉价格弹性　交叉价格弹性是指甲商品需求变化的百分比与乙商品价格变化的百分比之间的比率。此比率可能是正数、负数，也可能是零。如果交叉价格弹性大于零，则甲商品与乙商品之间存在着相互替代的关系；如果交叉弹性小于零，则说明甲商品和乙商品之间存在着互补关系；如果交叉价格弹性的绝对值很小，接近于零，则说明甲商品与乙商品之间没有什么关系，互相独立。因此，企业产品的定价还要考虑互补品、替代品、条件品的价格水平高低。

（4）顾客的议价能力　网络营销活动中，顾客有着较强的选择性与主动性，顾客的议价能力或者顾客价格谈判的能力对企业产品交易价格的形成有很大影响。一般来说，顾客的议价能力是众多因素综合作用的结果。这些因素主要有：顾客购买量的大小、企业产品的性质、顾客趋向一体化的可能性、企业产品在顾客心中的重要性、顾客寻找替代品的可能性等。

2. 供求因素　从经济学的角度来看，企业的定价大体上还是遵循价值规律的。从营销学的角度来看，企业的定价策略既是一门科学，也是一门艺术。因此，供求关系也是影响企业产品交易价格形成的一个基本因素。通常情况下，当企业的产品在市场上处于供小于求的卖方市场条件时，企业产品可以实行高价策略；反之，当企业的产品在市场上处于供大于求的买方市场时，企业应该实行低价策略；当企业的产品在市场上处于供给等于需求的均衡市场时，交易价格的形成基本处于均衡价格处。因此，企业的定价不能过度地偏高或者偏低，企业的定价应该围绕均衡价格。

3. 供给因素　从供给方面来看，企业产品的生产成本、营销费用是影响企业定价的主要因素。产品的成本是产品价格的最低界限。也就是说，产品的价格必须能补偿产品生产、分销、促销过程中发生的所有支出，并且要有所盈利。产品成本根据与产量或销量之间的关系来划分，可以分为固定成本和变动成本两类。所谓固定成本是指在一定限度内不随产量或销量变化而变化的成本部分；而变动成本是指随着产量或销量增减而增减的成本。将固定成本和变动成本相加，二者之和即产品的总成本。产品的最低定价应能收回产品的总成本。对企业定价产生影响的成本费用主要有总固定成本、总变动成本、总成本、单位产品固定成本、单位产品变动成本、单位产品总成本等因素。

4. 竞争因素　竞争因素对价格的影响，主要考虑商品的供求关系及其变化趋势，竞争对手的定价目标和定价策略以及变化趋势。在营销实践中，以竞争对手为导向的定价方法主要有三种：一是低于竞争对手的价格；二是随行就市与竞争对手同价；三是高于竞争对手的价格。

因此，定价过程中，企业应进行充分的市场调研，以改变自己不利的信息劣势，对待竞争者则应树立一种既合作又竞争，并共同发展的竞争观念，以谋求一种双盈结局。

5. 交易方式　营销活动从本质来说就是一种商品交换活动。在商品交换活动中，交易方式的选择，对企业产品价格的发现、交易价格的生成也有很大的影响。在工业经济时代的商品交换活动中，由于需求方受市场空间和时间的局限，总是处于信息不充分、不完全或信息不对称的地位，在议价过程中不得不处于一种被动的劣势地位。网络营销活动中，由于网络跨越时空的特性，使得需求方可以通过互联网了解更加完全的供给信息，因为互联网的全球性，消费者完全可以做到“货比全球”。因而，作出购买的决策也更趋于理性，这使得买方的议价能力得到很大的提高。企业必须要先考虑这个明显的变化，制定出更为合理的价格。商品交换活动中，交易方式不同，产品价格发现的程度也是不尽相同的。网络营销活动中，企业可以考虑采取谈判定价、拍卖定价、密封投标定价、明码定价等交易方式定价，这些定价在后面的内容中都有具体的介绍。

8.1.3　网络营销定价特点

新世纪网络竞争进入白热化的阶段。如何在“诸侯”纷争中立于不败之地，营销有着不可替代的作用。价格是市场的杠杆，是古典经济学中的“看不见的手”，是营销策略中最活跃的因素。无论是传统营销还是网络营销，价格策略都是最富有灵活性、艺术性、竞争性的策略，是企业营销组合策略中的重要组成部分。然而，网络营销中的定价基础、定价原则、价格特点、价格策略，均不同于传统营销。随着互联网的普及和网络营销的发展，网络营销中的定价具有了许多新的特点和内涵。

1. 全球性　网络营销市场面对的是开放和全球化的市场，用户可以在世界各地直接通过网站进行购买，而不用考虑网站是属于哪一个国家或者哪一个地区。这种目标市场从过去受地理位置限制的局部市场，一下拓展到范围广泛的全球性市场，这使得网络营销产品定价时必须考虑目标市场范围的变化给定价带来的影响。

因此，企业面对的是全球性网上市场，但企业不能以统一市场策略来面对这差异性极大的全球性市场，必须采用全球化和本地化相结合的原则进行定价。

2. 低价位定价　互联网使用者的主导观念是网上的信息产品是免费的、开放的、自由的。但在早期互联网开展商业应用时，许多网站采用收费方式想直接从互联网盈利，结果证明是失败的。成功的雅虎公司是通过为网上用户提供免费的检索站点起步，逐步拓展为门户站点，现在拓展到电子商务领域，一步一步获得成功的，它成功的主要原因是其遵循了互联网的免费原则和间接收益原则。

网上产品定价较传统定价要低，还有着成本费用降低的基础。上文分析了互联网发展可以从诸多方面来帮助企业降低成本费用，从而使企业有更大的降价空间来满足顾客的需求。因此，如果在网上定价过高或者降价空间有限的产品，在现阶段最好不要在消费者市场上销售。如果面对的是工业、组织市场，或者是高新技术的新产品，网上顾客对产品的价格不太敏感，主要是考虑方便、新潮，这类产品就不一定要考虑低价定价的策略了。

3. 顾客主导定价　简单地说，顾客主导定价就是顾客的价值最大化，顾客以最小成本获得最大收益。顾客主导定价的策略主要有：顾客定制生产定价和拍卖市场定价。根据调查分析，由顾客主导定价的产品并不比企业主导定价获取利润低。根据国外拍卖网站 eBay. com 的分析统计，在网上拍卖定价产品，只有20%产品拍卖价格低于卖者的预期价格，50%产品拍卖价格略高于卖者的预期价格，剩下30%产品拍卖价格与卖者预期价格相吻合；在所有拍卖成交产品中有95%的产品成交价格卖主比较满意。因此，顾客主导定价是一种双盈的发展策略，既能更好地满足顾客的需求，同时企业的收益又不受到影响，而且可以对网络营销目标市场了解得更充分，企业的经营生产和产品研制开发可以更加符合市场竞争的需要。

4. 弹性化　由于网络营销的互动性，顾客可以和企业就产品的价格进行协商，也就是说可以讨价还价。同时，根据每个顾客对产品和服务提出的不同要求，可以制定相应的价格。

任务二　网络营销的定价方法

8.2.1　传统营销的定价方法

在市场经济条件下，任何企业都要为自己生产经营的商品制定适当的价格。价格的重要性在于：价格影响着顾客的购买行为；价格影响着竞争者的营销行为；价格影响着企业及其产品的市场形象；价格制约着市场营销组合中其他因素的安排；价格制约着企业的生存与发展。然而，价格是市场营销组合因素中一个十分敏感而又难以控制的因素。价格的这种特点，既与价格的多方面影响有关，同时又与影响定价的因素较为复杂有关。那么如何对一个新商品定价呢？一般来说可以分为以下几种方法：

1. 成本加成定价法（Markup Pricing）　成本加成定价法是指在产品的成本上加一个标准的加成的定价方法。此方法是最基本的定价方法，它是以全部成本作为定价基础的。首先要估计单位产品的变动成本；然后再估计固定费用，并按照预期产量把固定费用分摊到单位产品上去，加上单位变动成本，求出全部成本；最后在全部成本上加上按目标利润率计算的利润额，即得出价格。

完全成本加成定价法是指按产品单位成本加上一定比例的利润制定产品价格的方法。其定价公式为

价格 = 单位成本 + 单位成本 × 成本利润率 = 单位成本(1 + 成本利润率)

2. 目标利润定价法（Target - Return Pricing）　企业试图确定这样一个价格：它能带来企业正在追求的目标利润。目标利润定价法又称目标收益定价法、目标回报定价法，是根据企业预期的总销售量与总成本，确定一个目标利润率的定价方法。其定价公式为

目标利润 =（单位变动成本 + 单位固定成本）× 预计销售量 × 成本利润率

价格 = [（单位变动成本 + 单位固定成本）×（1 + 成本利润率）]/(1 - 销售税率)

3. 认知价值定价法（Perceived - Value Pricing）　认知价值定价法又称觉察价值定价法、感受价值定价法、理解价值定价法，是根据消费者所理解的某种商品的价值，或者说是消费者对产品价值的认识程度来确定产品价格的一种定价方法。理论上讲，顾客对某一产品的认知价值越是高于产品的实际价值，产品的价格需求性就越低。

在现代企业中，越来越多的企业已经开始把它们的价格建立在消费者对产品的认知价值上，因为随着科技的迅速发展，生产力得到了大幅度地提高，许多产品定价的关键，不再只是单纯地去考虑卖方的成本，还要注重买方对所需产品的价值认知程度。

认知价值定价法一般用于企业推出新产品或进入新市场时，具体做法是：企业以计划好的质量和价格为一特定的目标市场提供一种新产品概念时，首先估计消费者对该产品的接受程度，预测这一价格水平下产品的销售量，并据此估算必需的工厂生产能力、投资额和单位产品成本；然后综合所有情况和数据，测算这种产品的盈利水平，如果盈利令人满意，企业就投资开发此产品；否则就放弃开发。

认知价值定价法的步骤如下：

1）确定消费者认知价值，决定商品的初始价格。

2）预测在初始价格下的商品的销量。

3）预测目标成本，即由销量算出生产量、投资额及单位成本。

4）把目标成本与实际成本相比较，计算能否达到预期利润。

4. 通行价格定价法（Going - Rate Pricing） 在通行价格定价法中，企业的价格主要基于竞争者的价格，很少注意自己的成本或需求。企业的价格可能与它主要竞争者的价格相同，也可能高于竞争者或低于竞争者。其特征是以本行业的平均价格水平为标准的定价方法。在垄断竞争和完全竞争的市场结构条件下，任何一家企业都无法凭借自己的实力在市场上取得绝对的优势。为了避免竞争，特别是价格竞争带来的损失，大多数企业都采用通行价格定价法，即将本企业某产品价格保持在市场平均价格水平上，利用这样的价格来获得平均报酬。此外，采用通行价格定价法，企业就不必去全面了解消费者对不同价差的反应，也不会引起价格波动。

一般来说，在基于产品成本预测比较困难，竞争对手不确定，以及企业希望得到一种公平的报酬和不愿打乱市场现有正常次序的情况下，这种定价方法较为行之有效。在竞争激烈而产品弹性较小或供需基本平衡的市场上，这是一种比较稳妥的定价方法，在房地产行业应用比较普遍。因为在现代市场中，销售同样商品房的各个房地产企业在定价时实际上是没有选择余地的，只能按现行市场价格来定价。若价格定得太高，其商品房将难以售出；而价格定得过低，一方面企业自己的目标利润难以实现，另一方面会促使其他房地产企业降价，从而引发价格战。因此，这种定价方法比较受一些中小房地产企业的欢迎。

5. 密封投标定价法（Sealed - Bid Pricing） 竞争的定价法也支配一些对工程进行投标的企业。企业定价的基点与其说是依赖对企业成本或需求的密切联系，不如说是取决于预期的竞争者将制定怎样的价格。某企业想要赢得某个合同，这就需要它制定比其他企业较低的价格。同时，公司不能将价格定得低于成本，以致恶化它的地步。密封投标定价法是指在招标竞标的情况下，企业在对竞争对手了解的基础上定价。这种价格是企业根据对竞争对手报价的估计确定的，其目的在于签订合同，所以它的报价应低于竞争对手的报价。密封投标定价法主要用于投标交易方式。

在国内外，许多大宗商品、原材料、成套设备和建筑工程项目的买卖和承包，以及出售小型企业等，往往采用发包人招标、承包人投标的方式来选择承包者，确定最终承包价格。

一般来说，招标方只有一个，处于相对垄断地位，而投标方有多个，处于相互竞争地位。标的物的价格由参与投标的各个企业在相互独立的条件下来确定。在买方招标的所有投标者中，报价最低的投标者通常中标，它的报价就是承包价格。

8.2.2 网络营销定价法

作为营销手段的一种新形式，网络营销的本质还是营销手段，传统营销的定价手段依然适用于网络营销，网络营销产品的定价也有其自身的特性。

1. 成本导向定价法　以产品的成本为中心，制定对企业最有利的价格的一种定价方法。常用的成本导向定价法有以下五种具体方法：

（1）成本加成定价法　这是一种最简单的定价方法，即在产品单位成本的基础上，加上预期利润作为产品的销售价格。售价与成本之间的差额就是利润。由于利润的多少是有一定比例的，这种比例就是人们俗称的“几成”，因此这种方法就称为成本加成定价法。

依据核算成本的标准不同，成本加成定价法可分为两种：平均成本加成定价法和边际成本加成定价法。

1）平均成本加成定价法。平均成本是企业在生产经营一单位产品时所花费的固定成本和变动成本之和。单位产品的平均成本加上一定比例的单位利润，就是单位产品的价格。用公式表示为

$$单位产品价格 = 单位产品成本 + 单位产品预期利润$$

2）边际成本加成定价法。边际成本加成定价法也称边际贡献定价法，即在定价时只计算变动成本，而不计算固定成本，在变动成本的基础上加上预期的边际贡献。边际贡献是指销售收入减去变动成本后的余额。边际贡献是运用盈亏分析原理，进行产品生产决策的一个十分重要指标。通常边际贡献又称为边际利润或贡献毛益等。用公式表示为

$$单位产品价格 = 单位产品变动成本 + 单位产品边际贡献$$

成本加成法的优点是计算简便，特别是在市场环境基本稳定的情况下，可以保证企业获得正常利润。缺点是只考虑了产品本身的成本和预期利润，忽视了市场需求和竞争等因素。因此无论在短期或长期都不能使企业获得最佳利润。

（2）盈亏平衡定价法　盈亏平衡定价法即根据盈亏平衡点原理进行定价。盈亏平衡点又称保本点，是指一定价格水平下，企业的销售收入刚好与同期发生的费用额相等，收支相抵、不盈不亏时的销售量，或在一定销售量前提下，使收

支相抵的价格。

（3）投资回收定价法　企业开发产品和增加服务项目要投入一笔数目较大的资金，且在投资决策时总有一个预期的投资回收期，为确保投资按期收回并赚取利润，企业要根据产品成本和预期的产品数量，确定一个能实现市场营销目标的价格，这个价格不仅包括在投资回收期内单位产品应摊销的投资额，也包括单位产品的成本费用。这种定价方法即为投资回收定价法。利用投资回收定价法必须注意产品销量和服务设施的利用率。

（4）目标效益定价法　目标效益定价法是根据企业的总成本和估计的总销售量，确定一个目标收益率，作为定价的标准的定价法。

（5）千分之一法　千分之一法也称千分之一法则或千分之一经验公式，主要用于产品的定价。

2. 需求导向定价法　需求导向定价法是指企业在定价时不再以成本为基础，而是以消费者对产品价值的理解和需求强度为依据。

3. 竞争导向定价法　竞争导向定价以市场上相互竞争的同类商品价格为定价基本依据，随着竞争状况的变化确定和调整价格水平，主要有通行价格定价、主动竞争定价密封投标定价等方法。

（1）通行价格定价法　通行价格定价法是竞争导向定价方法中广为流行的一种。定价是使零售店商品的价格与竞争商品的平均价格保持一致。这种定价法的目的是：

1）平均价格水平在人们观念中常被认为是“合理价格”，易为消费者接受。

2）试图与竞争者和平相处，避免激烈竞争产生的风险。

3）一般能为零售店带来合理、适度的盈利。

这种定价方法适用于竞争激烈的均质商品，如大米、面粉、食油以及某些日常用品等。在完全寡头垄断竞争条件下也很适用。

（2）主动竞争定价法　与通行价格定价法相反，它不是追随竞争者的价格，而是根据零售店商品的实际情况及与竞争对手的商品差异状况来确定价格。一般为富于进取心的零售店所采用。定价时首先将市场上竞争商品价格与零售店估算价格进行比较，分为高、一致及低三个价格层次。其次，将零售店商品的性能、质量、成本、式样、产量等与竞争零售店进行比较，分析造成价格差异的原因。再次，根据以上综合指标确定零售店商品的特色、优势及市场定位。在此基础上，按定价所要达到的目标，确定商品价格。最后，跟踪竞争商品的价格变化，及时分析原因，相应调整零售店商品价格。

（3）密封投标定价法　密封投标定价法主要用于投标交易方式。投标价格是零售店根据对竞争者的报价估计确定的，而不是按零售店自己的成本费用或市场需求来制定的。零售店参加投标的目的是希望中标，所以它的报价应低于竞争对手的报价。一般说，报价高，利润大，但中标机会小，如果因价高而招致败标，则利润为零；反之，报价低，虽中标机会大，但利润低，其机会成本可能大于其他投资方向。因此，报价时，既要考虑实现零售店目标利润，也要结合竞争状况考虑中标概率。最佳报价应是使预期利润达到最高水平的价格。

运用这种定价方法，最大的困难在于估计中标概率。这涉及对竞争者投标情况的掌握。只能通过市场调查及对过去投标资料的分析大致估计。

任务三　网络营销定价策略

在激烈的市场竞争中，定价策略是企业争夺市场的重要武器，也是企业营销组合策略的重要组成部分。企业必须善于根据营销的环境、产品的特点和产品市场周期的阶段等各种因素正确选择定价策略。

8.3.1　低价定价策略

借助互联网进行销售，比传统销售渠道的费用低廉，因此网上销售价格一般来说比流行的市场价格要低。根据研究，消费者选择网上购物，一方面是因为网上购物比较方便，另一方面是因为从网上可以获取更多的产品信息，从而以最优惠的价格购买商品。因此，低价定价策略在网络营销定价中对于消费者而言，是最具吸引力的企业定价方式。

1. 低价定价策略种类　通过互联网，企业可以节省大量的成本费用，这为企业在网络营销中实施低价策略提供了成本依据。目前看来，常用的低价定价策略主要有：

（1）直接低价定价策略　直接低价定价策略就是由于定价时大多采用成本加一定利润，有的甚至是零利润，因此这种定价在公开价格时就比同类产品要低。它一般是制造业企业在网上进行直销时采用的定价方式之一，如 Dell 公司计算机定价比同性能的其他公司产品低 10% ~15%。采用低价定价策略的基础是通过互联网企业可以节省大量的成本费用。

（2）折扣定价策略　折扣定价策略是在原价基础上进行折扣来定价的。这种定价方式可以让顾客直接了解产品的降价幅度，以促进顾客的购买。这种价格策略主要用在一些网上商店，它一般按照市面上的流行价格进行折扣定价。例如，Amazon 的图书价格一般都要进行折扣，而且折扣价格达到 6 ~7.5 折。

（3）网上促销定价策略　如果企业是为拓展网上市场，但产品价格又不具有竞争优势时，可以采用网上促销定价策略。由于网上的消费者面很广，而且具有很大的购买能力，许多企业为打开网上销售局面和推广新产品，采用临时促销定价策略。促销定价除了前面提到的折扣策略外，比较常用的有有奖销售和附带赠品销售。

2. 实施低价定价策略时企业应注意的问题　在采用低价定价策略时，企业应注意的是：首先，由于互联网是从免费共享资源发展而来的，因此用户一般认为网上商品比从一般渠道购买商品要便宜，在网上不宜销售那些顾客对价格敏感而企业又难以降价的产品。其次，在网上公布价格时要注意区分消费对象，对一般消费者、零售商、批发商和合作伙伴分别提供不同的价格信息发布渠道，否则可能因低价策略混乱导致营销渠道混乱。第三，网上发布价格时要注意比较同类站点公布的价格，因为消费者可以通过搜索功能很容易在网上找到最便宜的商品，否则价格信息公布将起到反作用。

8.3.2　定制生产定价策略

1. 定制生产内涵　在网络营销服务策略中，分析了个性化服务的特点。作为个性化服务的重要组成部分，按照顾客需求进行定制生产是网络时代满足顾客个性化需求的基本形式。

定制生产根据顾客对象可以分为两类，一类是面对工业组织市场的定制生产。这部分市场属于供应商与订货商的协作问题。例如，波音公司在设计和生产新型飞机时，要求其供应商按其飞机总体设计标准和成本要求来组织生产。这类属于工业组织市场的定制生产主要通过产业价值链，从下游企业向上游企业提出需求和成本控制要求，上游企业通过与下游企业进行协作设计、开发并生产满足下游企业需要的零配件产品。

另一类是针对消费者的定制定价。由于消费者的个性化需求差异性大，加上消费者的需求量又少，因此企业实行定制生产必须在管理、供应、生产和配送各个环节上，都必须适应这种小批量、多式样、多规格和多品种的生产和销售变化。为适应这种变化，现在企业在管理上采用 ERP（Enterprise Resource Planning，企业资源计划系统）来实现自动化、数字化管理，在生产上采用 CIMS（Computer Integrated Manufacturing System，计算机集成制造系统），在供应和配送上采用 SCM（Supply Chain Management，供应链管理）。

2. 定制定价策略　定制定价策略是在企业能实行定制生产的基础上，利用网络技术和辅助设计软件，帮助消费者选择配置或者自行设计能满足自己需求的个性化产品，同时承担自己愿意付出的价格成本。例如，Dell 公司的用户可以通过其网页了解本型号产品的基本配置和基本功能，根据实际需要和在能承担的价格内，配置出自己最满意的产品，使消费者能够一次性买到自己中意的产品。

8.3.3　使用定价策略

传统交易关系中，产品买卖是完全产权式的，顾客购买产品后即拥有对产品的完全产权。但随着经济的发展，人民生活水平的提高，人们对产品的需求越来越多，而且产品的使用周期也越来越短，许多产品购买后使用几次就不再使用，非常浪费，因此制约着许多顾客对这些产品的需求。为改变这种情况，可以在网上采用类似租赁的按使用次数定价的方式。

使用定价就是顾客通过互联网注册后可以直接使用某公司的产品，顾客只需要根据使用次数进行付费，而不需要将产品完全购买。这一方面减少了企业为完全出售产品而进行的不必要的大量的生产和包装浪费，同时还可以吸引过去那些有顾虑的顾客使用产品，扩大市场份额。顾客每次只是根据使用次数付费，节省了购买产品、安装产品、处置产品的麻烦，还可以节省不必要的开销。

目前，比较适合使用此定价策略的产品有软件、音乐、电影等。对于软件，如我国的用友软件公司推出的网络财务软件，用户在网上注册后，可以在网上直接处理账务，而无须购买软件和担心软件的升级、维护等非常麻烦的事情；对于音乐产品，也可以通过网上下载或使用专用软件点播；对于电影产品，则可以通过现在的视频点播系统 VOD 来实现远程点播，而无须购买影带。另外，采用按使用次数定价策略对互联网的带宽提出了更高的要求，因为许多信息都要通过互联网进行传输，如果互联网带宽不够，将影响数据传输速度，势必会影响顾客租赁使用和观看。

8.3.4 拍卖竞价策略

目前发展比较快的就是拍卖领域，经济学家认为市场要想形成最合理的价格，拍卖竞价是最合理的方式。网上拍卖由消费者通过互联网轮流公开竞价，在规定时间内价高者赢得购买权。目前国外比较有名的拍卖站点，都允许商品公开在网上拍卖，拍卖竞价者只需要在网上进行登记即可，拍卖方只需将拍卖品的相关信息提交给 eBay 公司，经公司审查合格后即可上网拍卖。

根据供需关系，网上拍卖竞价方式有以下面几种：

（1）竞价拍卖　最大量的是 C2C 的交易，包括二手货、收藏品。普通商品也可以以拍卖方式进行出售。例如，HP 公司也将公司的一些产品放到网上拍卖。

（2）竞价拍买　竞价拍买是竞价拍卖的反向过程，消费者提出一个价格范围，求购某一商品，由商家出价，出价可以是公开的，也可以是隐蔽的，消费者将与出价最低或最接近的商家成交。

（3）集合竞价　在互联网出现以前，这一种方式在国外主要是多个零售商结合起来，向批发商（或生产商）以数量换价格的方式。互联网出现后，普通的消费者可以使用这种方式购买商品。集合竞价模式是一种由消费者集体议价的交易方式。这在目前的国内网络竞价市场中，还是一种全新的交易方式。提出这一模式的是美国著名的 Priceline 公司。在国内，雅宝公司已经率先将这一全新的模式引入到了自己的网站。

8.3.5 免费价格策略

1. 免费价格策略内涵　免费价格策略就是将企业的产品和服务以零价格的形式提供给顾客使用，满足顾客的需求。免费价格策略是营销活动中常用的营销策略，它主要用于促销和推广产品，这种策略一般是短期和临时性的。但在网络营销中，免费价格不仅仅是一种促销策略，同时它还是一种有效的产品和服务定价策略，许多新兴公司凭借免费价格策略获得成功。

2. 免费价格策略的种类

（1）产品和服务完全免费　产品从购买、使用和售后服务所有环节都实行免费服务。

（2）产品和服务实行限制免费　产品可以被有限次使用，超过一定期限或者次数后，取消这种免费服务。换句话说，就是免费给大家使用几次或者多久时间。

（3）产品和服务实行部分免费　类似于如果想要获得一些网站的全部成果，必须付款加入网站成为注册用户的方式。

（4）产品和服务实行捆绑式免费　购买某产品或者服务时赠送其他产品和服务。

3. 免费产品的特性　网络营销中，产品实行免费策略是要受到一定环境制约的，并不是所有的产品都适合于免费策略。一般来说，只有适合互联网特性的产品才适合采用免费价格策略。而免费产品具有下列特性：

（1）数字化　互联网是信息交换的平台，它的基础是数字传输。易于数字化的产品都可以通过互联网实现零成本的配送，这与传统产品需要通过物理配送、高额花费有着巨大的区别。

（2）无形化特点　通常采用免费策略的产品大多是一些无形产品，它们只有通过一定载体才能表现出来一定的形态，比如说软件、信息服务、音乐制品、图书等。这些无形产品可以通过数字化技术实现网上传输。

（3）零制造成本　这里的零制造成本主要是指产品开发成功后，只需要通过简单地复制就可以实现无限制地生产产品。这与传统的生产有着本质区别，传统的生产受生产地点、设备以及原材料等因素的制约。比如说软件这样的无形产品都易于数字化，可以通过软件和网络技术实现无限制地自动复制生产。对这样的产品实行免费策略，企业只需要投入研发费用就可以了，至于产品的生产、推广和销售，则完全可以通过互联网实现零成本运作。

（4）成长性　数字化的产品具有一定的成长性，采用免费策略的产品一般都是利用成长性占领市场，从而为未来市场的发展打下坚实的基础。比如，微软公司为占领浏览器市场，采用免费策略发放 IE 浏览器，就是为了对抗网景公司的浏览器，结果在短短两年之内，网景公司的浏览器市场就丢失了半壁江山，最后只好寻求兼并，以求发展。

（5）冲击性　这里的冲击性是针对竞争者的冲击性。采用免费策略的主要目的是推动市场成长，开辟出新的市场，同时对原有市场产生巨大的冲击；否则，产品将很难形成市场规模，在未来发展中获得机遇。

（6）间接性　企业在市场运作时，虽然可以利用互联网实现低成本的扩张，但是免费产品还是需要不断开发和研制的，需要投入大量的资金和人力。因此，采用免费价格的产品或者服务一般都具有间接受益的特点。换句话说，也就是它可以帮助企业通过其他渠道获取收益。

8.3.6　其他定价策略

1. 商品阶段定价策略　商品阶段定价策略是指在对商品经济生命周期分析的基础上，依据商品生命周期不同阶段的特点制定和调整价格。这是根据产品所处的经济周期的阶段而制定不同的价格的策略。可分为：

（1）试销期定价策略　一般可参考新产品的定价策略，对上市的新产品或者是经过改进的老产品采取较高或较低的定价。

（2）畅销定价策略　这一阶段，因消费者接受产品而销售量增加，一般不会贸然降价。但如果产品进入市场时价格较高，市场上又出现强有力的竞争对手，企业为较快地提高市场占有率也可以适当地降价。

（3）饱和期定价策略　这一阶段，消费者人数、销售量都达到最高水平并开始出现回落趋势，市场竞争比较激烈，一般宜采取降价销售策略。

（4）滞销期定价策略　这一阶段，消费者兴趣转移，销售量急剧下降，比较适宜采取果断的降价销售策略，有时候销售价格可能会低于成本。但如果同行业的竞争对手都已退出市场，或者是经营的商品有保存价值，也可以维持原价，甚至提高价格。

2. 折扣定价　大多数企业通常都会酌情调整其基本价格，以鼓励顾客及早付清货款、大量购买或增加淡季购买。这种价格调整称为价格折扣和折让。主要有现金折扣、数量折扣、职能折扣（也叫贸易折扣）、季节折扣、推广津贴等。

3. 心理定价　心理定价是根据消费者的消费心理定价，有以下几种方式：

（1）尾数或整数定价　许多商品的价格，宁可定为0.98元或0.99元，也不定为1元。这是适应消费者购买心理的一种取舍，尾数定价使消费者产生一种“价廉”的错觉，比定为1元反应积极，促进销售。相反，有的商品不定价为9.8元，而定为10元，同样使消费者产生一种错觉，迎合消费者“便宜无好货，好货不便宜”的心理。

（2）声望性定价　此种定价法有两个目的：一是提高产品的形象，以价格说明其名贵名优；二是满足购买者的地位欲望，适应购买者的消费心理。

（3）习惯性定价　某种商品，由于同类产品多，在市场上形成了一种习惯价格，个别生产者难于改变。降价易引起消费者对品质的怀疑，涨价则可能受到消费者的抵制。

上面几种价格策略是企业在利用网络营销拓展市场时可以考虑的几种比较有

效的策略，但并不是所有的产品和服务都可以采用上述定价方法，企业应根据产品的特性和网上市场发展的状况来决定定价策略的选择。

项目小结

企业进入网络营销市场的主要目的是占领市场，求得生存发展的机会，然后才是追求企业的利润。目前网络营销产品的定价一般都是低价甚至是免费，以求在迅猛发展的网络虚拟市场中寻求立足机会。企业在这个网络市场上的定价可以采用双盈的定价策略，即通过互联网技术来降低企业、组织之间的供应采购成本，并共同享受成本降低带来的双方价值的增值。

价格策略是市场营销策略体系中的主要支柱之一。本项目阐述了网络营销定价的内涵和特点，以及网络营销定价方法和策略。

关键概念

1. 需求导向定价　Demand - oriented Pricing
2. 定制生产定价策略　Customization Pricing Strategy
3. 竞价拍卖　Bid Auction
4. 免费定价策略　Free Price Strategy
5. 定制定价策略　Custom Pricing Strategy

复习思考题

1. 简述定制定价策略及其使用方法。
2. 简述拍卖竞价策略的方式。

实践与训练

1. A公司是一个以销售婴幼儿商品为主的企业，近日公司决定开展网络营销，请为该公司产品网络定价设计一套方案，注重考虑如何定价才能更吸引顾客。

2. 了解竞价拍卖的定义模式等，分别比较淘宝和易趣竞价拍卖的区别。

3. 登录五家网上商场性质的网站，统计并分析它们是如何对同一种商品在不同地区间销售的，价格采用何种方式，提出你的意见。

案例分析

亚马逊书店无疑是电子商务发展的里程碑，它创造性地进行了电子商务中每一环节的探索，包括系统平台的建设、程序编写、网站设立、配送系统，等等。

1994 年，Web 网页吸引了全球网虫的目光。时任 BankerTrust 公司最年轻的副总裁 effrey Bezos 看到了在线商场的广阔发展前景。Bezos 当时提出了 20 种他认为适合于虚拟市场销售的商品，包括图书、音乐制品、杂志、PC 硬件、PC 软件等。最后，在图书和音乐制品中，他选择了图书。Bezos 辞去副总裁的职位，把家搬到西雅图，招聘了四名程序员，就在自己的车库里开始为 Amazon 编写程序。他为自己的公司起名“Amazon”，是希望它能够像亚马逊河一样勇往直前（后来，“车库公司”成了高科技创业公司的一个象征）。1995 年 7 月，Amazon 卖出了第一本书。作为一家虚拟商店，Amazon 每周 7 天，每天 24h 营业。顾客可以通过书名、作者、主题或关键词，在 Amazon 的数据库中查找自己想要的书。如果顾客决定购买哪一本，就可以在线填写一份订单，指出要何种版本、包装方式、送货方式、付款方式等。Amazon 通知出版或图书分销商将顾客购买的书送到 Amazon 在西雅图的库房，包装好后发货。一般情况下，顾客下订单以后 5 天内可以拿到书。

正确的经营思想和经营方式使得 Amazon 公司在短短的几年内迅速成长。1996 年 6 月，Amazon 营业额达到 220 万美元，当年年底达到 840 万美元；1997 年达 1.48 亿美元，预计 1998 年将达 2.88 亿美元，1999 年达到 3.25 亿美元并且实现盈利。虽然 Amazon 在开业以后很短的时间内取得营业收入的高速增长，但是其盈利情况并不理想。主要是因为下述原因：首先，因为零售业是一个利润非常微薄的行业，Amazon 雄心勃勃的发展计划使它进入新市场时必须保持高速运行，从而造成成本高昂，收益也因此难以获得。其次，Amazon 不得不花费数百万美元用于促销，以吸纳新的顾客。1998 年秋季，它每获得 1 美元的收益就要投入 24 美分。1999 年 Amazon 花 2 亿美元用于营销，比前一年增加 50%。而且 Amazon 为了吸引客户，大部分的书都有 10% 到 30% 的折扣。

与传统零售商相比的这种高投入以及高速发展，使 Amazon 一直处于亏损状态，能支持 Amazon 扩张并顺利运转的资金主要来源于两个渠道：一是 Amazon 只需要较低的存货成本。平均而言，有形书店需要保存四个月的图书存货，而 Amazon 可以只保持 15 天的库存量。所以 Amazon 资金的周转速度是有形书店的 8 倍。而且 Amazon 能够收到用信用支付的即时付款，这笔无息资金能供其使用一个月左右。1998 年，仅这笔无息资金就已超过 2500 万美元。出现这样一种差别的原因在于：技术上的优势使 Amazon 采用一种节省资金成本的商业模式成为可能。第二个原因：股票上市为其募集到资金并提高其知名度。1997 年 5 月 15 日，Amazon 公司在 NASDAQ 上市，上市价涨到 124 美元。拆股后，7 月 6 日又涨到每股 139.5 美元，即使在 1998 年 11 月 30 日互联网股票暴跌之后，Amazon 股票仍以每股 209 美元成交。12 月 18 日，Amazon 股份再次拆股。目前 Amazon 公司的市场价值已达 111 亿美元，是 Barnes&Nobel 市场价值的 6 倍。一路飙升的股价不但为 Amazon 提供了充足的资金来源，而且这种高高在上的股票价值也为 Amazon 获得更多随之而来的机会提供了支持。在线网络 CNET 公司的首席执行官哈尔西·迈纳说：“它的最大优势就是很多买他股票的人会买他的书。”

亚马逊是 2000 年 3 月最热门的网上零售目的地，共有 1480 万独立访问者，独立的消费者也达到了 120 万人。亚马逊当月完成的销售额相当于排名第二位的 CDNow 和排名第三位的 Ticketmaster 完成的销售额的总和。在 2000 年，亚马逊已经成为互联网上最大的图书、唱片和影视碟片的零售商，亚马逊经营的其他商品类别还包括玩具、电器、家居用品、软件、游戏等，品种达1800万种之多。此外，亚马逊还提供在线拍卖业务和免费的电子贺卡服务。

但是亚马逊的经营也暴露出不小的问题。虽然亚马逊的业务在快速扩张，亏损额却也在不断增加，在2000年第一个季度中，亚马逊完成的销售额为5.74亿美元，较前一年同期增长95%；第二季度的销售额为5.78亿，较前一年同期增长了84%。但是亚马逊第一季度的总亏损达到了1.22亿美元，相当于每股亏损0.35美元，而前一年同期的总亏损仅为3600万美元，相当于每股亏损为0.12美元；亚马逊2000年第二季度的主营业务亏损仍达8900万美元。分析其根源，是因为亚马逊没有采取差别定价。

（资料来源：http：//zhidao. baidu. com/question 187527557. html）

思 考 题

请分析亚马逊发展的主要策略，尤其是在定价方面的策略及其发展的弊端。

项目九　网络营销渠道

学习目标

- ◆ 熟悉网络营销渠道的特点与功能
- ◆ 掌握网络营销渠道的各种类型
- ◆ 掌握网络营销渠道中的渠道策略
- ◆ 了解网络营销中物流配送的特点

引　　例

在竞争异常激烈的市场中，对于后来者而言，最优先的战略往往是推出有特色、差异化的产品或服务，找到自己生存的根基。招商银行是这方面的典型代表。

招商银行原是一家年轻的区域性银行，无论是营业网点、人员数量，还是客户资源方面，都无法与其他大银行抗衡。但招商银行敢于大胆创新，充分利用信息技术，得以成功突破，成为中国金融业极富特色的企业。从最初推行的储蓄“一卡通”到电话银行，方便快捷和有特色的服务使招商银行的“一卡通”业务突破了营业网点的限制，很受大众欢迎，发卡量增长迅猛。互联网的发展令招商银行发现了一个新的金融方向——网上银行。随即招商银行推出了“一网通”服务，以后又陆续开通了“企业银行”和“网上支付”业务。“一网通”网上银行业务大大提升了招商银行在中国金融业的地位。

（资料来源：http：//www. cmbchina. com/）

思　考　题

网络营销渠道给招商银行带来了什么？

任务一　网络营销渠道概述

9.1.1　网络营销渠道的概念

网络营销渠道是借助互联网络将产品从生产者转移到消费者的中心环节。网络营销渠道能使生产企业直接面对消费者，将货物展现在他们面前，并回答有关产品的信息咨询，接受订单。

（1）建立交易平台　把产品图像、产品介绍、产品说明等信息用计算机进行设计，通过立体形象的声、影、形、色等虚拟的产品橱窗展现在网络用户面前，并且根据各国文化、季节等需要可以24h为各种客户提供服务。

（2）选择合适的销售代理　网络营销面对全球顾客，企业必须在各国建立相应的代理网点，以保证按时送货，销路畅通。

（3）网络营销与银行结算联网　开发网络结算系统，将网上销售的结算与银行转账系统联网，使消费者能够轻松地在网上购物、网上结算。

网络营销正在使营销渠道发生着变革。由于网络营销可不受地域和时间的限制，从而企业可不必借助批发商和零售商的营销努力来实现产品销售，只要网上客户有需求，企业就可以依其需求供货。强大的信息沟通能力大大提高了企业的反应速度，同时也改善了传统营销渠道的产销关系。

9.1.2　网络营销渠道的功能

与传统营销渠道一样，以互联网作为支撑的网络营销渠道也应具备传统营销渠道的功能。一个完善的网上营销渠道应有三大功能：订货功能、结算功能和配送功能。

（1）订货系统　订货系统为消费者提供产品信息，同时方便厂家获取消费者的需求信息，以求达到供求平衡。一个完善的订货系统，可以最大限度地降低库存，减少销售费用。

（2）结算系统　消费者在购买产品后，可以有多种方式方便地进行付款，因此厂家（商家）应有多种结算方式。目前国外流行的几种方式有：信用卡、电子货币、网上划款等。而国内付款结算方式主要有：邮局汇款、货到付款、信用卡、网上银行等。

（3）配送系统　国外已经形成了专业的配送公司，如著名的美国联邦快递公司（http：//www. FedEx. com），它的业务覆盖全球，实现全球快速的专递服务，以致于从事网上直销的Dell公司将美国货物的配送业务全部交给它来完成。近年来，我国物流行业发展得非常快，良好的专业配送服务体系为网络营销的实现提供了保障。

9.1.3　网络营销渠道的特点

1. 网络营销渠道的作用更为广泛　对于传统的营销渠道，除了生产者和消费者外，一般情况下还有许多独立的中间商和代理商存在。在这种情况下，商品或服务通过传统营销渠道完成了商品所有权的转移，同时也完成了商品实体或服务的转移。而网络营销渠道是借助互联网络将产品从生产者转移到消费者的中心环节，基本上不需要中间商和代理商（直接网络营销渠道），或只有一个电子中间商（网络间接营销渠道），商品或服务通过网络营销渠道完成了商品所有权的转移，也完成了商品实体或服务的转移。

与传统营销渠道相比较，网络营销渠道的作用得到了多方面的扩展。

（1）信息发布广　由于网络具有实时性和交换性的功能，网络营销渠道从过去传统营销渠道单向信息沟通变成双向信息沟通，企业的概况、经营活动及产品种类、规格、型号、质量、价格、使用说明等都可以通过这一渠道传递给用户。消费者可以直接向企业反馈信息，甚至不用见到真正的商品就可以购买。一些无形的商品，如实时的咨询服务、预约服务等，都可以通过网络营销渠道实现。每周 7 天，每天 24h，构成了 24 ×7 的全天候销售模式；而且对销售产品的数量几乎没有限制，查找产品及有关信息非常方便，这是传统营销渠道所不具备的优势。

（2）产品服务效率高　用户可以从网上直接挑选和购买自己所需要的商品并通过网络支付款项，整个交易过程在瞬间完成。

（3）商品配送更快捷　对于可以电子化的虚拟产品，如电子订票、信息服务、软件等，更是最快捷的物流传播渠道。

所以企业是否开展网络营销，绝不仅仅是标志一个企业的信息化水平和现代化程度的问题，更重要的是网络营销能够给企业带来实实在在的好处。最大限度降低渠道中的营销费用，提高效率，是销售成功关键因素之一。

2. 网络营销渠道的结构更加简单　传统营销渠道，按照有无中间商可以分为直接分销渠道和间接分销渠道。直接分销渠道是指由生产者把商品卖给用户的营销渠道。至少包括一个以上的中间商的营销渠道称为间接分销渠道。

网络营销渠道大大减少了传统分销渠道中的流通环节，有效降低了成本，实现了网络营销渠道的高效性。利用网上直接营销渠道，生产者可以根据顾客的订单按需生产，实现“零库存”。同时网上直接销售还可以减少过去依靠推销员上门推销的昂贵销售费用，最大限度地控制成本。

3. 网络营销渠道建设及管理费用更加低廉　网络营销渠道的结构和传统营销的结构相比，大大减少了流通环节，有效降低了成本。

通过网络的直接分销渠道销售产品，网络管理员可以从互联网上直接受理世界各地传来的订货单，然后直接把货物通过网络或者物流中心传递给购物者。这种方法所需的费用仅仅是网络营销人员的工资、网络直销平台的构建管理费用和极为便宜的上网费用。而这些费用相对于传统营销渠道中的人员差旅费和仓库租赁费等支出来说是非常少的。

通过间接的分销渠道销售产品，必须要有中介机构，而且中介机构往往不止一个。中介机构越多，流通费用越高，产品竞争能力也就在其流通过程中逐渐减弱或消失。而中介机构少，则流通的范围及速度就会降低，产品的销售及分销速度就会受到影响。

9.1.4 网络营销渠道建设

由于网上销售对象的不同，网上销售渠道是有很大区别的。一般来说，网上销售主要有两种方式，一种是 B2B（企业对企业）的模式，这种模式每次交易量很大、交易次数较少，并且购买方比较集中，因此网上销售渠道的建设关键是建设好订货系统，方便购买企业进行选择。由于企业一般信用较好，通过网上结算实现付款比较简单；另一方面，由于量大次数少，因此配送时可以进行专门运送，既可以保证速度，也可以保证质量，减少中间环节造成的损伤。第二种方式是 B2C（企业对消费者）模式，这种模式的每次交易量小、交易次数多，而且购买者非常分散，因此网上渠道建设的关键是结算系统和配送系统，这也是目前网上购物必须面对的门槛。

在具体建设网络营销渠道时，还要考虑到以下几个方面：

（1）从消费者角度设计渠道　只有采用消费者比较放心，容易接受的方式才有可能吸引消费者网上购物，以增强消费者网上购物的安全感。

（2）设计订货系统要简单明了　不要让消费者填写太多信息，而应该采用现在流行的“购物车”方式模拟超市，让消费者一边看物品比较选择，一边进行选购。在购物结束后，一次性进行结算。

（3）多种结算方式　在选择结算方式时，应考虑到目前实际发展的状况，应尽量提供多种方式方便消费者选择，同时还要考虑网上结算的安全性。对于不安全的直接结算方式，应换成间接的安全方式，如 8848 网站将其信用卡号和账号公开，消费者可以自己通过信用卡终端自行转账，避免了网上输入账号和密码被丢失的风险。

（4）建立完善的配送系统　消费者只有看到购买的商品到家后，才真正感到踏实，因此建设快速有效的配送服务系统是非常重要的。

9.1.5 传统营销渠道与网络营销渠道比较

1. 功能分析　与传统营销渠道一样，以互联网作为支撑的网络营销渠道也应具备传统营销渠道的功能。但是，传统营销渠道的功能是单一的，它仅仅只是商品从生产者向消费者转移的一个通道。网络营销渠道的功能则是多方面的，首先，网络营销渠道是信息发布的渠道，企业的概况和产品的质量、种类、价格等，都可以通过这一渠道告诉用户。其次，网络营销渠道是销售产品、提供服务的便捷途径，用户可从网上直接选购自己所需的商品，并通过网络支付款项。第三，网络营销渠道是企业间洽谈业务、开展商务活动的场所，也是进行客户技术培训和售后服务的途径，并且还是与用户进行交流的通道。

2. 结构分析　传统营销渠道根据中间商数目的多少，将营销渠道分为若干级别。网络营销中只有一级分销渠道，即只存在一个电子中间商来沟通买卖双方的信息，而不存在多个批发商和零售商的情况。

传统的间接分销渠道销售产品必须依靠中介机构，网络的间接分销渠道完全克服了传统间接分销渠道的上述弱点。

3. 费用分析　在网络营销中，无论是直接分销渠道还是间接分销渠道，较之传统营销的渠道结构都大大减少了流通环节，有效地降低了交易成本。

通过传统的间接分销渠道销售产品，必须依靠中介机构，而且产品由生产单位流转到最终用户手中，中介机构常常不止一个。中介机构越多，流通费用就越高，产品的竞争能力也就在这种流转过程中逐渐丧失了。

网络的间接分销渠道完全克服了传统间接分销渠道的这一弱点。网上商品交易中介型电子商务网站，完全承担起信息中介机构的作用，同时也利用其在各地的分支机构承担起批发商和零售商这类传统中间商的作用，网上商品交易中心合并了众多的中介机构使其数目减少到一个，从而使商品流通的费用降低到最低限度。

在网络营销组合策略中，销售渠道策略与产品策略、定价策略等一样，是关系到企业能否成功地通过网络将产品打入市场、扩大销售的重要策略。

任务二　网络营销渠道分类

网络营销渠道的选择是整个市场营销组合策略的重要组成部分，合理的网络营销渠道，一方面可以最有效的把产品及时地提供给消费者，满足用户的需要；另一方面也有利于扩大销售，加速物资和资金的周转速度，减少营销费用。网络营销的渠道可以分为网络直销、网络间接营销、网络直销与间接营销并用的双道法。

9.2.1　网络直销渠道

网络直销渠道是指生产商通过网络销售渠道直接销售产品。目前通常的做法有两种：一种是企业在互联网上建立自己的网站；另一种做法是企业委托信息服务商在其网站发布信息，企业利用有关信息与客户联系，直接销售产品。

1. 网络直销渠道的优点

（1）促成产需直接沟通　企业可以直接从市场上收集到真实的第一手资料，合理安排生产。

（2）实现买卖双方双盈　由于网络营销使企业的营销成本大大降低，从而使企业能够以较低的价格销售自己的产品。同时，消费者也能够买到大大低于现货市场价格的产品。

（3）扩大市场份额　营销人员可以利用网络工具，如电子邮件、公告牌等，随时根据用户的愿望和需要，开展各种形式的促销活动，迅速扩大产品的市场份额。

(4) 提高产品质量，改善企业经营管理　网络直销使企业能够及时了解用户对产品的意见、要求和建议，从而使企业针对这些意见、要求和建议向顾客提供技术服务，解决疑难问题，提高产品质量，改善企业经营管理。

2. 网络直销渠道的缺点

访问者寥寥无几，销售数额小　由于越来越多的企业和商家在互联网上建立网站，面对大量分散的域名，网络访问者很难有耐心一个个去访问一般的企业主页，大部分网站访问者寥寥无几，销售数额不大。

从近几年国外的发展情况来看，虽然几乎每个企业在网络上都有自己的站点，但绝大多数企业仍然委托知名度较高的信息服务商，如委托美国的邓白氏、日本的帝国数据库等发布信息。由于这些信息服务商知名度高、信誉好、信息量大，用户一旦查找到企业信息或商品信息便会自然想到利用它们，因此检索访问的人数非常多。我国在这方面刚刚起步，比较出色的是外经贸部的 MOFTEC 网站。这个网站于 1988 年 3 月正式开通，同年 6 月迅速跃居互联网上中国经贸信息发布之首，每天访问人数稳定在 15 万人次以上。

9.2.2　网络间接营销渠道

为了克服网络直销渠道的缺点，网络商品交易中介机构应运而生。中介机构成为连接买卖双方的枢纽，使网络间接销售成为可能，中国商品交易中心、商务商品交易中心、中国国际商务中心等都属于此类中介机构。

从经济学的角度分析，网络商品交易中介机构的存在之所以成为必然，有以下三个基本原因：

1. 简化了市场交易过程　假设市场上只有三个生产者和三个消费者。在没有网络商品中介机构的情况下，则一个生产企业想要销售自己的产品，需要面对三个消费者，或者说一个消费者要想买到需要的商品时，也需要面对三个生产企业。如果在生产者和消费者之间增加一个中介机构，发挥商品交易机构集中、平衡和扩散三大功能，则每个生产者只需通过一个途径（中介机构）与消费者发生交易关系，每个消费者也只需通过同一个途径与生产者发生交易关系。由此可见，网络商品交易机构的存在，大大简化了交易过程，使生产者和消费者都会感到满意和方便，其效果十分明显。

2. 使交易活动常规化　在传统的交易活动中，价格、数量、运输方式、交货时间和地点、支付方式等，每一个环节都可能使交易失败。网络商品交易中介机构可以全天候地常年运行，避免了时间上和时差上的限制；买卖双方的意愿通过固定的表格统一、规范地表达，避免了相互推诿；中介机构所属的配送中心分散在全国各地，可以最大限度地减少运输费用；网络交易严密的支持程序，使买卖双方彼此增加了信任感。

显然，由于网络商品交易中介机构的规范化运作，减少了交易过程中大量的不确定性因素，降低了交易成本，提高了交易成功率。

3. 简化买卖双方的信息收集过程　在传统的交易中，买卖双方都卷入了一个双向的信息收集过程。这种状况既要付出费用也要承担一定的风险。信息来源的局限性使生产者不能确定消费者的需要，消费者也无法找到它所需要的商品。网络商品交易中介机构的出现改变了这种状况，为信息的收集过程提供了便利。网络商品交易中介机构本身是一个巨大的数据库，其中聚集了全国乃至全世界的众多厂商，也汇集了成千上万种商品。这些厂商和商品实行多种分类，可以从各个不同的角度进行检索。买卖双方完全可以在不同的地区、不同的时间，在同一个网址上查询不同的信息，方便地交流不同的意见。在中介机构的协调下，匹配供应意愿和需求意愿。

9.2.3　双道法

在西方众多企业的网络营销活动中，双道法是非常常见的方法，是企业网络营销中非常有效的渠道策略。双道法是指企业同时使用网络直接销售渠道和网络间接销售渠道，以达到销售业绩最大的目的。在买方市场条件下，通过两条渠道销售产品比通过一条渠道更容易开拓市场。

企业在互联网上建站，一方面为自己打开了一个对外开放的窗口，另一方面也建立了自己的网络直销渠道。事实也充分证明，国外亚马逊书店，国内海尔集团的实践，都说明企业上网建站大有作为，建站越早，受益越早。不仅如此，一旦企业的网页和信息服务商链接，例如与外经贸部政府网站 MOFTEC 链接，其宣传作用更不可估量，不仅可以覆盖全国，而且可以传播到全世界，这种优势是任何传统的广告宣传都不能比的。对于中小企业而言，网上建站更具有优势，因为，在网络上所有企业都是平等的，只要网页制作精美，信息经常更换，一定会有越来越多的顾客光顾。

在现代化大生产和市场经济条件下，企业在网络营销活动中除了自己建立网站外，大部分都是积极利用网络间接销售渠道销售自己的产品，通过中间商的信息服务、广告服务和撮合服务扩大企业的影响，开拓企业产品的销售空间，降低销售成本。

在选择电子商务中间商时，必须考虑成本、信息、覆盖、特色、连续性五方面的因素。这五方面的因素可以称之为网络间接营销的五大关键因素，也称为“5C”因素。

1）成本（Cost）。成本是指用于中间商信息服务时的支出。这种支出可分为两类：一类是在中间商网络服务站建立主页的费用，另一类是维持正常运行时的费用。

2）信用（Credit）。这里的信用是指网络信息服务商所具有的信用程度的大小。相对于其他基本建设投资来说，建立一个网络服务站所需的投资较少。目前，我国还没有权威性的认证机构对这些服务商进行认证，因此在选择中间商时应注意他们的信用程度。

3）覆盖（Coverage）。覆盖是指网络宣传所能够波及的地区和人数，即网络站点所能影响的市场区域。对于企业来讲，站点覆盖并非越广越好，而是要看市场覆盖面是否合理、有效，是否能够最终给企业带来经济效益。在这一点上非常类似于在电视上做广告。例如，“短腿”产品（如啤酒）在地区性电视台做广告的效果较好；而“长腿”产品（如药品）则非常适合于在全国性电视台做广告。

4）特色（Character）。每一个网络站点都要受到中间商总体规模、财力、文化素质、服务态度、工作精神的影响，在设计、更新过程中表现出各自不同的特色，因而具有不同的访问群（即顾客群）。因此，企业应当研究这些顾客群的特点、购买渠道和购买频率，为选择不同的电子商务交易中间商打下一个良好的基础。

5）连续性（Continuity）。网络发展的实践证明，网络站点的寿命有长有短。如果一个企业想使网络营销持续稳定地运行，那么就必须选择具有连续性的网络站点，这样才能在消费者中建立品牌信誉、服务信誉。为此，企业应采取措施，密切加强与中间商的联系，防止中间商把别的企业的产品放在经营的主要位置。

任务三　网络营销渠道策略

9.3.1　网络营销渠道的效用

网络营销渠道在营销过程中可以创造以下三种效用：

1）时间效用。网络营销渠道能够解决商品产需在时间上不一致的矛盾，保证了消费者的需求。

2）地点效用。网络营销渠道能够解决商品在空间上不一致的矛盾。

3）所有权效用 。网络营销渠道能够实现商品所有权的转移。

网络市场使网络营销渠道的三种作用得到了进一步的加强。在时间和空间上，它使产需不一致的矛盾得到了较为有效的解决，消费者在家中能以较快的时间获得所需的商品。商家也能在较短的时间内，根据消费者的个性化需要进行生产、进货，并在最近的地点，以最小的费用将货物送到消费者手中。

9.3.2　影响网络营销渠道选择的因素

影响网络营销渠道选择的因素主要有：

1）目标市场。目标市场的状况如何是影响企业营销渠道选择的重要因素，是企业营销渠道决策的主要依据之一。市场因素主要包括：目标市场范围的大小及潜在需求量，市场的集中与分散程度，顾客的购买特点，市场竞争状况等。

2）商品因素。由于各种商品的自然属性、用途等不同，其采用的营销渠道也不相同。商品因素主要包括：商品的性质，商品的时尚性，商品的标准化程度和服务，商品价值大小，商品市场寿命周期等。

3）生产企业本身的条件。生产企业本身的条件主要包括：企业的生产、经营规模，企业的声誉和形象，企业经营能力和管理经验，企业控制渠道的程度等。

4）环境因素。环境因素指企业的内部环境及外部环境等因素。

9.3.3 网络营销渠道策略的选择

企业在确定了目标市场，并对影响营销渠道决策的各种因素进行分析后，接下来就需进行营销渠道的选择。

1）直接营销渠道策略和间接营销渠道策略选择。直接营销渠道一般适合于大宗商品及生活资料的交易。间接营销渠道一般适合于小量商品及生产资料的交易。

2）长渠道策略和短渠道策略的选择。长渠道策略的优点：一是批发商的介入，利用其经营的经验和分销网络，既为零售商节省时间、人力和物力，又为厂商节省营销费用；二是能够提供运输服务和资金融通；三是组织货源，调节供需在时间和空间上的矛盾；四是为生产企业提供市场信息和服务。缺点：经营环节多，参加利润分配的单位多，流通时间长，不利于协调、控制。

采用短渠道策略的条件：一是有理想的零售市场，即市场要集中在顾客流量大的区域，市场潜在需求量大；二是产品本身的特殊性，如时尚商品、易损易碎商品、高价值商品、技术性强的商品等；三是生产企业有丰富的市场营销经验；四是财力资源较为雄厚。

3）宽渠道和窄渠道策略的选择。营销渠道的宽窄是以渠道的横向联系来考察的，即在渠道的某一层次上使用同种类型中间商的数目，其多少构成渠道的宽度。一般的分类标准是指商品生产者在某一特定目标市场某一层次上（如批发或零售），选择两个以上中间商销售本企业的产品称为宽渠道，只选择一个中间商的称为窄渠道。企业对营销渠道宽窄的选择策略通常有密集型分销渠道策略、选择型分销渠道策略、专业型分销渠道策略之分。

9.3.4 网络营销与传统营销的渠道组合策略

企业在实际营销过程中，经常采用网络营销与传统营销渠道组合策略。那么，到底应该如何将两种渠道策略进行组合呢？主要有以下三方面：

1）全方位的营销目标管理。当制造商面对市场竞争准备实施全面的营销战略时，树立超级目标进行全方位的目标管理是团结各成员的关键。全方位营销目标管理的内容主要包括渠道控制、市场定位、顾客服务等。在渠道出现冲突时，应以超级目标为纲领，而共同实现超级目标的现实利益的存在，有助于冲突解决。

2）合理的渠道设计。合理的渠道设计包括：进行网络营销的创新性设计，构造合理的新型营销渠道。进行促销方案的设计时，需对具体的促销形式、人力与资金的投入、地域分布等进行设计。进行网络渠道与传统渠道各层次间的整体匹配设计，有助于提高整体的协调性，避免资源过度浪费。

3）构建有效的渠道沟通机制。渠道成员之间的相互沟通可以有效解决由于认识和观念上的不一致而导致的渠道冲突。构建有效的渠道沟通机制，通过一系列沟通措施，包括进行必要的人员交流，制造商对分销进行培训等，来强化其主观认识的趋同性，降低上述各种差异导致的渠道冲突。

9.3.5　网上订货、运货与管理

1. 订货系统与订货信息管理　最简单的网上销售形式是在企业网络的产品页面上附有订单。如果浏览者对产品比较满意，则可以直接在页面上下订单，然后付款、供货，完成整个销售过程。另一种重要的形式是正在兴起并蓬勃发展的网络商城。网络商城与现实世界中的商城一样，聚焦了来自多个厂商的产品，供消费者选择。

(1) 订货系统　为了减少顾客订货时的麻烦，提高订货的易操作性，应该充分利用网络的记忆能力。因此，网上企业在设计订单系统时，一定要记住一个原则：订单的设计要尽可能地减少顾客的劳动，尽可能地方便、易操作。当商品种类较少（1～3 种）时，则可以直接把订单放在产品页面上。顾客需要购买时，只需输入购买数量，单击“提交”（Submit）按钮即可。当商品种类很多时，为了使顾客订货和购物方便，应采用“购物车”（Shopping Cart）的技术。购物车是一种更为高级的商品目录，它的功能更强，能使人们更简单、方便地在目录中选择所需要的商品，使购物过程非常容易操作，从而能够促进商品的推销。

网上购物车与现实中的购物车相类似，不过使用网上购物车更方便。创建购物车时，只要单独设置一个产品网页即可。这个页面的上半部分是一个包括数量输入框的产品目录，当需要购买某件货物时，只要在相应的输入框中输入所需要的数量，然后单击“放入购物车”（Place in Cart）按钮即可。创建购物车是一种比较复杂、困难的任务，这里只需了解一下它的基本功能。购物车的功能键中，“查看购物车中的内容”（View Shopping Cart Contents）按钮，可使顾客随时查看购物车是否太满（即是否超出预算）。如果交款之前突然改变主意，不想购买了，或想将一些货物放回货架，这时只需单击“清空购物车”（Empty Shopping Cart）按钮即可。

当然，为了使顾客更详细地了解产品，还可以为每个产品设计一个页面，在此页面上提供详细的产品信息；或者在产品目录上设置链接，让需要更详细地了解产品的顾客导航到包含有关详细信息的页面。根据前述，网上订货系统设计时应注意如下问题：

1）产品页面上附有订单。这是一种方便顾客操作的办法。产品页面上不仅要提供关于产品性能、使用方法等信息，还应给出产品价格、库存、总订货量等外围信息。

2）货物告知功能。另外，最好能链接到公司的库存数据库，以便让顾客知道他所订购的货物是否还有库存。公司最好能够宣称“保证数量，24h 内送达”。

3）自主选择运输方式。在让顾客选择不同类型的运货方式时，一定要包括运费和相关的税收等信息。

（2）订货信息管理。做好订货信息管理，首先必须重视顾客的订单信息，其含义不仅仅是将什么发送给谁。订单所包括的数据信息可用于市场分析、促销、客户关系的维护、库存控制等。订单数据通常由顾客所采购的商品、运送商品的方式和地点以及付款信息组成。

在订单数据的管理中，应该特别重视有关客户机密的安全问题。因此，必须采取维护客户机密的措施。首先，要尊重客户机密；其次，要保护好客户信息；第三，要得到客户同意，才能发布客户信息；第四，将客户准许作为客户数据库中单独的一个字段来记录；第五，使用准许字段来筛选给第三方发布的记录，使报表不含未经准许的客户记录；第六，即使客户准许，也不要将客户信息完全公开，而且只能把数据库发布给请求数据并合法使用的第三方。

2. 网上运货的管理

（1）网上运货　客户完成订货，这只是在网上交易的一部分工作，另外的工作就是由公司把商品发给客户。在网络营销中，货物的运送有两种形式，一是对于那些可以直接在网络上传送的产品，可直接通过网络传送；二是对于不可以直接用网络传送的实体性商品，仍要采用传统的送货方式。在货物的运送过程中，如果出现已订购的产品由于各种原因未运送的情况，这将会对公司的信誉造成毁灭性的影响，一定要避免。出现这种情况可能是由于库存不足或尚未到货、供应商在发送中出现了问题、订单被忽略或丢失、包裹在运送过程中丢失等原因造成的。确保订单的按时兑现、出现问题能及时处理，是关系到企业声誉和维护与顾客关系的关键。为此，必须作好库存跟踪和订单跟踪。

（2）库存跟踪　网络站点有助于库存跟踪，它可以跟踪订单，并更新数据库记录，还能显示库存状况和库存是否已空。通常可将数据库与站点之间直接连接，这样结合订单信息就可以不断地更新数据库，使数据库信息同步显示市场状况。通过程序可以及时地检查库存水平、运行报表，并列出更新进货后以满足需求或还未满足需求的商品，以及在必要时应补充或减少的库存货物。

（3）订单跟踪　虽然采取了种种措施，有时一些偶然事情还是可能会发生，如订单可能会丢失、放错地方或者被遗忘。越是好的企业，订单就会越多，这种偶然事件发生的概率就越高。为了确保订单能够尽快处理和发货，最好的办法就是创建追踪订单信息的数据库，以便快速提升有关订单及其状态的信息。创建的数据库的报表可包括以下内容：已收到的新订单，延期的订单（库存不足，等待付款等），在一定时间后已实现的订单。此外，还可允许用户查询他们的订单、接取订单的最新状态以及有关订单的任何问题。

项目小结

网络营销渠道策略是指企业在 Internet 环境下，对各种营销渠道模式的选择和组合。建立一个开放的、高效的、适合市场竞争机制的企业新的营销渠道体系和模式，有利于企业的健康发展。本项目主要介绍了网络营销渠道的概念、功能、特点等，网络营销渠道的分类，以及网络营销渠道策略的实施等内容。

关键概念

1. 网络营销渠道　E - Marketing Channel
2. 网络直销渠道　E - Marketing Direct Channel
3. 网络间接营销渠道　E - Marketing Indirect Channel
4. 双道法　Dual - Channel Method
5. 物流配送　Distribution

复习思考题

1. 网络营销渠道有哪些?
2. 网络营销渠道的特点是什么?
3. 网络营销渠道的功能是什么?

实践与训练

试设想一个全新的分销渠道分销以下产品：A. 纪念章 B. 邮票 C. 汽车。

案例分析

根据历年财富 500 强企业行业分布和收入比重，500 强企业中零售企业数量所占比重均达到 10%，成为仅次于金融行业（包括银行、保险等子行业）的第二大行业，其销售收入占 500 强收入比重也呈现稳步攀升的势头。这不仅昭示着零售企业良好的成长性，同时也表明零售这一商业资本在商品经济中的核心地位。

具体分析沃尔玛的盈利模式和扩张情况，我们看到其盈利模式是“吃供销差价”，也是上下游“两头吃”的模式，即利用渠道对上下游的控制力，尽力压低采购价和抬高销售价同时进行，拉大购销价差。而其能够“两头吃”，所依托的仍然是强大的销售终端资源，并通过对渠道资源的垄断获得了超额利润。

作为全球最大的连锁零售商，沃尔玛在食品、影像制品、日用品、药品等的美国市场销售份额已占到15%～30%，在露华浓、宝洁、戴尔等公司产品的销售中也占到20%～30%的份额，而且一些产品的销售价数倍于采购价。

沃尔玛在美国大多数消费品公司所做生意中控制着很大的份额，是美国各大知名企业（迪斯尼、宝洁、卡夫、露华浓、吉列等）最大的顾客，比如通过沃尔玛销售的露华浓、Clorox、Del monte Foods、戴尔等公司产品的销售额约占这些公司总销售额的25%。与此同时，沃尔玛也是全美最大的生鲜食品、成衣、玩具、清洁剂、运动用品、电玩、枪支、钻石、CD、VCD、狗食、寝具、牙膏的销售商，其销售的日用品所占市场份额高达30%。它还是美国最大的照片冲洗店、眼镜店和不动产开发商。

伴随着沃尔玛连锁网络规模的日趋扩大，其历年的收入及业绩增长状况和一些商品的采购价和零售价的差价显示，其对供应商及消费者的控制力也越来越大。2004年，其一天的营业额比36个国家的GDP总和还要多，并成为全美21个州最大的雇主，雇佣人数比美国军方还要多。

从沃尔玛在几个产品上的购销差价也可以看到，其对上下游的控制力已达登峰造极的地步。比如跳舞毯的销售价约是采购价的5倍，玩具吉普车销售价约是采购价的8倍。

正是借助销售网络优势，沃尔玛业绩自其上市以来保持年均15%以上的增速。而随着整体规模的扩大，沃尔玛的盈利能力持续提高，销售毛利、净利润也稳步提高，2004年净利润高达90余亿美元。

而从沃尔玛历年的扩张情况看，在美国本土市场，近10年来沃尔玛折扣店大幅收缩，从1994年的1950家减少到2004年的1478家，但超市快速扩张，店铺数由1994年的72家猛增到2004年的1471家；在海外市场，沃尔玛也保持了相当快的扩张速度，国外门店由1994年的24家增长到2004年的1355家。

（资料来源：http：//www. wal－martchina. com）

思　考　题

1. 沃尔玛实现盈利的主要模式是什么？
2. 从案例中我们可以发现网络营销渠道有何重要性，请结合实际分析。

项目十　网络营销服务策略

学习目标

- ◆ 了解服务的发展三阶段
- ◆ 了解网络营销服务优势
- ◆ 理解顾客的需求层次
- ◆ 掌握网络营销服务分类和特点
- ◆ 掌握FAQ的设计和使用

引　例

据中新社报道，只要提供你所喜欢的明星照片或风景照片，你就可以在网上定制一些含有该照片内容的T恤、茶杯、枕头等日常生活用品。一家网站最近推出网上个性化产品定制服务，受到年轻网民的青睐。

个性化定制网站针对每个人的不同需求，为其提供独一无二的礼品、用品。买方可以获得自己喜爱的个性化用品，卖方可以出售自己的创意，网站则充当个性化的电子商务平台，这就是个性化定制网站的商务模式。

1. 个性化定制服务满足网民的个性需求　据了解，提供个性化定制服务的网站近来纷纷登台亮相。这些网站将网友喜欢的照片与产品结合，制作出个性化的产品。

中国秀客网就是一家提供个性化产品定制服务的商业网站。该网站市场部的负责人郭昱表示，他们将致力于通过互联网为用户提供全面的个性化产品体验。

中国秀客网通过可简易操作的在线DIY工具，吸引许多用户加入到个性化产品定制中。中国秀客网已经建立了一个功能多元化、使用简单化、生产互动化的个性化产品定制平台，它将互联网用户的个性化需求释放到传统的生产制造业中，让用户享受到各种类别的个性化定制服务。

郭昱认为，中国秀客网的最大特点就是支持“秀客”自主上传个性化的图片来丰富自己的秀空间，鼓励秀客用自己喜爱的图片来定制个性化产品，每个秀客都可以成为签约设计师，还能从图片分成中获取长期性的收益。

郭昱说：“很多网民都有自己的个性，通过定制个性化产品也是为了表现自己和别人不一样的一面。有一个四十多岁的女士，就把自己的个人信息放在她定制的T恤上，很有创意和激情。有的网民把自己喜欢的明星放在T恤或者茶杯上，这是一种表达情感的方式。”

2. 个性化服务的业务范围在不断扩大　其实，像中国秀客网这样提供个性化定制服务的网站还有很多，比如 WHATOK 网，它提供个性化礼品定制服务，你可以用自己的照片做一张个性拼图，作为最特别的礼物送给你的爱人、朋友、家人等。

第八乐园也是一个提供个性化定制服务的网站，这家网站的特点是把个性化定制服务做得更细致，像个性化鼠标垫、胸章、CD、贺卡、明信片等都是他们的服务范围。喜欢网游的网友可以选择定制游戏中的人物作为自己的个性鼠标垫，该网站的一款名为“魔兽世界”的鼠标垫就很有个性。此外，第八乐园还可以为你提供服装定制服务，只要你想得出任何款式的服装，第八乐园都能满足你的个性化需求。

随着博客的发展，博客作者出书已不是新鲜事了。我们在书店里可以看到有的博客作者已经用自己博客的内容出书了，像徐静蕾、潘石屹等。有的网民表示，名人可以用博客内容出书，他们为什么就不能？但普通的网民们要去印刷、出版不切实际。不过，现在普通的网民们可以通过另一种方式实现自己的“出书”愿望了。目前，网上开始出现为普通网民提供印刷服务的网站，只是他们的印刷不包括出版。

在国内最早提供印刷服务的网站是“超印速”，它不仅仅为普通的博客作者提供印刷服务，所有的网民都是它的服务对象。只要提供你收集的文章和图片，它都可以帮你印刷成册。印刷一本 200 页的平装版的书，只要 44 元左右，5 天之内书就可以送到你的手上，这样个性的服务确实十分吸引人。网友“笑傲江湖”发表评论说：“随着博客时代的到来，个人出书也越来越现实了。现在一本书也可以给你出，创意真挺不错的，‘超印速’适应了如今个性化时代的需求。”

3. 网上个性化服务市场很大　当记者问到“在网上提供个性化定制服务有多大的发展空间”的时候，中国秀客网的负责人郭昱表示，个性化定制服务的市场空间还很大，他们很有信心。

提供个性化定制服务的网站的一个重要特点是，他们的图片完全来源于网友的原创，而这些图片的再利用则可为网友及网站带来经济收益，也就实现了“贩卖创意”。郭昱说：“我们私下聚餐或玩乐的时候就会有很多很有意思的画面，我们的工作人员都把这些画面拍下来，传到网上再制作成产品也是一种创意的体现。所以，我们的创意平台也广泛收集众多网友的创意图片，目的也是让他们每个人都成为设计师，这样他们就有创作的积极性。因为网友的创意是无穷无尽的，所以像我们这样的网站还有很大的发展空间。”

不过，值得一提的是，网民在设计个性化产品的时候，一定要明确图片资料必须通过合法渠道获得，因为提供个性化定制服务的网站往往是以赢利为目的的商业网站，一不小心就可能涉及到侵权问题，如明星肖像权和图片著作权等。

（资料来源：通信信息报，http：//www. sina. com. cn）

思　考　题

该案例对你有何启示？

任务一　网络交易分析

10.1.1　个性化服务的概念

1. 个性化服务内涵　个性化服务（Customized Service）也叫定制服务，就是针对不同顾客提供不同的服务，来满足顾客对服务的不同需要。一般来说，个性化服务主要包括以下三个方面：

（1）服务时空的个性化　网络市场是一个全球化的市场，企业的目标顾客可能分布在世界各地。因此，其提供的服务必须跨越空间上的界限，真正为世界上的任何一个顾客提供个性化的服务。另外，随着顾客分布的全球化，以及顾客的生活方式和工作环境的不同，顾客可能在任何时间提出要求，这也需要企业在个性化服务中必须突破时间上的界限。

（2）服务方式的个性化　在网络顾客服务中，服务的工具多种多样，企业必须根据顾客的个人喜好来提供不同的方式。例如，有些顾客喜欢通过企业网站得到所需的服务，而另一些顾客可能更喜欢通过 E－mail 来获得所需服务，甚至一些顾客更喜欢通过传统方式得到服务。企业只有根据顾客的不同需要，提供不同的服务方式，才能真正做到个性化的顾客服务。

（3）服务内容的个性化　由于顾客对服务需求的不同，企业在提供服务时的服务内容也不尽相同。例如，亚马逊网上书店，可以根据不同的顾客在网页中显示带有顾客姓名的问候和导购提示。内容的个性化在顾客的个性化中是最重要的，服务内容的优劣直接影响到个性化服务的好坏。

总之，无论何种服务其内涵都是相同的。随着经济的转型，时代的变迁，服务的形式、服务的内容都发生了巨大变化。传统的销售服务具有由企业到顾客或由顾客到企业的单向特征，受地理位置和时间间隔限制。信息时代服务成为企业的重要竞争手段和盈利手段。企业应从社会利益和消费者长远利益出发，注重企业的经营与社会、市场和消费者的适应性，注意研究顾客需求的多样性和变化性。现代顾客需要的是个性化的服务，网络为顾客提供了全天候、即时、互动等全新概念的工具。这些性质迎合了现代顾客个性化的需求特征，所以，越来越多的企业将网络顾客服务整合到企业的营销计划之中，使网络营销界渐渐兴起了顾客服务浪潮。实际上网络是建立“一对一”顾客服务关系的优秀工具，所以这种浪潮的出现势在必行。互联网的虚拟性使网络营销服务可以突破传统时空限制，因此，网络营销服务的重要性日渐突出，也势必成为企业竞争中新的热点。

2. 服务的发展阶段　随着经济社会生产方式的变化，企业为顾客提供的服务经历了“个性化服务—大规模营销服务—个性化服务”三个发展阶段。

（1）前大众传媒、大众营销时代的个性化服务　在工业尚不发达的20世纪初期，在商家为顾客提供的服务中，不发达的小规模个性化服务占很大比例。例如，某些区域性、小范围的小百货店和日杂店等，它们一般为某一特定范围的顾客提供服务。由于顾客少，购买地点相对集中，店主比较熟悉各位顾客的消费习惯和偏好，因此，他在组织货源时不会引入人们不需要的物品，会根据顾客的习惯和偏好进货。在客户购买时，他也会根据这位客户的偏好和习惯向他推荐商品，同时收集顾客的反馈意见，以补充或调整产品的数量和种类，以此取得顾客的信任，建立顾客对其产品的忠诚。此时的零售店主自发地进行着较低级的个性化客户服务。店主与顾客间的交流与互动是双向的，顾客服务基本上面对面进行，但顾客服务的范围小、成本高、层次低、效率低下。直至今天，这种顾客服务方式在零售商或小企业的市场营销活动中依然存在。

（2）大规模营销时代的服务　工业时代是以物质资料为原料，以机构化为手段，以资本和体力劳动为生产要素的大规模的物质产品生产和消费时期。工业时代的企业最大的经营目标是追求效益，提高效率，而提高效率必须求助于分工和专业化，分工和专业化则必须采取大规模的方式，这就决定了企业营销的基本方式是从设计到生产再到销售的技术驱动。在这种情况下，生产企业的销售注重的不是消费者和社会的利益，也不注重市场上消费者的需求及其变化，消费者的需求是被动的。因此，传统的销售服务思路是由企业到顾客或由顾客到企业的以单向为特征的思路。

20世纪50年代，大规模市场营销主要是通过电视广告、购物商城、超级市场、大规模生产的企业以及大批量消费的社会，改变着人们的消费方式。经济在发展，生活水平在提高，顾客需求水平在不断升级和变化。在这样的情况下，顾客被当做没有需求差别的人，企业不能根据顾客需求变化的趋势和方向及时作出符合实际的销售决策，企业的产品难以满足顾客的需求。这时候的顾客服务实质上仅体现为产品的售后服务，而且售后服务也是相对标准化的，由企业推向顾客，顾客被动接受。企业与顾客之间的信息流动是单向的，市场上往往只有企业对顾客的独白，顾客需求的差异性未受到应有的关注和尊重，顾客服务领域中技术的作用在明显增强。

（3）回归和突出个性化的服务　回归和突出个性化的服务是20世纪80年代后期，顾客的需求变化日趋多样，个性化消费再度成为消费的主流。另一方面，随着21世纪网络经济时代的到来，网络顾客服务日益成为企业服务的重要手段，“以市场为导向，以顾客为中心”的观念逐渐成为绝大多数企业的营销理念，在此基础上整个市场营销又回归到个性化的基础上。此外，顾客通过享受个性化的顾客服务，可以节省大量时间，从而降低了顾客购买、使用产品的费用。顾客从个性化服务中获得相应利益，从而提高了其对企业的满意程度，使企业拥有更为广泛而稳定的顾客群体，反过来又促使企业不断发展。

10.1.2　顾客的需求层次

随着科学技术的发展，市场进入“选择性需求”时代，只有更好地满足顾客需求才能立足于激烈竞争的市场，顾客满意已经成为市场营销成功的标志和营销的最终目标。要让顾客满意就是要满足顾客的需求。顾客的需求一般是有层次性的，图10-1描述了顾客需求的层次关系。

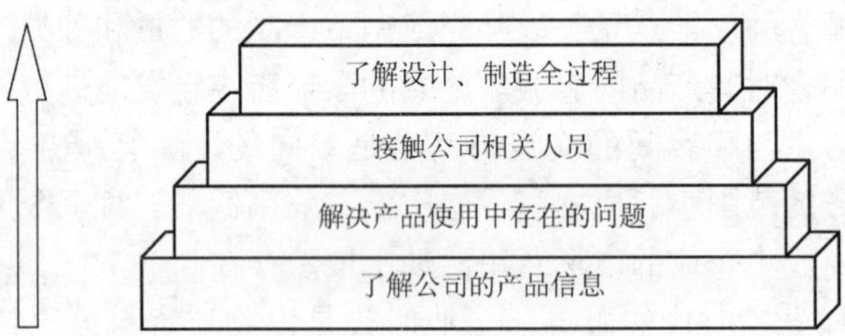

图10-1　顾客需求层次图

这四个层次的需求之间是相互促进的关系。本层次需求满足得越好就越能推动下一层次的需求，需求满足得越好，企业和顾客之间的关系就越密切。整个过程呈一种螺旋式的上升，使企业对顾客需求有更深的理解，引起顾客对企业期望的膨胀，最终实现“一对一”关系的建立，并且不断地巩固、强化了这种关系，这个过程被称为顾客整合。

1. 了解产品信息　顾客为满足自己个性化的需求，往往需要全面、详细了解公司的产品和服务信息，寻求最能满足自己个性化需求的产品和服务，传统营销很难满足顾客对产品和服务的这类信息需求。企业通过建立网络营销网站，在网络营销网站上发布产品信息，顾客可以自由了解产品信息，而不受时间和空间的限制。许多网络营销网站建设的最初目的也是为了宣传企业的产品和服务，让顾客有一个了解企业的窗口。顾客的需求随技术、社会的发展经历了低级的个性化服务到大规模营销，再到今天网络营销中真正的高级个性化营销三个阶段，所以，越来越多的企业将网络顾客服务整合到企业的营销计划中去。

2. 解决产品使用中存在的问题　大多数顾客在购买产品或服务后，都面临着产品安装、调试、试用和故障排除以及有关产品系统知识等问题，这些都需要企业解决。在传统营销中，帮助客户解决问题是经销部门最繁重的工作，占据了营销部门大量的人力、物力和财力。而且许多问题是重复和简单的，客户通过自我学习完全可以自行解决。网络客户服务可以很好地解决这一问题。在企业网络营销网站上，许多企业的网站提供技术支持和产品服务，以及常见问题解答（FAQ），有的还建有客户虚拟社区，客户可以通过互联网从其他客户那里得到帮助。一些著名的大企业都在它们的网络站点中设置了供客户自我学习的知识库。这样，既提高了客户对产品的了解程度，同时客户还可以及时得到服务；企业也可以减少大量不必要的简单重复劳动，将精力放在一些新问题和难以解决的问题上，更好地为客户服务。

3. 接触公司相关人员　互联网的出现，一方面可以大大减少顾客对直接接触公司人员的需求，另一方面可以更加有效地为要求进行直接接触的顾客提供更高水平的服务。与顾客进行接触的公司人员，在解决顾客问题时，可以通过互联网获取公司对技术和产品服务的支持。例如，波音公司的技术服务人员，在上门服务时不用携带任何资料，在为顾客提供服务时根据情况通过互联网索取有关资料即可，这既减轻了技术服务人员的工作量，又更有效地为顾客提供了服务。

4. 了解设计、制造全过程　顾客为满足个性化需求，不仅仅是通过掌握信息来选择产品和服务，还要求直接参与产品的设计、制造和运送整个过程。这一点充分体现现代顾客个性化服务的双向互动的特性。顾客了解的产品信息越详细，他们对自己需要什么样的产品也就越清楚。企业要实现个性化服务，就需要改造企业的业务流程，将企业业务流程改造成按照顾客需求进行的产品设计、制造、改进、销售、配送和服务。例如，Cisco 公司利用互联网获取用户订单，然后利用互联网通知与 Cisco 有业务关系的企业生产，并直接将产品按照顾客要求准时送达。对于顾客碰到的售后问题，由 Cisco 公司的技术服务中心全权负责。顾客可以直接通过 Cisco 公司的网站获取有关技术资料，也可以要求技术服务中心上门提供服务。为满足中国顾客对技术支持服务的需求，Cisco 公司专门在北京成立了技术服务中心。

由此可见，上述四个层次的需求之间是相互促进的，只有低层次需求满足后才可能促进更高层次的需求。顾客的需求越得到满足，企业与顾客的关系也越密切。网络营销服务借助互联网技术可以更好地适应顾客的个性化需要，满足顾客不同层次的需求，提高顾客满意程度，培养顾客对企业的忠诚。企业也可通过网络营销服务最大限度满足顾客需求，以求减少企业营销成本，因为争取一个新顾客费用是维系一个老顾客费用的五倍。

10.1.3　网络交易过程

当今，网络营销服务已被人们高度重视。搞好网络营销服务就应该从产品营销思路的束缚中解脱出来，把为顾客服务的观念贯彻到企业所有的经营活动中去，而不是仅仅将服务视为依附于产品的售前或售后服务。服务的观念应贯穿于从产品设计到产品销售的整个过程之中，乃至产品生命周期的各个阶段。市场营销从原来的交易营销演变为关系营销，市场营销目标在达成交易的同时还要维系与顾客的关系，更好地为顾客提供全方位服务。下面分析一下网络交易过程需要提供的服务。

1. 交易前的准备　这一阶段主要是指买卖双方和参加交易各方在签约前的准备活动。

1）买方根据自己要买的商品，准备购货款，制订购货计划，进行货源市场调查和市场分析，反复进行市场查询，了解各个卖方国家的贸易政策，反复修改购货计划和进货计划，确定商品购货计划。

2）卖方根据自己所销售的商品，召开商品新闻发布会，制作广告，进行宣传，全面进行市场调查和市场分析，制定各种销售策略和销售方式，了解各个买方国家的贸易政策，利用 Internet 和各种电子商务网络发布商品广告，寻找贸易伙伴和交易机会，扩大贸易范围和商品所占市场的份额。

2. 交易谈判和签订合同　这一阶段主要是指买卖双方利用网络营销系统对所有交易细节进行谈判，将双方磋商的结果以文件的形式确定下来，即以书面文件形式和电子文件形式签订贸易合同。电子商务的特点是可以签订电子商务贸易合同。交易双方可以利用现代电子通信设备和通信方法，经过认真谈判和协商后，将双方在交易中的权利，所承担的义务，对所购买商品的种类、数量、价格、交货地点、交货期、交易方式和运输方式、违约和索赔等合同条款，全部在电子交易合同中做出全面详细的规定。签约双方可以利用电子数据交换（EDI）进行签约，可以通过数字签名等方式签名。

3. 办理交易进行前的手续　这一阶段主要是指买卖双方签订合同后到合同开始履行之前办理各种手续的过程，也是双方贸易前的交易准备过程。交易中要涉及有关各方，即可能要涉及中介方、银行金融机构、信用卡公司、海关系统、商检系统、保险公司、税务系统、运输公司等，买卖双方要利用 EDI 与有关各方进行各种电子票据和电子单证的交换，直到办理完可以将所购商品从卖方按合同规定开始向买方发货的一切手续为止。

4. 交易合同的履行和索赔　这一阶段是从买卖双方办完所有各种手续之后开始，卖方要备货、组货，同时办理报关、保险等，卖方将买方所购商品交付给运输公司包装、起运、发货。买卖双方可以通过电子商务服务器跟踪发出的货物。银行和金融机构也按照合同，处理双方付款，进行结算，出具相应的银行单据等，直到买方收到自己所购商品，完成整个交易过程。索赔是在买卖双方交易过程中出现违约时，需要进行违约处理的工作，受损方要向违约方索赔。

为满足顾客的个性化需求，让顾客对企业服务更加满意，网络营销售前服务还应该提供顾客订货功能，顾客在订货时可以选择一些标准的产品，也可以根据自己偏好自行设计能满足自己需要的产品，让顾客直接参与营销过程。

要注意的是，网络营销服务中的售前服务策略只是企业整个售前服务策略中的组成部分，因为许多顾客可能还是通过传统市场渠道来获取售前服务。因此，合理安排和整合网络营销服务渠道与传统营销渠道是非常重要的，特别是在销售服务方面。例如，Dell 公司在通过网站提供产品信息和相关信息的同时，仍然发挥传统直销渠道作用，只不过网上营销渠道所占比例越来越大而已。

任务二　网络营销服务的流程

10.2.1　网络营销服务的分类

根据企业可提供的产品和服务的比例，可以将服务分为以下四类：

1）纯有形货物的伴随服务，包括销售前的产品信息咨询介绍、销售中的某些代办事务、销售后的技术支持等。

2）伴随服务的有形货物服务。这是一种以服务为主的网上产品的销售形式。

3）主要服务伴随小物品和小服务。这是一种以网上服务产品为主，在服务的过程中伴随提供给客户馈赠性质的小礼品或额外的简单服务。

4）纯服务。这是一种纯粹的网上服务产品的营销，不附带任何有形的商品。

对于网络营销服务，则可以简单划分为网上产品服务营销和顾客服务营销。网上产品服务营销主要是指纯有形货物的伴随服务和伴随服务的有形货物服务两类服务，服务是产品营销的一个有机组成部分。顾客服务营销是指无形产品可以直接通过互联网直接进行传输和消费的服务产品的营销活动。二者的核心理念都是顾客满意和顾客忠诚，通过取得顾客的满意和忠诚来促进相互有利的交换，最终实现营销绩效的改进和企业的长期服务。

10.2.2　网络营销服务的特点

服务区别于有形产品的主要特点是不可触摸性、不可分离性、可变性和易消失性。同样，网络营销服务也具有上述特点，但其内涵发生了很大变化，具体体现在以下几个方面：

1）增强顾客对服务的感性认识。服务的不可感知性包括两层含义：一是服务与实体商品相比较，许多情况下都是无形、无质的；二是企业向顾客提供服务时，顾客很难察觉，或是要经过一段时间后，才能感觉到利益的存在。在网络顾客服务中，顾客自己可以通过获得服务的难易程度、响应时间和信息准确度等指标，来衡量服务的质量，增强了顾客对服务的感性认识。

在进行服务营销时，经常需要对服务进行有形化，通过一些有形方式表现出来，以增强顾客的体验和感受。网络营销服务通过互联网提高服务的有形程度。

例如，服务业的银行，借助网络让顾客通过服务试验系统免费体验银行提供的服务，增强对银行服务的感性认识。再如对于网上培训和教育，提供服务的机构可以让用户先试学一段时间，然后再决定是否继续学习。因此，借助互联网企业可以低成本地对顾客提供服务体验，减少顾客对服务的陌生感。

2）突破时空不可分离性。服务的最大特点是生产和消费的同时性，因此服务往往受到时间和空间的限制。顾客为寻求服务，往往需要花费大量时间等待和奔波。基于互联网的远程服务则可以突破服务的时空限制。例如，现在的远程医疗、远程教育、远程培训、远程订票等，这些服务通过互联网都可以实现消费方和供给方的空间分离。同时互联网技术和计算机技术结合，使得一些服务可以自动化，用户通过辅助系统可以自行寻求服务。例如，用户可以通过互联网的自动订票系统实现远程自动订票。

3）提供更高层次的服务。传统服务的不可分离性使顾客寻求服务受到限制，互联网的出现突破了传统服务的限制。顾客可以通过互联网得到更高层次的服务，顾客不仅可以了解信息，还可以直接参与整个过程，最大限度地满足顾客的个人需求。

4）顾客寻求服务的主动性增强。网络营销服务一个最大特点就是，改变了过去主要由供给方提供服务，由顾客需求方选择的被动接受服务的局面。在网络营销中，顾客可以完全站在主动方的位置上。顾客不仅仅可以自主选择产品和服务，也可以直接参与产品的设计、制造、运送等过程，通过互联网还可以直接向企业提出要求，企业必须针对顾客的要求提供特定的一对一服务，而且企业也可以借助互联网低成本满足顾客的一对一服务的需求。网络营销服务建立的是一种企业与顾客的双向互动的密切关系。

5）服务的成本降低，效益提高。网络营销服务适应了网络时代顾客需求的变化，企业的服务可以更加有效地满足市场需求。一方面，企业通过互联网实现远程服务，扩大服务市场范围，创造了新的市场机会；另一方面，企业通过互联网提供服务，可以增强企业与顾客之间的关系，培养顾客忠诚度，减少企业的营销成本费用。因此，许多企业将网络营销服务作为企业在市场竞争中的重要手段。

10.2.3 网络营销服务流程

网络营销服务的流程是伴随着顾客和企业产品接触的过程的，因此，也相应划分为网上售前服务、网上售中服务和网上售后服务三个阶段。

1. 网上售前服务　网上售前服务是企业在自己的网站上宣传介绍产品信息，或者通过网上虚拟市场提供商品信息，主要包括交易前的准备、交易谈判和签订合同、办理交易进行前的手续、交易合同的履行和索赔四个阶段。

企业网上售前服务的主要作用是提供企业和产品的信息服务，其主要通过三种方式提供售前服务：通过企业网站提供相关信息、通过其他网站提供信息和通过 E－mail 等形式提供服务。不管企业通过哪种方式，其内容都是企业和产品的相关信息，其目的都是让客户了解企业，对企业的产品产生认同感，并促成其购买。

网络售前服务是网络顾客服务的开始，能否给顾客较好的第一印象，是企业服务甚至经营成功的基础。同时，在网络营销发展的现阶段，企业还应注意与传统的营销服务模式的资源整合。

2. 网上售中服务　网上售中服务是为顾客提供咨询、导购、订购、结算和送货等服务，主要是指销售过程中的服务，如了解订单执行情况、产品运输情况等。在传统营销部门，有 30% ～40% 的资源是用于应对顾客对销售执行情况的查询，这些服务不但浪费时间，而且非常琐碎，难以给用户满意的回答。特别是对一些跨地区的销售，顾客要求服务的比例更高，而网上销售的一个特点是突破传统市场对地理位置的依赖和分割，因此网上销售中的售中服务非常重要。在设计网上销售网站时，在提供网上订货功能的同时，还要提供订单执行查询功能，方便顾客及时了解订单执行情况，同时减少因网上直销带来的顾客对人员售中服务的需求。例如，美国的联邦快递（http：//www. FedEx. com）通过高效的邮件快递系统，将邮件在递送中的中间环节信息都输送到计算机的数据库中，客户可以直接通过互联网查找邮件的最新动态。客户可以在两天内上网查看其包裹到了哪一站，采取的什么运输方式，投递不成功的原因，在什么时间会采取下一步措施等，直至收件人安全地收到包裹。客户不用打电话去问任何人，上述服务信息都可在网上获得，这既减少了客户经常为查邮件的奔波，同时公司又大大减少了邮件查询方面的开支。

网上售中服务主要包括以下两方面的内容：

1）顾客在进行购买时应得到的顾客服务，如商品检索、购物车查询、结算服务等。

企业提供商品查找的服务一般都比较完善，但是许多企业的网上商店却忽视了对购物车的查询。当顾客一次性购买很多商品时，总是希望在支付货款前查看一下自己都购买了哪些商品，是否有重复现象。一旦顾客对购物车中的某一商品产生疑虑，而又无法查询自己购物车中的情况时，顾客可能会放弃整车商品，企业也将减少相应利润。为此，企业必须加强对购物车的服务。首先，顾客应可以随时查看自己的购物车中的情况，最好是可以直接显示在当前页面中；其次，顾客应可以随时添加、删除购物车中的商品，从而避免因错误购买一件商品而放弃整车商品的情况；再次，应为购物车增加计算功能，使客户随时了解自己购买商品的金额，甚至显示包括配送等所有费用的总金额。顾客确定购买的商品后，需要结算金额。由于不同顾客会使用不同的结算方式，因此企业必须提供多种结算方式供顾客挑选。一般国内网站的结算方式有网上银行、银行汇款、邮局汇款和货到付款等方式。前三种方式使用较多，后一种方式一般只适用于本地购买。

企业为顾客在购买时提供方便，可以大大降低顾客购买商品所需的时间，从而节省顾客购买成本，实现顾客与企业的双盈。

2）买卖关系确定后的服务，主要是商品的配送及其服务。对于网上的无形商品，如软件等，可以通过互联网迅速传送到顾客的机器上，不仅不需要运输费用，传输时间也相当迅速。但对于有形商品，根据空间距离的远近，运输时间存在很大差异，这就需要企业提供与配送相关的顾客服务，提高顾客的满意度。

这一阶段的服务主要在于增加业务流程透明度，使顾客可以及时了解订单执行情况、商品运输情况等。因此，企业必须在网站上提供查询功能，使顾客可以随时查询商品是否送出，现在什么位置，何时可以送达目的地等信息。如果可能的话，企业最好能在商品发出后，主动发送 E – mail 通知顾客相关信息。

3. 网上售后服务

（1）网上售后服务的内涵　售后服务的主要内容是为用户安装、调试产品，解决产品在使用过程中的问题，排除技术故障，提供技术支持，寄发产品，改进或升级信息及获取顾客对产品和服务的反馈。

网上售后服务就是借助互联网直接沟通的优势，以便捷方式满足客户对产品帮助、技术支持及使用、维护需求的客户服务方式。网上售后服务有两类：一类是基本的网上产品支持和技术服务；另一类是企业为满足顾客的附加需求提供的增值服务。

企业在实际操作中，必须将网上售后服务与网下售后服务相结合，才能更好地满足顾客需求，实现服务的价值。同时，为提升企业的竞争能力，许多企业在提供基本售后服务的同时，还提供一些增值性服务。例如，联想计算机公司为配合其互联网时代的计算机产品“天禧”系列，专门建设了提供网上信息服务的联想调频 FM365（http：//www. fm365. com）。用户购买“天禧”计算机后，可以方便地上网，使用时也非常简单。又如，不少软件商为其用户提供软件网上免费升级，或是免费补丁。定期给顾客发送一些 E – mail，主动询问顾客售后使用情况，或是传送公司最新产品信息，与顾客保持密切联系，减少顾客对网上服务的陌生感和不信任感。

（2）网上售后服务的特点

1）便捷性。网上的服务是 24h 开放的，用户可以随时随地上网寻求支持和服务，而且不用等待。

2）灵活性。由于网上的服务是综合了许多技术人员知识、经验和以往客户出现的问题的解决办法，因此用户可以根据自己需要从网上寻求相应帮助，同时可以学习其他人的解决办法。

3）低廉性。网上售后服务的自动化和开放性，使企业可以减少售后服务和技术支持人员，大大减少不必要的管理费用和服务费用。

4）直接性。客户通过上网可以直接寻求服务，避免通过传统方式经过多个中间环节才能得以处理，如传统服务需要电话服务员将问题记录下来，然后再根据问题性质转交相关部门和人员，在问题解决后还须同售后服务人员进行协调，无形中增加了许多中间环节。

（3）网上售后服务应注意的问题

1）服务信息要丰富、全面。如果客户从网上寻求不到直接支持，就会转为寻求传统方式解决，网站也就发挥不了网上售后服务的优势。

2）人工服务和网上服务相结合。由于许多客户不熟悉互联网或者由于出现一些重大问题，客户偏重于选择传统人工服务方式，好比寻呼台的人工寻呼和自动寻呼一样，当然人员配备和设置须根据网上售后服务的效果具体确定。

3）使用在线 BBS。利用 BBS 供客户直接通过网络寻求帮助。帮助一方面来自企业的相关人员，更有效的帮助则来自其他有相同问题的客户之间的相互帮助，这也是许多企业设立网上 BBS 的原因所在。

4）服务的及时性。客户在网上寻求产品支持和技术帮助时要及时。这是因为网上售后服务的最大优势是便捷性，如果问题回答不及时可能导致客户失去耐心转而寻求人工服务方式，因此最好是配备专人来解决网上的问题。

5）服务的完善性。一般客户对于网上服务有一种陌生感，因此网站在客户问题解决时和解决后应发送 E - mail 信息与客户保持密切联系，降低客户的不信任感。

6）定期发送产品动态和服务信息。企业要定期发送产品动态和服务信息，保持与客户联系，方便客户寻求帮助和注意产品的更新换代。

任务三　网络顾客服务策略

10.3.1　顾客服务的基本含义

顾客服务与通常说的服务一词在含义上不完全相同，二者既有联系，又有区别。顾客服务指的是除所提供或销售的产品之外的所有能促进企业与其顾客关系的交流与互动。对实物产品而言，除实际销售表现以外的所有与顾客的互动，都应看做顾客服务，包括产品销售前有关产品信息的提供；销售中为顾客提供的咨询、导购、订货、结算、送货等服务；产品销售后的技术支持与顾客投诉处理活动等。

顾客服务作为一种营销策略，在协调顾客与企业之间的利益、了解并满足顾客需求、实现产品差异化、提升产品价值、提高顾客满意度与忠诚度、挖掘新的市场机会、增强企业竞争力等方面发挥着越来越重要的作用，顾客服务方式随着技术、社会的发展而不断变迁。

10.3.2 从销售服务到网上顾客服务的转变

调查表明，现阶段消费者上网购物的主要原因依次是：便利（足不出户就可以随时购物，而且能方便检索自己所需要的商品）；商品选择余地大（可以买到平时难以买到的东西）；特殊的服务（如商品定制、充分的信息等）；时髦；价格便宜。但是，与传统购物方式相比，网上购物直观性差，可靠性低，从付款到得到商品的间隔时间长。所以，若要让人们愿意上网购物，就必须充分发挥网上购物的优势，克服其不足。比如，采用三维图像软件，让消费者可以从各个角度观看商品，增加商品的直观性；或者通过加密、身份认证、消费者判断等手段，增强网上购物的可靠性。

网络顾客服务策略的思路是利用网上页面向顾客提供服务，发布有关产品，公司情况等信息；运用 E-mail 使网上企业与顾客进行反馈，双向互动；通过多种方法，将顾客整合到公司的营销管理过程中来，实现与顾客的对话与交流的互动性。这种思路不是单向的，而是提供信息反馈、互动、顾客整合的循环回路。

10.3.3 网络在顾客服务中的应用

互联网的空间几乎是无限的，企业可以将不同详细程度的有关产品服务的信息放在网站上。网络双向互动的特性，使顾客直接与企业对话，由传统的单向顾客服务变为双向的顾客整合，这个特性是网络作为顾客服务工具优于其他媒体的根本原因。网络顾客服务包括以下基本内容：

1）产品及服务介绍。向顾客和所有感兴趣的潜在客户提供企业全面、详尽和及时的产品及服务介绍。

2）会员注册。通过注册，使来访者成为企业的会员。企业从中获得一定的顾客信息，开展有针对性的营销活动。

3）优惠及折扣服务。公告企业目前的产品销售政策和正在举办的各种活动，提供优惠和服务，包括各种折扣、保修条例、服务、促销等。

4）在线调查。常年在线开展以顾客满意度为核心的在线调查，向顾客传递企业对用户的关怀，一种负责的态度，使顾客感到企业对他们的重视。

5）在线投诉。让顾客将所遇到的问题迅速地反馈给企业，给顾客一个正常的发泄渠道，在一定程度上维护了企业的信誉。

6）在线技术支持和培训。理解产品的基本原理，掌握其正确的使用方法，帮助顾客正确选择、使用产品。

7）在线交易。在线交易能使信息服务、网络营销、在线支持等一气呵成。

8）交易安全。解除顾客对网上交易的安全忧虑，促进网上在线交易的发展。

9）顾客论坛。提供一个顾客自由交流的空间，让顾客发表对产品、服务等的体会。

10.3.4　网络顾客服务的分类

网络顾客服务作为网络营销服务的一种，它区别于其他网络营销方式的不同之处，在于它具有以下五大关键要素：

1）倾听客户。网络顾客服务的基本出发点是为了满足顾客需求，它们的站点设计的共同特点之一就是便于顾客使用，这使顾客能够直接给企业反馈信息。顾客能告诉企业某种产品何时是适应市场的需求的，或他们要求产品做哪些具体的改进等。很多企业发现顾客直接反馈系统能启发工作人员的思路，促使质量的提高。供应商、零售商、顾客应是整个营销过程的重要参与者，由此可形成一个互动的系统。

2）循序渐进。应将每一种服务和产品都视为一个多步骤、循序渐进的过程，而不是一蹴而就的事。这要求每天都要对站点进行不断的改进，比如更换图形、修补破损的链接，改正拼写错误等。从这些小事做起，使站点精益求精。由此，顾客也会认可企业所做的这些持续的努力。

3）密切注意顾客的变化。企业设立站点的最初的一个原因就是要减少电话服务。但现在顾客仍然可能会打电话，为解决一个技术细节或比较棘手的问题。顾客经过浏览网络站点的信息，对服务的要求与以前相比已大大不同，他们对产品的知识基础、信息需求的水平都大大提高了。公司要适应这种需求的增长，无疑也应不断地积累、增长自身的知识。

4）灵活。网络媒体允许企业不断地完善和扩展它的内容，可以一步一步地扩展，而不必也不可能一下子就尽善尽美，有很大的灵活性。

5）应急支持计划和系统。企业应将开发、运送、培训的部门都包括到网络顾客服务支持小组中来。如果企业员工自己都不知道网络服务是怎样运用的，就无法通过网络工具帮助顾客。同时还要考虑到某种灾难性事件发生的可能性：如果每天有10000个顾客利用站点要获得帮助，可是有一天系统突然出现故障，怎么办？所有企业都要保证有一个应急的支持系统或其他解决问题的方法。

由此可见，网络顾客服务可以划分为网络产品服务营销和网络服务产品营销两类，网络产品服务营销的主要内容是以提供产品为主服务为辅；而服务产品营销是以提供服务为主，通过互联网进行传输和消费的服务产品的营销活动。对于服务产品营销，除了关注销售过程的服务外，还要针对服务产品的特点开展营销活动。根据网络营销交易的时间间隔，可以将网络顾客服务划分成售前的服务、销售中的服务和销售后的服务。

10.3.5　网络顾客服务的优势

1. 降低成本　网络顾客服务能在低成本基础上充分满足现代顾客的服务需

求，现代顾客的服务需求大致上包括了解企业产品和服务信息、需要企业帮助解决问题、与企业人员接触、了解企业营销过程四个方面不同层次的内容。

这四个方面的服务需求是传统营销媒体难以满足的，即使部分满足，其耗费的时间成本和费用成本也相当可观，这一点是很容易想象的。网络顾客服务则可以低成本、实时而全面地满足这些服务需求，甚至还不止这些。首先，由于网络空间接近无限，企业可以将不同详细程度的有关产品、服务的信息以文本、图片、声音或录像等多媒体方式放在企业网站上，顾客可以随时从网上获取自己所需要的信息；其次，企业可以在网站中设置帮助解决顾客的常见问题，减少顾客服务人员的重复劳动，以腾出时间和人手为顾客及时解决更复杂的问题；最后，网络的互动特性，能使顾客直接与企业对话，询问一些特殊的信息，反馈他们的意见，并作为营销全过程中的一个积极主动的因素去参与产品的设计、制造、运送等。

网络顾客服务能大大提高服务质量。利用网络进行顾客服务时，不仅企业与顾客间的沟通是完全互动的，而且顾客与顾客间的互动沟通也十分频繁。这种多向即时互动沟通可帮助企业深入了解顾客的服务需求与服务期望，可向顾客预先提供从整体到局部具有良好可视性和互动性的服务表现，事先获得顾客对服务的评价和反馈意见，还可对服务表现进行适当的定制，以满足顾客个性化的服务需求和偏好。在服务过程中，可对服务进程和服务效果进行持续跟踪和检查，或从网上其他渠道获知顾客对服务的真实体验，为进一步改进服务质量提供信息基础。可见，网络顾客服务可以较低的成本大幅度提高服务质量。

2. 能更好地实现企业对顾客的管理　管理顾客在服务领域是一个较新的概念，也是传统顾客服务的一个难题。借助于网络对顾客进行服务，能更好地实现对顾客的管理，以留住老顾客，吸引新顾客，为企业增加利润。首先，网络交流的便利性与互动性，使企业能与顾客不断进行对话，进而不断增加对顾客的了解，顾客提出需求，企业以合适的产品和服务予以满足，也与顾客建立了一种动态的学习型关系。这种动态的学习型关系能形成顾客的转换壁垒，使之不会轻易地转向竞争者，从而培养出企业的忠诚顾客。其次，企业与顾客之间所有的互动都是顾客数据库将实时记录有关顾客需求的宝贵信息资源。另外，通过建立在线顾客数据分析系统，企业能及时地分析顾客的流失情况，挖掘企业的金牌顾客，发现新的市场机会，以锁定目标顾客群，调整营销火力，提高企业网络营销的效果。总之，网络顾客服务与传统顾客服务相比，能更有效、更精细地实现对顾客的动态管理。

3. 能实现服务的全球化　依照传统的运作方式，企业顾客服务要想进军全球市场，需要相当数量的资源。而利用网络，即使资源非常有限的微型企业，也可通过互联网络，建立柔性虚拟组织，使顾客服务在多个国家运作，同时保证企业与顾客的紧密接触，对顾客服务需求作出快速反应。网络为企业顾客服务在地域上的延伸提供了良好的支撑。

网络用于现代顾客个性化服务具有独特的优势。可以预见，网络顾客服务在不久的将来一定会得到更长远的发展。

10.3.6 网上服务工具 FAQ 的设计与使用

FAQ 的英文全称是 Frequently Asked Questions，即常见问题回答，主要为顾客提供有关产品、公司情况等常见问题的答案。它既能引发那些随意浏览者的兴趣，也能够帮助有目的顾客迅速找到他们所需要的信息，获得常见问题的答案。

常见的 FAQ 分类有：关于产品的 FAQ，关于升级的 FAQ，关于订货、运输的 FAQ，关于获得单独帮助的 FAQ，关于企业情况的 FAQ。

根据问题分类表，链接到每类主题的常见问题及答案中，顾客根据所属的主题分类找到问题，寻找相应的答案。在 FAQ 页面上通常都要设置一个最近更新日期，以提醒经常阅读 FAQ 的顾客是否有新增内容。布局设计合理的 FAQ 能让顾客在急需帮助的时候很快地找到问题的答案，易于导航。但是设计得再好的 FAQ，也不能使每位顾客都能快速地寻找到问题的答案，所以还是要为顾客提供搜索的方法。

设计 FAQ 的主要工作有两个，一是列出常见的问题，即在企业网站上建立 FAQ；二是 FAQ 页面的设计。

1. 在企业网站上建立 FAQ　在企业网站上列出哪些是常见问题，对于顾客服务部的人员来说这是比较容易做的，因为他们最了解这方面的情况，知道顾客问得最多的问题是什么，也知道问题的答案。更重要的是他们能透过问题的表象，确定顾客真正想要问的问题是什么。所以，只要把顾客服务部的人员集中到一起，常见问题的清单很快就能列出来。特别是工作在顾客服务第一线的人员，能列出非常具体而有意义的顾客经常询问的问题，因为他们是与顾客面对面直接接触的。

2. FAQ 页面设计　FAQ 页面设计时，需要认真思考常见问题页面的组织。精心组织页面不仅可以方便顾客使用，而且能够为企业和顾客节约许多在线时间。因此，必须能使顾客在网上方便地找到 FAQ 页面，页面内容必须清晰，方便被找到，易读，易于浏览。企业还必须达到顾客的期望水平，避免顾客花费大量的时间而一无所获。设计时应注意以下几点：

1）保证 FAQ 的效用。为保证 FAQ 的有效性，首先要经常更新问题，回答客户提出的一些热点问题；其次是要使 FAQ 问题短小而精要，对于提问频率高、常见的简单问题，不宜用很长的文本文件，这样会浪费顾客在线时间。而对于一些重要问题应在精准的前提下尽可能短小 ，当然过于短小的 FAQ 的价值就变小，对顾客的帮助也越小。例如，瑞士的 SW 咨询公司在网上设立的瑞士银行业的 FAQ 就是一种。整个 FAQ 上只有五个问题，每个问题给出的是最简短的答案，而且有八个月没有更新。该公司原来的目标是为银行界及金融界人士提供网络咨询服务，并把 FAQ 作为企业关心顾客的咨询服务。然而，这样的 FAQ 对客户并没有价值，因为作为营销工具，属于不合理的定位，从顾客服务角度分析，则完全是浪费时间。因此，企业在网上建立和设计 FAQ 时，必须要在容易、深度、广度达到一定要求的前提下精化，问题的回答尽可能地提供足够的信息，以达到对顾客有实质性的帮助，使顾客加深对企业及产品的信任。

2）要使 FAQ 简单易寻。在网站上放置多少信息才能充分利用网站空间，又能保证这些信息简单易寻，这是网页设计师遇到的普遍问题。因为客户寻找问题的解决答案时一般都比较急，如果经过多次查找还没有找到答案就可能失去耐心。为保证方便客户使用，首先 FAQ 应该提供搜索功能，客户通过输入关键字就可以直接找到有关问题的答案；其次是问题较多时，可以采用分层目录式的结构来组织问题的解答，但目录层次不能太多，最好不要超过四层；第三是将客户最经常问的问题放到前面，对于其他问题可以按照一定规律排列，常用方法是按字母顺序排列；第四是对于一些复杂问题，可以在问题之间加上链接，便于了解一个问题的同时可以方便地找到相关问题的答案。

3）选择合理的 FAQ 格式。从顾客的角度分析，什么样的 FAQ，就能使顾客对企业产生什么样的认识。常用的方法是按主题将问题分成几大类，每类问题都有其对应的区域，这些区域能够使顾客清楚在何处查询到所需要的答案。几大类问题主要有：一是关于产品的常见问题；二是产品升级的常见问题；三是关于订货、送货和退货的常见问题；四是关于获得单独帮助的常见问题。Digitcash 的网站设计就是采用了这种分类方法，没有使用长的单篇形式，而是在页面上的上端设置一个问题分类目录表，这个分类目录表链接到每一类主题的常见问题及答案，顾客根据自己想问的问题找到其所属的主题分类，找出具体问题的答案。如果顾客在 FAQ 中未能找到所需的内容，分类目录表中还包括其他内容及帮助内容可供选择。

4）信息披露要适度。FAQ 为顾客提供了企业有关的重要信息。但是，企业不必把所有产品、服务以及企业的情况公开出去，这样做虽然表现了企业对顾客的真诚，但对顾客没有太多的帮助，反而给竞争对手窥探企业核心技术的机会，对本企业不利。所以，信息披露要适度，这个“度”应以对顾客产生价值又不让对手了解企业的内情为准。适度的含义有两个方面：一是 FAQ 中内容要保证一般顾客够用；二是信息的披露不要给企业带来损失（如泄露商业或技术秘密、暴露企业产品的重要缺陷等）。只有在这两者之间寻找到合适的均衡点，才能使网站成为企业的一份资产。Intersolve 公司是一个比较成功的例子。该公司主要为客户开发用于顾客服务、软件配置管理、数据管理等方面的软件，这些业务对该公司的客户服务和技术支持的要求比较高，于是他们决定在网上建立一个知识库，以便向客户提供关于软件故障及解决方案方面的信息。该公司北美客户主管贝斯说："虽然这些有可能会使我们暴露于对手的视线中，但我们宁愿为顾客提供明白无误的信息。只要他们能更快地获得他们所需的信息，而我们能够以更低的成本发送这些信息，那么就无需再去多想了。但同时，我们会提高警惕。首先是密切关注销售量，如果销售量锐减，公司将重新组织 FAQ 策略；其次是客户若需要这些信息，必须先购买密码，才能进入享受服务。"

3. 顾客 FAQ 的搜索　顾客不但希望企业的网站能够解决他的问题，而且希望它易于操作，能够使他们轻松自如地在各个网页和内容之间穿梭。几乎所有的 FAQ 都提供搜索工具，它不仅能在主页上，而且还能在其他页面上进行搜索。搜索工具不仅要有较强的搜索功能，而且还要易于使用。如果网站做不到以上这些，顾客将逐渐远离网站，最终远离企业。所以，顾客在搜索信息时所花费的时间起着关键作用。

有时，即使有了 FAQ 的帮助，一些顾客还是不能解决问题，因为他们并不确切地知道自己的问题到底属于哪一类，结果导致寻找方法的错误。这时，应该有人帮助他们确定碰到的问题是什么，并为他们指出正确的查找方向。可以设计一种软件，该软件能够监视顾客搜索情况。当顾客的搜索操作次数超过正常水平时，就可以通过电子邮件告诉他们没有掌握正确的搜索方法和路径，并告诉他们如何通过最短的路径达到目的地。

为方便顾客找到搜索工具，可以在首页上放置搜索图标，在其他页面上放置搜索按钮，也可放置一条工具栏。为便于顾客的搜索，企业中的技术人员会向顾客推荐各种搜索工具，同时还能在网上找到一些免费搜索工具，这就要根据顾客的需要从中选择。在互联网上最常见的工具是 WAIS（广域信息服务）搜索器。这种搜索器是根据用户提供的关键字在它的信息库中搜寻，并按照匹配程序进行排序、排分，问题的排列顺序按分数由高到低排列。如果关键字在文件标题中，得分就会比其他文件高。关键字离标题越近，得分越高，出现次数越多，得分越高。但是，其搜索结果对顾客没有太多的帮助。通常用免费搜索工具搜索的效果并不理想。相比之下，收取一定费用的搜索工具则更加有效，这些工具总在不断更新换代，企业应了解其最新行情，以提高顾客的搜索能力。鉴于以上情况，对顾客 FAQ 搜索需要注意以下两点：

1）FAQ 搜索功能应适应网站的需求。在网站上最令顾客烦恼的就是费了半天工夫却一无所获，尤其是当他以前曾在网上看见过，现在需要该内容但又找不到的时候。企业网站的宽度和深度以及复杂程度将决定应该采用多大搜索功能的搜索器来满足顾客搜索的需要。

对于小网站来说，使用较简易的搜索方案即可。有时一个特别小的网站只需设计一个较好的目录表就能解决问题。较小的网站则只需一份较为详细的索引，较大一些的网站可以配备一套根据字符串直接匹配调用文件帮助搜索。如果企业的网站有许多很长的文本文件，则应该配有文本索引软件。例如，Leonovex（www. leonovex. com）企业的网站能自动地实现索引、摘要、链接。它能从网站上的所有文档中抽去重要的词汇和短句，并自动为这些词汇和短句建立链接，最终形成四种链接模式，即根据目录、短接句、词汇、摘要链接，从每个角度都可以通过链接跳回原来文本文件。

如果网络很大，就需要功能较强的专门搜索器。比如IBM的网站，在1995年时已有25万张页面，至今则翻番了。对于庞大的文档库要建立索引的话将是十分复杂的。因此，必须配有功能强大的搜索器帮助顾客寻找。在选择搜索器时，不要去选择那些最快、最便宜的，而应选用那些能够作出正确判断的搜索器。

2）从顾客角度设计搜索工具。顾客觉得使用搜索器仍然过于繁琐。企业应该清楚顾客需要的是相关的哪类信息，但这对搜索工具来说是一个困难。因为所选择的关键词常常有很多信息与之匹配，但这种匹配程度并不一定与顾客要解决的核心问题相关，即匹配程度高的不一定就是顾客所需要解决的核心问题。所以它只能尽可能地列出相匹配的问题，否则就容易丢失信息。如果丢失的部分正好是顾客所需要的，这种搜索工具就没有用处了。但把相匹配的问题全部列出来，又给人繁杂的感觉。有些搜索系统采用了步步逼近的方法帮助用户选择。它每次就一个方面提出一个问题让用户回答，不断地缩小搜索范围，直至最后帮助用户选择到他真正需要的信息。由此看来，考虑了搜索器的功能之后，就要切记顾客所关心的是如何迅速地找到正确的信息，而不是更快地找到无用的或是错误的信息。有一些有效的方法，可以在不使用复杂的搜索器的情况下，让顾客能迅速找到所需的正确信息，这就要求能站到顾客角度考虑问题，从顾客角度设计要用的搜索器。

一方面，了解顾客的提问方式。惠普企业除了提供一个能在大量信息中进行搜索的搜索器外，还增加了一个易用的帮助顾客选择的功能。顾客只要快速回答几个直截了当的问题，就可以帮助顾客找到满足需要的打印机型号。

10.3.7 E－mail在客户服务中的应用

E－mail是用户或用户组之间通过国际互联网收发信息的服务，是一种网络用户之间快捷、渐变、可靠且成本低廉的现代化通信手段，也是国际互联网上使用最多的服务之一。它是网络顾客服务中实现企业和顾客对话的双向渠道，也是实现顾客整合的必要手段。E－mail具有方便性、广域性、快捷性、透明性、廉价性和全天候六大特点。在电话中，可从对方的语气判断他的承诺兑现的概率大小，但E－mail是一种文字表达，无法揣测语气。

企业在顾客服务中应将 E－mail 和 FAQ 结合使用。对常规问题，只要让顾客在 FAQ 中查阅即可；对 FAQ 不能包括的问题，应通过 E－mail 进行分类管理，人工进行答复。

利用 E－mail 进行主动的顾客服务包括以下两个方面的内容：

1）主动向顾客提供企业的最新信息。顾客需要了解企业的最新动态，如企业新闻、产品促销、产品升级等。企业可将这些信息及时主动地以新闻信札的形式发送给需要这类信息的顾客，在发送这类信息时同样要遵守网络礼仪。

2）了解顾客的需求并将其整合到营销组合中。了解顾客的需求可以通过 E－mail直接向顾客询问，但如果问卷很长则回收率通常很低，因为顾客通常没有耐心填写完毕。要想让顾客回答你的提问，最好每次只设计一个具体的问题，这个问题应简洁明了，易于阅读、易于回答，顾客只要花费很短的时间即可。因为每次只能提一个问题，因此在设计这个问题时应多加考虑，使之能直接为企业服务。网络顾客服务不仅能实现由企业到顾客的双向服务，还能实现顾客与顾客之间的交流和帮助。网络上顾客之间信息传播的范围和速度远非现实生活所能想象的，这对企业来说是一把双刃剑。顾客对产品的赞扬可得以传播，对企业不利的议论同样能够传播。对顾客之间的对话，企业的态度应是积极鼓励，而不是冷漠、忽视，甚至强行扼制。发现对企业有不利影响的议论和问题时，应积极地解决，切勿漠视网络传播的速度和范围。

项目小结

本项目主要阐述了网络在顾客服务中的应用，网络顾客服务的分类、特点、优势及网上服务工具 FAQ 等内容，并对网络交易进行了分析，论述了网络营销的服务流程和网络顾客服务策略等内容。

关键概念

1. 个性化服务　Customized Service
2. 大规模营销服务　Large－scale Marketing Service
3. 顾客服务　The Customer Service
4. 常见问题回答　Frequently Asked Questions，FAQ
5. 网络营销策略　Network marketing strategy

复习思考题

1. 简述顾客的需求层次有哪些？

2. 简述网络营销服务有哪些特点?

实践与训练

登录以下公司网站，了解该公司基本业务及营销策略并加以分析。

1. 通用汽车公司。
2. 亚马逊书店。

案例分析

近日关注到××网在其联盟计划中增加了 E－mail 营销，把其作为一个新的销售促进方式并进行宣传。显然××网注意到 E－mail 营销在网络营销多种方式中所具有的便捷、低廉等诸多优势，借此在日益竞争激烈的中国 B2C 电子商务市场中获得更多的客户。但此举在垃圾邮件盛行的今天，对于××网来说，太过于冒险，很有可能“身败名裂”。

××网联盟的 E－mail 营销是游离在有效的 E－mail 营销之外。××网对加入 E－mail 营销设置的程序是申请加入 E－mail 营销→等待审批→审批通过接受信体代码以及操作注意事项→开始操作执行等步骤，中间有审批制度。但××网联盟宽松的审查制度会让众多的垃圾邮件发送者混入其中，诸多的用户邮件列表是没有得到用户许可的。

××网联盟中对加入 E－mail 营销的条件概括是“无论你是公司还是以个人形式加入，只要你已经拥有发直邮广告的资源，或者能够得到这资源，敬请加入！欢迎具有网络直邮业务和能力的公司加入合作（包括广告、营销服务以及有一定规模的会员制、社区服务等公司）”。也就是说，只要你有相关邮件列表资源或者能够得到相关资源的客户都可以加入。如此低的门槛，几乎人人都可以参与。

××网联盟还告诉你发送对象“可以自己采集直邮列表，然后进行群发”，这样就等于鼓励客户利用软件未经许可收集网络上的电子邮件地址，然后大量发送。这就与 E－mail 营销的宗旨背道而驰了。这样发展下去，就是广大网民的邮箱又多了不少是推荐××网商品的垃圾邮件，势必引起网民的反感。那么××网就是“搬起石头砸自己的脚了”。

而在今天相关打击垃圾邮件的立法还不健全，正当的 E－mail 营销和垃圾邮件还不能从法律上严格区分，不少人把两者混为一谈。××网这个时候推出 E－mail 营销联盟恐怕会被社会一棒子打死。就像屏蔽发送垃圾邮件的服务器一样，以后惩治垃圾邮件的重点放在了以“××网”名义发送的邮件，那就可怕了。

有人说，现今垃圾邮件泛滥到连发垃圾邮件的商家都已经觉得发垃圾邮件实在没什么效果了。在这个时候，××网推出 E－mail 营销是不明智的。××网的 E－mail 营销应该缓行或者提高合作条件，把合作者局限于拥有经过许可的邮件列表范围中。

（资料来源：http：//www. sina. com. cn）

思考题

结合案例谈谈使用 E－mail 营销时要注意的问题是什么?

项目十一　网络广告

学习目标

- ◆ 了解网络广告的产生与发展
- ◆ 熟悉网络广告的特点
- ◆ 掌握网络广告的形式及网络广告与传统广告的比较
- ◆ 掌握网络广告的策略及其发布

引　　例

随着时代的发展，网络的作用已经不再局限于网民简单地浏览信息。即时通话、收发电子邮件等功能使网络成为人们生活中必不可少的重要组成。对于企业来讲，网络不但能为企业人员提供更多行业情报信息，同时企业也可以运用网络进行销售和品牌宣传。

2005 年 8 月，方便面行业中的高端品牌——今麦郎投入重金，高调试水网络广告宣传。电视、报纸、杂志被人们认为是传统媒体，这类媒体的特点在于效率高、威信度高、目前已经普遍被企业所接受。但是随着越来越多的企业开始注重广告宣传，形形色色的广告在不同媒体进行轰炸，这使得传统媒体的广告宣传效果大打折扣。

首先，众多表现形式雷同的广告使消费者对产品、品牌记忆混淆。无论是快速消费品还是耐用品，它们在产品上存在同质化趋势的同时，在广告的表现形式上同质化也很严重，诸多的帅哥靓女频频亮场，让人目不暇接却晕头转向。

其次，广告数量渐多，消费者产生烦感。广告给消费者施加的是拉力，它能够拉动销售，但是“拉”多了消费者难免会腻烦，对于“填鸭式”的产品理念灌输，有谁会提得起兴趣呢?

再次，遥控器的发明成为电视广告的天敌。遥控器的发明使观众只需动动手指就切换了频道，绝大部分消费者对不感兴趣的广告会无情切掉。而报纸、杂志的广告版也会伴随着翻页速度的加快，被读者从脑海中删除。

那么什么样的广告能够调动起消费者更多的兴趣呢？这种广告形式一定要新颖、有趣，更重要的它应该让消费者参与进来，是推动销售而不仅仅是单纯地拉动销售。今麦郎投入网络广告的实践证明，网络广告这种以互联网为载体的多元化宣传方式，很好地提升了今麦郎品牌的美誉度。

今麦郎的网络广告与“世界大学生运动会”相结合，达到了很好的宣传效果。2005年7月，今麦郎系列产品之一的今野拉面，被教育部中国大学生体育协会指定为“第23届世界大学生夏季运动会中国代表团专用方便面”。今麦郎选择了门户网站的体育频道，开办了“第23届世界大学生夏季运动会”专题，并将作为中国代表团专用方便面——今麦郎系列产品的相关介绍，作为花絮在专题中出现，形式活泼易于被网友接受。

（资料来源：http：//news. chukou. com. cn/detail－22169. html）

思　考　题

今麦郎选择网络广告的原因是什么？

任务一　网络广告概述

随着网络的发展，越来越多的企业采用网络广告的形式进行促销活动，它以独具的特点，刷新了广告传媒的概念，取得了良好的经济效益，成为电子商务应用最早、最成熟的网络营销技术。

11.1.1　网络广告的产生和发展

广告作为一种有偿的信息传播形式，它与媒体的发展是紧密相连的。就广告发展史来说，其正处于令人兴奋的时刻。一个拥有庞大广告和营销潜力的新兴媒体—— 网络媒体，正在我们面前茁壮成长。从1994年的商业化运作开始，Internet就以惊人的速度发展起来，它只用四年时间就成为5000万用户青睐的“第五类媒体”，而报纸达到同样规模用了一个世纪，无线广播经过38年发展才有同样的规模，连现代的电视媒体也经历了13年发展才达到5000万人的规模。Internet的媒体特性促使网络广告（Internet Advertisement）的诞生和发展，而且从一开始就成为广告业的奇葩。

世界上第一则网络广告出现在美国。1994年10月27日，这是网络广告史上的里程碑。美国著名的Hotwired杂志推出了网络版的Hotwired（www. Hotwired. com），在其网页上，出现了包括AT T在内的14则广告的图像和信息，这宣告了网络广告的诞生。根据IAB（Internet Advertising Bureau）的统计，1997年的网络广告收入达到9. 06亿美元；在1998年网络广告的收入就翻番增长到19. 6亿美元，并一举超过户外广告收入，占到当年总广告收入的4%份额，其中消费品类占27%，计算机类占23%，金融类占16%，电信类占11%，媒介类占7%。

我国的网络广告发展起步于1997年。我国最早的网络广告是在1997年3月，ChinaByte推出的一个横幅广告，并取得了较好的广告效果。广告商也认识到了在线广告的明朗前景，于是在线广告也逐渐在我国的网站中出现。网络广告的形式已被越来越多的企业接受和采纳。经过短短几年的发展，网络广告取得了较好的广告效果。例如，方正科技计算机系统有限公司在雅虎、搜狐、ZDNet 中文网站和新浪上全面投放广告后，访问公司站点的人数由原来两年内总计的访问量也不足 2 万人，在半个月内一下增加到发布网络广告后的 2 万多人，现在一直稳定在每天 3000 多人的访问量，极大提高了方正计算机的知名度。

从我国网络广告收入统计来看，1998 年网络广告收入就达到 1800 万元，虽然仅占全年广告收入总额 520 亿元的很少的比例，但惊人的增长速度足以证明其新生的力量。

1999 年，新浪网拿到了 IBM 公司的 30 万美元的广告订单，成为当时的一个标志性事件。

2000 年我国在线广告营业收入为 3.5 亿元。

2001 年为 4.6 亿元，增幅达 32%。

2002 年上半年，在线广告收入为 2.26 亿元，比前一年同期增加了 3200 万元。

美林集团的一份报告也指出，2003 年中国网络广告额占企业营销总支出的比例为 5%。2003 年中国网络广告市场份额达到 45 亿元，中国网络广告业呈现出了跳跃式发展。2005 年，中国网络广告销售收入增长为 45%。到 2010 年，中国网络广告市场规模预计将达 20 亿美元。

网络广告正以迅雷不及掩耳之势，渗透到现代生活的各个方面，展示出魅力无穷的网上商机。

11.1.2 网络广告的内涵

广告是确定的广告主以付费方式运用大众传媒劝说公众的一种信息传播活动。所以，网络广告就是确定的广告主以付费方式运用网络（互联网、万维网）媒体劝说公众的一种信息传播活动。两个定义之间的区别在于所用媒体的不同。

在上述网络广告的定义中，蕴涵了网络广告的五大要素：

1）广告主。广告主指发布网络广告的企业、单位或个人。任何人都可以自行上网或通过他人在网上发布各类广告，当然要在广告法律、法规许可的范围之内。

2）广告费用。广告费用指上网发布广告所需的资金投入。像所有广告一样，网络广告也需要投入。虽然很多网站号称免费发布商业信息，然而因上网需提交 IP 服务商的网络服务费和需要提交给电信局的电话费，毕竟要由自己负担。

3）广告媒体。就网络广告而言，广告媒体就是网络，这既是指互联网，也是指万维网 WWW（World Wide Web）。WWW 是建立在超文本传输协议 Hypertext Transport Protocol（简称 Http）上的，超文本传输协议允许用户通过网络传输图形、音频和视频文件。可以这样理解：World Wide Web 是一个利用互联网方便高效地进行数据交换的系统，由 Web 服务器和 Web 浏览器构成，为互联网用户提供彩色的多媒体界面。商业单位利用 Web 站点，可以在全世界范围内提供 24h 在线服务。网络广告多是在 World Wide Web 上发布，一个又一个的 Web 页面，就是网络广告的载体。

4）广告受众。广告受众是网络广告指向的广告对象，或称网络广告的接受者，所有在网上活动的人，就是网络广告的对象。在世界范围内，网民人数迅猛增长，截至 2009 年末，全球网民数已超过 17 亿人，中国网民人数高达 384 亿，并仍然以每年 10% 以上的速度发展壮大。即以目前状况论，网络广告的受众已经是相当大的一个群体了，在这个意义上，网络完全称得上是大众媒体。有人将电视、报纸、电台、网络称为四大媒体。考虑到它日新月异的飞速发展，这样的断言并不为过。

5）广告信息。广告信息指网络广告的具体内容，即网络广告所传达的具体的商品或劳务信息。它可能是很多文字，也可能只是一句话或一个网幅（Bannet）、一个图标（Button）。网络广告在声像的保真度及感染力等方面，由于日趋成熟的多媒体技术的介入，丝毫不让于电视；在信息容量上又远远超越了报纸和杂志。超大信息容量是网络媒体具有无限利用价值的理由之一。一般而言，一个网站下面，会有数十乃至数百个网页。网页信息采取非线性文本形式，通过链接方式将不同的网页互相连接起来，组成一个有机的整体，这就使得超大信息容量成为可能。更为关键的是，网络广告所负载的信息，可以由广告受众自主选择，想看哪类就看哪类，想看哪个就看哪个，想看多久就看多久，想看多少次就看多少次，随心所欲，反正一天 24h 都在网上，而且能够实时更新。

11.1.3 网络广告的特点

一些国际性大公司对网络媒介给予高度重视，是因为网上广告与传统媒介相比所具有的特点。这些特点表现在以下几个方面：

（1）传播范围广　网络广告的传播范围极其广泛，不受时间和空间的限制，可以通过国际互联网络把广告信息 24h 不间断地传播到世界各地。如今，互联网已经连通了 160 多个国家，作为网络广告的受众，只要具备上网条件，任何人在任何地点都可以随时随意浏览广告信息。

（2）跨越时间、空间限制　传统的大众媒介，包括广播、报纸、电视等，往往局限于在某一特定区域内传播，要想把本国内刊播的广告在国外发布，则涉及经过政府批准、在当地寻找合适的广告代理人、洽谈并购买当地媒体等一系列复杂的工作。同时，广告刊播时间受购买时段或刊期的限制，目标受众容易错过，并且广告信息难保留，广告主不得不频繁地刊播广告以保证本公司的广告不被消费者遗忘。而网络则是以自由的方式扩张的网状媒体，连通全球，只要目标受众的计算机连接到互联网上，公司的广告信息就可以到达，从而避免了当地政府、广告代理商和当地媒介等问题。同时，网上广告信息存储在广告主的服务器中，消费者可在一年内的任何时间里随时查询，广告主无须再为广告排期问题大伤脑筋。

与电话、电传之类的个体媒介相比，其优点也是显而易见的，因为沟通双方无须同时在通道两端出现，在时间上更加自由。同时，因为个人的通信地址不是与某台计算机相连，而是一个与密码相连的网络使用权，可在任一台连入互联网的计算机上使用，相当于一个随身携带的邮箱，不受地点的限制。

（3）内容详尽　与传统媒介相比，网络上能提供的信息内容更加全面，更加具体，可以涵盖从企业概况，各类产品信息，新产品信息以及企业各项促销及公关活动的详细信息，浏览者可以在任何时候，在相应的网页上查到所需信息的具体细节。随着多媒体及网络编程技术的发展，网上信息的形式更加生动活泼，更具吸引力。而传统媒体由于受到时段和版面等因素的限制，难以展开详尽的内容，而且由于传统广告是“硬性广告”，即属强制性传播方式，要求能够在有限的时间和空间范围内吸引住受众的注意力，因而内容务必精练。网络文选则不受时段和版面的限制。更重要的是，网络浏览者上网的基本目标就是为了搜集详尽的信息，这使得内容详尽成为网络广告的主要优势之一。

（4）形式多样　随着计算机多媒体技术和网络编程技术的提高，网上广告现在已经能做到集文字、动画、全真图像、声音、三维空间、虚拟现实等为一体，为网络巡游者（Surfer）创造了身临其境的感觉。计算机技术人员正在不断地开发新一代多媒体技术，从而将为广告创意提供更为广阔的空间，以吸引消费者的注意力，激发他们的购买欲望。

（5）动态及时性　网络编程语言的日趋成熟使网上广告的制作更加迅速。这样，企业便可以根据整体营销计划及时推出网上广告，配合整个营销活动的进程。同时，企业还可以方便地对网上广告进行动态调整。在传统媒体上广告发布后就很难再更改了，即使可改动，往往也需要付出很高的经济代价。网络广告则不同，它可按照需要及时变更广告内容。当企业营销策略发生变化，或发现既有的广告方案存在问题或需要增加新的信息内容，必须对目前的网上广告进行调整时，只需对既有的程序作出修改即可，就可以随时更改价格或商品供求变化等信息。例如，对于某一产品价格变动的信息，在网络广告上修改信息只需几分钟，从而实现广告与其他营销组合之间的及时协调。

（6）成本低、效率高　传统媒体的资金投入是十分巨大的，而网络广告的平均费用仅为传统媒体的3%。在CompuServe上的广告费用为15美元/h，原本无力购买广告媒体的小企业也有了属于自己的广告媒体，并可以进行全球性传播。在网络广告出现以前，小企业是无法做到这一点的。

更重要的是网络广告的投入效率（Cost Effectiveness）比传统媒体高。正如一家著名公司的广告部经理所说的："我知道我的电视广告投入中有一半是被浪费了，但我不知道是哪一半。"这是因为传统媒体的收费标准是按照刊播的版面、时段、频次等要素进行的，而这些要素与目标受众的实际暴露程度和对广告的接受程度之间存在着较大的差别。目标受众游离在广告主监控之外，广告主无法确切地知道究竟哪些人观看了广告，而哪些人没有。他必须为所有这些人支付广告费。相比之下，网络广告由于具有较高的可测性与可控制性，广告主便可以做到有的放矢，提高广告投入的效率，同时也决定了网络广告的独特的收费模式。

（7）反馈的可测性高　传统媒体广告的发布者无法得到有多少人接触过该广告的准确信息，因此一般只能大致推算一下广告的效果。而网络广告的发布者则可以通过公证权威的广告统计系统提供的庞大的用户跟踪信息库，从中找到各种有用的反馈信息。该信息库能够分辨出究竟有多少台不同的计算机访问过该网页，能够辨认某一浏览者是否曾观看过某一广告。利用服务器端的访问记录软件，可以追踪访问者在网站的行踪。企业可以通过受众发回的 E-mail 直接了解到受众的反应，还可以通过软件方式对企业信息的浏览情况（Click-Through）进行监测，据此获得本企业网址访问人数、访问过程、浏览的主要信息等方面的情况。

与传统媒体的做法相比，上述方式可随时监测广告投放的有效程度，并更精确且更有实际意义。一方面，精确的统计有助于企业了解广告发布的效果，明确哪些广告有效，哪些无效，并找出原因，及时对广告投入的效益作出评估，以便调整市场和广告策略。另一方面，广告商可根据统计数据评估广告的效果、审定广告投放策略，及时采取改进广告的内容、版式，加快更新速度等顺应消费者的举措，进一步提高广告的效益，避免资金的浪费。

（8）互动性　这也是网络广告最为显著的优势。这一特点给传统广告带来了革命性的变化。

1）趣味性强。网上广告的内容显示完全控制在浏览者手中，他们可以根据自己的兴趣和目标按动屏幕上的按钮，连接并获得所需的信息。屏幕上的物体还可以随意转动，甚至可以拆卸。浏览者成为了广告的"主宰"，这成为吸引许多消费者上网的一个重要原因。

2）实现多种交流功能。消费者除了可以自由地查询信息外，还可以通过 E-mail进一步咨询、订货，从而在单一媒体上实现了整个购买过程。这一点是传统媒体难以做到的。

3）实现个体化沟通模式。网络综合了电话、直接邮寄（DM）等工具的直接反应特性与多媒体技术，使之成为更理想的个体化沟通工具，促进了企业由大众沟通模式（Mass Communication）向个体沟通模式（Individualized Communication）的转化。

4）目标顾客的选择性。与传统媒体不同，网络文选的启动需要目标受众的主动搜寻和连接，因此属于“软性”广告。而主动搜寻本企业广告的消费者往往带有更高的目的性，因而成为本企业现实顾客的可能性增强，提高了企业对目标顾客的选择能力。

正因为网络广告具有这些传统媒体所缺乏的优势，使得越来越多的企业加入到网络广告的行列，并因此进一步刺激了网络广告技术与观念的发展与成熟。

11.1.4 网络广告的发布

1. 网络广告的发布方式

（1）利用自己的网站发布广告　利用自己的网站发布广告是最常用的发布网络广告的方式之一。这种情况下，企业可对广告的内容、画面结构、互动方式等各种因素进行全面的、不受任何约束的策划。

实际上，企业的Web网站本身就是一个广告。但是网站不能像传统媒体广告那样，所有的页面全都被广告占据。根据目前网站的运作实践来看，如果一个网站只提供广告，而不能同时提供其他信息的话，肯定不会有众多的访问者。因此网站这种特殊的广告形式，其定位应放在树立企业的整体形象上。所以许多企业的网站上通常还提供一些非广告信息，如时事新闻、名人轶事以及可供访问者免费下载的软件、游戏等。总之，必须能给访问者带来一定的利益，才能使其成为网站的常客。

（2）借助他人的网站发布广告　借助他人的网站发布广告也是目前常用的网络广告发布方式。Internet上的网站成千上万，为达到尽可能好的效果，应当选择合适的网站来投放自己的广告。选择投放广告的网站的基本原则如下：

1）选择访问率高的网站。Internet上有许多访问流量较大的网站，它们一般都是搜索引擎或较有影响的ICP，其中搜索引擎可作为首选网站，如雅虎、搜狐、ChinaByte等，这些网站的访问流量每天高达几万甚至几十万。好的搜索引擎能够将成千上万从未造访过你的网站的网民吸引过来。需要指出的是：现在许多导航网站都提供了很多供客户发布广告的展位。

在搜索引擎中投放广告，受众覆盖面广，数量大。但不足的是，由于搜索引擎所涉及的信息具有很大的综合性，因此其中的很多受众可能与你无关，而且在这些网站上发布广告的费用也较高。

2）选择有明确受众定位的网站。Internet上还有许多专业性的网站，其特点是访问人数较少，覆盖面也较窄，但访问这些网站的网民可能正是广告的有效受众。从这个角度看，有明确受众定位的网站的有效受众量不一定比搜索引擎少。因此选择这样的网站放置广告，获得的有效点击次数甚至可能超过搜索引擎。

除上述方式外，还有由几家企业合办或协办网站，如 IBM 公司与北京 169 合办的“中国荟萃”网站；或由企业对网站的某些栏目提供赞助，网站为其做广告等形式。

（3）利用广告交换服务网络　如果要在多个网站上发布广告，加入广告交换服务网络也是一种十分重要的途径。在 Internet 上有一些专门从事全球范围内广告自由交换服务的网络，它能为加盟者之间提供互惠互利、互为免费的广告交流活动。凡拥有自己主页的用户，都可以加入这个网络。

广告交换网络的运作机制是：广告主按服务网络的要求制作一个宣传自己的旗帜广告传送给交换服务网络，登记注册后，便成为该网络的成员。然后在自己的网页上加入交换网服务商提供的一段 HTML 代码。这样每当有人浏览其网页时，交换网中有关成员的广告即会在该网页上自动显示。同样的原理，该广告主自己的广告也会出现在交换网这些成员的网页上，达到了互换广告的目的。广告交换网络是以等量交换为原则的，交换网络的服务器将统计各成员网页被浏览的次数。根据这个数字，交换网络会将某个成员的旗帜广告按其所选择的类别等量地送到其他成员的网页中显示，这样就可以实现相对公平地在成员中互换广告。

目前，国内外有许多这样的广告交换网，国内比较著名的如网盟、联盟，国际上著名的如 LinkExchange。

（4）电子邮件广告　利用电子邮件列表发送广告信息也是一种常用的广告发布方式。电子邮件列表也叫邮件组，相当于一份地址清单，由于每个邮件组中的客户都是按某一主题编排的，因此邮件组也可以为企业提供精确细分的目标市场，所产生的回应率是比较高的。

企业可根据自己的客户建立或通过正常渠道购买他人的邮件列表。现在网上有些邮件组还不允许做广告，因此要想利用邮件组做广告，首先要弄清楚这个邮件列表软件，设置自己的邮件列表，或利用服务器上所带的邮件列表（一般的服务器托管服务提供商都会向用户提供这项服务）。

（5）使用新闻组发布广告　在 Internet 日趋商业化的今天，各种议题不同的 Usenet 中已经产生了许多专门交流商业信息的讨论组。同时，一些著名公司如 Microsoft、Sun 等都建立了自己的新闻组。因此，在这些新闻组中发布广告，其效果是十分明显的。

目前，Internet 上绝大多数新闻组都是英文的，中文的新闻组很少，而且大多是娱乐性的内容。因此通过新闻组发布广告，对于那些产品目标定位国际市场的企业来说，不失为一种经济、实用的方式。

（6）利用传统媒体发布广告　企业可在各种其他媒体上购买空间发布广告，如在传统广告中加入一条类似于企业地址之类的 Web 网址，以期将人们吸引到自己的网站上来。

2. 网络广告发布的误区

（1）只考虑购买网站的首页　广告主投放网络广告的最终目的或者是为了扩大产品的市场知名度，或者是为了增加销售量和销售额，为公司赢得利益。每种产品，只有找准市场，定位准确，才能在激烈的竞争中立于不败之地。那么在投放网络广告时也应该贯彻公司的一贯原则，将网络广告投放到适合公司产品的相应页面上。

但目前的情况是，由于各网站首页的广告价格比较高，这样在客观上误导了对网络媒体缺乏认识的广告主，使他们误认为网站首页的广告效果要比其他页面好。虽然网站首页的访问量一般都比较高，能产生较高的页面浏览率，但是由于网站首页的访问人群存在主题不明确、目的性不强的特点，在客观上造成广告缺乏针对性，导致广告的效果不理想，同时也造成资金的浪费，最终使广告主对网络广告失去信心，放弃对网络广告的投放。一般来说，首页广告的点击率永远是最低的，选择内容与自己业务密切相关的分类页面投放则能够过滤掉那些对企业缺乏商业价值的访问者，不必为无效的广告显示付钱。

（2）在站点选择上，以网站访问量为主要衡量标准　目前在我国，比较知名的门户网站有新浪、网易、搜狐等，比较著名的专业性站点有联众游戏等，它们之间的区别不仅仅表现在内容上，也表现在它们所吸引的用户人数、用户类别和用户特征上。所以，广告主在选择网站的时候，应该首先考虑网站及网站访问者的特点是否与自己的产品和活动相符，其次才应该是该站点的访问量。只有在选择好合适自己产品和活动的站点后，你所了解的该站点的访问量才有可能成为有用的浏览量。

（3）认为广告投放的量越大，广告效果就一定越好　如何用最少的广告费换取销售的大幅增长，是所有广告主在进行广告投放时需要考虑的问题。由于目前网络广告的平均费用较传统媒体而言还是比较低的，所以在广告投放上，很多时候广告主相信只要在某个页面上投放的量越大，所得到的广告效果就一定越好。

经验表明，广告的效果与广告的投放，开始时是随着广告投放的上升而不断上升的，但当广告投放达到一定数量时，广告的效果可能就不会再有很大的变化。因此在某个固定的浏览量很大的网站上投入大量的广告，可能可以很快地达到所需要的浏览量，但是仔细考虑这些广告受众，就会发现最终换来的只是大量的重复受众，这并不是广告主的目的，他们需要的是覆盖不同的受众人群。所以，在广告的投放量上需要有一个投放数量的考虑，并不是在浏览量越大的站点上投放广告的量越大，广告效果就一定越好。

11.1.5　网络广告的收费模式

1. 千人印象成本（Cost PER Thousand Impressions，CPM）收费模式　在传

统媒体的广告业中，通常是以每千人成本作为确定该媒体广告价格的基础。由于Internet上的网站可以精确地统计其页面的访问次数，因此网络广告按访问人次收费是一种科学的方法，所以网络广告沿用了传统媒体广告的做法，一般以广告网页被1000次浏览为基准计价单位的收费模式，即CPM。例如，一个旗帜广告的单价是$1/CPM，意味着每1000人次看到这个广告就收1美元。依此类推，若有1万人次浏览了该广告就是10美元。如果一个广告主购买了30个CPM，其所投放在广告商网页上的广告就可以被浏览3万人次。

CPM模式只按实际的访问人次收费，这样可以保证广告主所付出的费用与浏览人次直接挂钩。其次，按CPM收费，可以鼓励网站尽量提高自己网页的浏览人数。第三，可以避免客户只愿在网站的首页做广告的弊病，因为按照CPM的计价方式，在首页做广告和在其他页面做广告的收益和支出比是一样的。正是如此，采用CPM收费模式似乎已经成为目前网络广告的一种惯例，而且不同的网站价格大相径庭。在著名网站中，如雅虎的价格则可高达$75/CPM，而一些鲜为人知的网站只要$1/CPM。美国著名的Excite导航网站的旗帜广告报价：一般价格，以$30/CPM为计算的参考标准，每75万人次价格为$6000；针对某个地区或区域的价格，$30/CPM；按内容或主题定价，$40/CPM；按关键词定价，$60/CPM。千人印象成本的计算公式如下：

千人印象成本＝广告购买成本/含有广告页面的访问人次×1000

例如，广告提供商的千人印象成本广告价格为200元，站点的访问率是100万人，那么广告主就要出20万元购买广告。广告提供商偏爱这种收费模式，因为可以鼓励网站尽量提高自己网页的浏览人数。

2. 每次点击成本（Cost per Click－Throughs，CPC）收费模式　这是一种以网页上的广告被点击并链接到相关网站或详细内容页面1000次为基准的网络广告收费模式。例如，广告主购买了10个CPC，意味着其投放的广告可被点击10000次。虽然CPC的费用比CPM的费用高得多，但广告主往往更倾向选择CPC这种付费方式，因为这种付费真实地反映了受众确实看到了广告，并且进入了广告主的网站或页面。CPC也是目前国际上流行的广告收费模式。

3. 点击（Hit）收费模式　点击收费即按照一段时间内一个网页上所有链接点被点击的次数收费。网页上的每一个广告、链接点都产生点击，所以网页上的点击次数是多个广告或其他链接产成的。因此，用一段时间内网页点击次数来计算广告的价格比较网站点击流量是不准确的，这只是一种粗略的算法。广告主在使用这个标准时，应与相同条件下CPM方式做一个比较，看哪一种定价标准更合算。

4. 每行动成本收费模式　这是广告主为防范广告费用风险采用的一种付费模式，即广告主在广告带来产品的销售后按销售数量付给广告网站较一般广告价格更高的费用。

5. 其他收费模式　一些网络广告服务商还采用按月固定收费的模式，如国内许多网站推出的以租用硬盘空间方式，按“××元/××（M·月）”的方式收费。

综上所述，不难看出，单从成本上看，在 Internet 上做广告的费用大大高于其他传统的广告媒体。Forrester 公司的调查材料显示：室外路牌广告及流动广告、电视、杂志、报纸和 Internet 的千人广告费用大致依次为 2 美元、5.42 美元、43.55 美元、60.31 美元和 75 美元。但应当认识到，尽管电视广告费用很低，但从电视台购买广告时段，其费用并非一般的企业能承担得起的，而且电视广告观看的人虽多，但对其真正感兴趣的仍然只是那些特定的用户群；相比之下，在 Internet 上虽然不能达到电视所拥有的那么多观众，但广告的定向（Advertising Targeting）却能更集中地让特定的用户看到，因此效率远高于电视广告，所以尽管它的千人广告费用较高，但总体费用却比传统广告低得多。

任务二　网络广告的形式

网上广告一般有以下四种形式。

1. 万维网广告　万维网（Web）是目前绝大多数互联网用户通用的信息数据平台。对互联网的广告客户来说，万维网拥有无限的利用价值，它允许细致的全彩色的画面、声频传输，大容量信息的按时传送，24h 在线以及在广告主、广告受众之间的双向信息交流。对某些人来说，Web 冲浪正取代其对其他媒体，如电台、电视及印刷品等的依赖。在 Web 和其他媒体间有一个根本的区别是，消费者寻找广告主页（Homepage），而不是广告主寻找消费者。

Web 广告分为以下几种：

1）网幅广告。网幅广告（Banner）是我们在网页上见得最多的广告形式，因其多在页面上方首要位置，又叫页眉广告或头号标题；又因其都是长条形状，又称为旗帜广告。其尺寸多为 60×80 像素，视网站页面规划或广告主的要求可做适当地调整。浏览者只要点击它，就能进一步看到更详尽的信息。凭借这种方式，广告主可以精心构筑融合感性与理性的宣传区域，有效加强网幅广告的宣传效果。这是传统传媒无法比拟的优点，所以在设计上，网幅广告往往只是提示广告，它可能就是一个标题，或是一个招牌，引人走向更深处。在网络广告发展的初期，网幅广告的样式多是一个公司的标志，再加上“Click Me（Here）”或“点击此处进入”的字样就可以了。但随着网络广告的发展，网幅广告开始讲究创意，花样迭出，目的不外是刺激浏览者主动链接以进一步阅读广告的内容。这是目前网幅广告发展的重点。

据网上消息，Excite@ Home 公司推出的基于 Java 的网幅广告，让商家把聊天窗口加入到网幅广告中，这样用户不必离开正在访问的网页，就可以在聊天窗口中键入文字信息。这是 Excite@ Home 公司的 Enliven 分部最近推出的几个特色功能之一，Enliven 分公司正把更多的交互式功能集成到网幅广告中。过去两年来，Enliven 已推出一系列的增强网幅广告功能的应用项目，如其中有一个功能就是用户可以不必离开正在访问的网页，就可以打印产品说明书。Cyber Quest 公司也于近日公布了三项名为用户界面实时再现、电子识别、传输鉴别的新技术，使网幅广告可以在用户等待网页登录时，在屏幕上展开 30s 左右，用户也可以根据自己的喜好决定是否关闭这一页面。该公司技术主管称，广告再现的完整过程是：首先利用电子识别技术判断出系统正在登录新的页面，然后利用实时再现技术在 2s 内将完整广告展开，最后利用传输鉴别技术可以将广告和其他所有网络广告一样实时再现。有了日新月异的技术进步，网络广告之无限魅力正在其中。

2）图标广告。图标广告（Button）在自身属性以及制作和付费方式等方面，都同网幅广告没有区别，它只是小一些，像个纽扣（Button 的原义），其大小一般为 80×30 像素。许多网络商并不区分 Banner 和 Botton，只是统称为 Banner，然后在尺寸上列出六种以上的规格，以及其中较小的几种图标广告。图标广告属于纯提示型广告，一般只是由一个标志性图案构成，常常是商标或厂徽等，没有广告标语，更没有广告正文，所以它的信息容量十分有限，吸引力也要差一些，只具有一定的提示作用。对于老主顾和熟人会很方便，很有效，很经济，但对于陌生人，在效果上就要差许多了。一些大户，如 IBM、Intel、可口可乐、Sony 之类让人耳熟能详的广告主及广告产品，可以这样做。小厂家，特别是新产品则需慎重，还是多花点时间，做一个网幅广告比较好。

3）特别赞助广告。应该承认，网络广告不是 CPM 的天下，对于一个访问量很大的网站来说，有太多的广告资源可以销售。太密集的广告跟踪程序会拖慢服务器，也使得 CPM 价格水准容易滑坡，所以更多的国外网站愿意找一些不太斤斤计较的企业作为赞助商，让其赞助一个与它的业务相关的页面或栏目。对于赞助商来说，他不但可以得到广告的显示数量，还能够用各种“谈得来”的方式和网站的访问者进行交流。可以宣示品牌，也可以直接促销，还可以进行市场调查，甚至可以发展消费者俱乐部。

特别赞助广告（Sponsorship）与网幅广告的区别是放置时间较长，而且无需与其他广告轮流滚动，更适于想做品牌广告的客户。

广告赞助页面可以有效扩大页面知名度。例如，赞助一个电视剧展出页面，从而吸引访客对自己公司、产品或服务的注意。访客可以通过广告赞助页面链接至公司的页面。Xerox 是亚特兰大奥运会的主要赞助商（其奥运会页面地址为

www. xerox. com)，而 Sprint 公司则赞助世界杯足球赛页面，以吸引体育运动爱好者。在上述两种情况下，公司主页的页面都提供一条超链接指向相关的运动页面。

4）在线分类广告。分类广告一直是报纸广告的主要形式，在线分类广告（Classifiedad）对传统的报纸媒体带来了巨大的冲击，因为在线形式的分类广告有其与生俱来的独特优势，包括可搜索性、数据库的其他功能、更快捷的更新和更灵活的表现形式等。

芬兰英夫拓公司在北京投资的广大联中国分类广告网（www. adlink. com. cn）是这类广告形式的代表，它是国内互联网骨干线上一个功能强大的分类广告平台，面向所有企业和普通消费者。所有的互联网使用者都可以在这个平台上方便地检索、浏览别人的广告，也可以发布自己的广告。广告内容按产品与服务的类别详细分类。其基本出发点是：零散的广告，仅仅是广告，但数目巨大的广告则被合理地组织起来时就成为有价值的信息了。其中技术基础是 Scan 的服务系统，由英夫拓集团开发。

在国内的专业分类站点并不多，除了上文提到的 www. adlink. com. cn 之外，还有个人经营的“酷中国”（www. coolchina. com）。其余的分类站点大多是一些综合性站点或者地方服务站点的栏目。

5）插入广告。这是一种非请自来、带有一些强迫性的广告，据说是网上广告中最讨人嫌的一种。在你调出一个网页的同时，会自动跳出另一个幅面略小（正常页面的 1/4 左右或更小）的网页，以诱人的画面或字眼引你点击，它就是插入广告。应该说，有时它也能发挥作用，能引起人们，特别是新上网的人的好奇和点击。这样说来，我们就无法批评这种广告了。但它的确属于强迫性广告，和整个网络世界的自由民主气氛有点不协调。

6）关键字广告。在检索的同时出现的广告，称为伴随关键词检索显示的网幅广告（Keyword－Triggered Banner Advertising），可简称为关键字广告。企业可以买下搜索引擎的流行关键字，凡是输入这个关键字的用户都可以被吸引到该企业的网站上去。例如，如果你输入的是“PDA”，雅虎可能带你去可口可乐。

2. 电子邮件广告　E－mail 是互联网的一项基本功能，允许用户以较普通邮件更为方便迅捷的方式交流信息，联络感情。它很像普通邮件，只是传播途径有所不同。用于广告活动时，也非常像直邮广告。一些市场营销人员早已在使用 E－mail处理他们的业务了。一些公司也一直在收集顾客或潜在顾客的 E－mail 地址，以便有所针对地将他们的广告直接发送给指定群体。但是，已经普及的 E－mail广告还不曾克服其广告受众对于将商业信息以直邮形式发送至私人电子信箱的厌恶心理和排斥态度。凭借技术的进步和服务意识的增强，今后的电子邮件广告或许能够实现其更加明确的针对性，并真正成为大众喜闻乐见的消费向导和购物指南，减少广告受众的反感。

另一种使用电子邮件的网络广告形式称为电子邮件列表（Electronic Mailing Lists），英语中将其简称为 Listserv。有一些想在网上就某些自己感兴趣的话题发表见解的人可以加入电子邮件列表。有成千上万的电子邮件列表被用于发布令人难以置信的千奇百怪的话题。将自己要讲的话用电子邮件发送出去，就会即时传达给列表上的每一个人，这是一种非常具有针对性的传播行为。收集并出卖商业信息 Listserv，自然会在这里找到自己合适的位置。作为广告形式，电子邮件列表已经引起广告主的充分注意。不过广告主一定要小心，除非在你的产品和某话题之间有明显而密切的关联，否则不要无限制地使用这种广告形式。因为在网上，网民一向极其讨厌强迫性的商业广告形式。鼠标就在他们手中，决定权也在他们手中，他们有权拒绝不喜欢看或不需要看的东西。

现在，在网上还活跃着一种称为电子刊物的广告形式。电子刊物是指使用任何渠道吸纳自愿订阅用户，以有偿或无偿的形式用电子邮件载体向订户发送经过编辑的内容。它以固定的发送频率和分期的固定的内容特点和涵盖范围，并带有一定的可读性，长期向订户发送。其经营方法采取不发稿费，但在有广告的情况下分广告提成的方式，如易维工作室（www. cfido. com/eway）与 Soim.（www. soim. com）合作的“索易、易维 IT 评论周刊”采取如下方法：易维自己所争取到的广告可以得到 70% 的利润，另外还有 20% 可以作为易维的稿费分配。索易独得 10% 收益。这种广告形式比较单纯的电子邮件广告让人略好接受一些，但要看其内容是否符合订户口味，不然就不会有订户，更不会有广告收入。

3. 电子公告牌广告　电子公告牌（BBS）是一种以文本为主的网上讨论组织。在这里，你可以通过网络，以文字的形式，与别人聊天、发表文章、阅读信息、讨论某一问题，或在网站内通信等。这里宽松、自由的气氛吸引了很多的爱好者。这种站点往往有许多讨论区，如体育、艺术、社会信息等，包含了丰富的内容。也会有一些关于商业、就业、旧货交易等内容的选项。由于国内 BBS 站点多是大学或科研机构开设的，所以其商业信息的比重不是很大。在这些商业信息中，更多的是以消息、新闻为主，具有快速、自由的特点，并且由于参与者之间的一种公约式的自觉，这里的内容具有比较高的准确性。虽然国内的 BBS 并非为商业目的而设，但其潜在的商业应用价值不容忽视。

4. Usenet 广告　Usenet 是由众多在线讨论组组成的自成一体的系统。其中的一个一个的组称为新闻组或讨论组（Newsgroup），分别冠以不同的、有着明确界限的主题。例如 biz. * 是有关商业信息这一主题的讨论组。

在使用这些组之前，最好考察和选择适当的小组，因为有些组由于无人问津可能已“濒临死亡”。在很多组中为了让商业广告信息有栖身之地，也开设专门的子讨论组。一般来说，每一个讲座组都有主题、地域等方面的差别，并且都有自己的特殊规则。发布纯盈利性质的广告被认为是粗野和无礼的，所以，你只有在讨论组中单独挑起一个话题，并保证它有足够的吸引力，才能获得回应，你的广告目的也才有望达成。你也可以插入正在讨论中的某一话题，不过发布的信息一定要与主题相关，并且还要短小精悍，以讨人喜欢。另外少做重复性粘贴，注意内容适时更新等，这些都是 Usenet 中的行为哲学。如果你不遵守游戏规则，可能会遭到黑客的袭击和报复。

任务三　网络广告策略

11.3.1　网络广告过程

1. 网络广告目标市场调研阶段　产品和服务都有各自的目标和市场，网络广告宣传就是将与产品或服务有关的信息传递到目标市场的消费者手中，它必须围绕企业的目标顾客群进行设计和编排，要与目标受众保持协调一致。因此，进行市场调研是成功进行网络广告宣传的前提。

正是由于 Internet 受众的特殊性，即网络浏览者收入较高，其受教育程度高且接受新事物快，企业在进行网络广告活动时必须首先要进行定位，分析所提供的产品或服务的目标是否与互联网用户相一致；其次还要分析网络的既有受众与企业目标市场的重合度有多大。一般来说，计算机软硬件产品、知识含量高的产品、创意独特的产品、有特殊收藏价值的产品、服务类的无形产品等利用网络广告更容易取得成功，一般性产品也可以利用网络广告宣传来增强品牌的认知和建立品牌忠诚度。对重合度的测定可以对目标受众进行网上抽样调查来实现。另外，在开展网上广告的过程中，对竞争对手要进行研究和分析，取其所长，补己之短，争取目标受众，以获得竞争优势。

由于互联网本身就是一个巨大的信息资源库，并在调研方法及手段上都有革命性的突破，这将使网络广告目标市场调研呈现便捷、准确、及时的特点。调查的内容应包括产品调查、企业情况调查、消费者调查、竞争性调查、媒介调查等。

2. 确定网络广告计划　通过确定合理的目标，明确界定网络广告的任务及计划，网络广告活动实质上是一种“推拉互动式”的双向沟通。企业应根据目标受众的情况，确定沟通的目标，使用软性“拉”技术，而非传统的强行灌输式的“推”，针对每个受众建立相应的数据库，实行有效的互动沟通，最终促其产生购买行为。计划的制订应包括广告目标、广告对象、广告时间、广告范围、广告媒体、广告预算、广告主题及创意等内容，这项工作关系重大，应组织专门班子及人员，建立智囊机构，对重大方针政策反复论证，认真研究，力求符合实际发展。

3. 网络广告信息的设计　根据网络广告沟通目标的要求，网络广告信息设计既要传送大众化的信息，又要传送个性化的信息，实现大众沟通和个体沟通统一。网络广告是信息型的广告，上网者是各类信息的寻求者。他们不会单凭某种印象作出网上购买的决定，他们习惯于对信息进行理性的分析，所以网络广告应能向受众提供足够详尽的具有逻辑和说服力的信息，才能最终促成购买决策。可见，广告信息设计是网络广告中非常重要的一个环节。

4. 选择网络广告中介　企业设计、制作和发布网络广告离不开各类网络广告中介的服务，网络上有众多信息服务商，但这些网络服务商在资金、技术、市场、速度与出口等方面差别很大，进行网络广告活动必须慎重选择网络服务商。

5. 制定网络广告活动预算　正确编制网络广告活动预算是使网络广告活动得以顺利进行的保证。网络广告预算与传统广告预算的费用构成基本相同，其主要差别是网络广告的收费方式不同于传统广告，网络广告的收费方式应直接取决于广告效果。网络广告预算是网络广告主对一定期限内网络广告活动费用的预先筹划与安排，它是网络广告活动的重要内容之一。

广告预算的编制办法一般有以下几种：

1）销售额百分比法。销售额百分比法是以一定期限内销售额的一定比率计算出广告费用总额。这种方法简便易行，但过于死板，不能适应市场激烈竞争的环境，因果倒置，因此使用起来应格外小心。

2）盈利百分比法。盈利百分比法是根据利润大小确定广告费用比率。这种方法使广告费与利润直接挂钩，也是一种较为被动的方法，应慎重使用。

3）销售单位法。销售单位法是以商品的一定数量为单位，规定每个销售单位应支出多少广告费用，再乘以预测销量，得出广告总费用。这种方法适合于大量生产的企业，尤其适合薄利多销的生产企业。

4）目标达成法。目标达成法是以广告过程的特定阶段为目标，决定为实现这一特定目标所必需的广告内容、广告媒体、广告时间与广告地区等方面的具体实施计划，然后计算每次广告活动需要的费用，其总和就是达到特定阶段的广告预算。这种方法较先进，尤其适合于新产品上市初的广告预算，问题是计算上存在一定难度，无前例可循。

5）竞争对抗法。竞争对抗法是以主要竞争对手的广告费用支出为依据，确定与之抗衡的广告费用。这种方法使用上风险较大，尤其是中小企业应特别慎重，但对于资金雄厚的大企业来说却是有效的办法。

6）预期购买者数量法。预期购买者数量法是预定对每位购买者支出一定数量的广告费用，以此为单价，乘以预期的购买者数量，确定下一阶段支出的广告费用。此法尤其适合大型或高档的产品。

7）通信订货法。通信订货法是根据特定的广告而来的询价和订货的总人数测算广告费用的方法。

8）支出可能额法。支出可能额法是根据企业财务的承受能力确定广告预算的方法，财力强多做，财力不足少做。建议在采用这种方法时充分考虑市场变化因素及应变措施。

9）任意增减法。任意增减法是以前期广告费为基数，根据现有财力及市场需要，对其进行增减，以匡算广告预算。此法多为小企业或临时性广告支出采用。

6. 网络广告的实施　在网络上发布广告的方式有多种，企业在投放网络广告时，要根据自己的人力、物力、财力，先易后难，循序渐进，合理选择网络广告的组合方式。

11.3.2　网络广告的效果评价

网络广告的效果评价关系到网络媒体和广告主的直接利益，也影响到整个行业的正常发展，广告主总希望了解自己投放广告后能取得什么回报。所以网络广告投放之后，还要对网络广告的效果进行检测，以确定是否达到了预期效果。Internet 的互动性使得网上广告的效果测试变得即时、方便和准确。网络广告的效果评价方法主要有以下几种方法：

1. 对比分析法　无论是 Banner 广告，还是邮件广告，由于都涉及点击率或者回应率以外的效果。因此，除了可以准确跟踪统计的技术指标外，利用比较传统的对比分析法仍然具有现实意义。当然，不同的网络广告形式，对比的内容和方法也不一样。

对于 E－mail 广告来说，除了产生直接反应之外，利用 E－mail 还可以有其他方面的作用。例如，E－mail 关系营销有助于企业与顾客保持联系，并影响其对企业的产品或服务的印象。顾客没有点击 E－mail 并不意味着不会增加将来购买的可能性或者增加品牌忠诚度。从定性的角度考虑，较好的评价方法是关注 E－mail 营销带给人们的思考和感觉。这种评价方式也就是采用对比研究的方法：将那些收到 E－mail 的顾客的态度和没有收到 E－mail 的顾客做对比。这是评价 E－mail 营销对顾客产生影响的典型的经验判断法。利用这种方法，也可以比较不同类型 E－mail 对顾客所产生的效果。

对于网幅广告或者图标广告，除了增加直接点击以外，调查表明，广告的效果还通常表现在品牌形象方面。这也是为什么许多广告主不顾点击率低的现实而仍然选择网幅广告的主要原因。当然，品牌形象的提升很难随时获得可以量化的指标，但同样可以利用传统的对比分析法，对网络广告投放前后的品牌形象进行调查对比。

2. 加权计算法　加权计算法就是在投放网络广告后的一定时间内，对网络广告产生效果的不同层面赋予权重，以判别不同广告所产生的效果之间的差异。

这种方法实际上是对不同广告形式、不同投放媒体或者不同投放周期等情况下的广告效果进行比较，而不仅仅反映某次广告投放所产生的效果。

显然，加权计算法要建立在对广告效果有基本监测统计手段的基础之上。下面以一个例子来说明。

第一种情况，假定在 A 网站投放的 Banner 广告在一个月内获得的效果为：产品销售 100 件（次），点击数量 5000 次。

第二种情况，假定在 B 网站投放的 Banner 广告在一个月内获得的效果为：产品销售 120 件（次），点击数量 3000 次。

如何判断这两次广告投放的效果呢？可以为产品销售和获得的点击分别赋予权重，根据一般的统计数字，每 100 次点击可形成 2 次实际购买，那么可以将实际购买的权重设为 1.00，每次点击的权重设为 0.02，由此可以计算上述两种情况下，广告主可以获得的总价值。

第一种情况，总价值为：$100 \times 1.00 + 5000 \times 0.02 = 200$

第二种情况，总价值为：$120 \times 1.00 + 3000 \times 0.02 = 180$

可见，虽然第二种情况获得的直接销售比第一种情况要多，但从长远来看，第一种情况更有价值。这个例子说明，网络广告的效果除了反映在直接购买之外，对品牌形象或者用户的认知同样重要。

权重的设定对加权计算法最后结果影响较大。比如，假定每次点击的权重增加到 0.05，则结果就不一样。如何决定权重，需要在大量统计资料分析的前提下，对用户浏览数量与实际购买之间的比例有一个相对准确的统计结果。

3. 点击率与转化率　点击率是网络广告最基本的评价指标，也是反映网络广告最直接、最有说服力的量化指标。不过，随着人们对网络广告了解的深入，点击网络广告的人反而越来越少，除非特别有创意或者有吸引力的广告。造成这种状况的原因可能是多方面的。例如，网页上广告的数量太多而无暇顾及；浏览者浏览广告之后已经形成一定的印象，无须再点击广告；仅仅记下链接的网址，在其他时候才访问该网站等。因此，平均不到 1% 的点击率已经不能充分反映网络广告的真正效果。于是，对点击以外的效果评价问题显得重要起来，与点击率相关的另一个指标——转化率，被用来反映那些观看而没有点击广告所产生的效果。

“转化率”最早由美国的网络广告调查公司 Adknowledge 在“2000 年第三季度网络广告调查报告”中提出，Adknowledge 将“转化率”定义为受网络广告影响而形成的购买、注册或者信息需求。正如该公司高级副总裁 David Zinman 所说，“这项研究表明浏览而没有点击广告同样具有巨大的意义，营销人员更应该关注那些占浏览者总数 99% 的、没有点击广告的浏览者”。

Adknowledge 的调查表明，尽管浏览者没有点击广告，但是全部转化率中的

32%是在观看广告之后形成的。该调查还发现了一个有趣的现象：随着时间的推移，由点击广告形成的转化率在降低，而观看网络广告形成的转化率却在上升。点击广告的转化率从30min内的61%下降到30天内的8%，而由观看广告的转化率则由11%上升到38%。

4. 网络广告效果的监测方法

（1）通过服务器端的访问软件进行检测　使用专门用于广告分析的软件，广告主可以随时了解在什么时间、有多少人访问过载有广告的页面，有多少人通过广告直接进入到广告主的网址等。

（2）通过查看客户反馈量检测　通过统计HTML表单的提交量以及E-mail的数量在广告投放后是否大量增加来判断广告投放的效果。

（3）通过专门广告评估机构检测　传统广告一般都由专业机构通过统计收视率、收听率、发行量等来衡量一家媒体的优劣，而网络广告效果的监测还是个全新的领域，还没有公认的网络广告权威监测机构。由于评测结果对站点的成功具有重大影响，若没有专门的权威网络广告评估机构监测结果，就无法吸引此广告商、投资者或合作伙伴。目前我国网络广告监测机构正处于发展的初期阶段，随着时间的推移，网络广告监测机构会逐步成熟和完善。

5. 网络广告注意事项

（1）网页上方比下方效果好　统计表明，许多访客不愿意通过拖动滚动条来获取内容，因而放在网页上方和网页下方的广告所能获得的点击率是不同的。放在网页上方的广告点击率通常可达到3.5%~4%。

（2）广告面积越大越好　通常网络广告的标准大小有468×60、150×68和88×31三种常用规格。显而易见，一个大的广告图形更容易吸引用户的注意。因此不同大小的横幅价格也会不同。

（3）经常更换图片　研究表明，当同一个图片放置一段时间以后，点击率开始下降。而当更换图片以后，点击率又会增加。所以保持新鲜感是吸引访客的一个好办法。

（4）采用合适的语句　广告中使用的文字必须能够引起访客的好奇和兴趣，可以是召唤性的，如“Click here”；也可以是时间性的，如“最后机会”；还可以是“Free”之类的词语，这种看起来落入俗套的词语却能够起到戏剧性的效果。

（5）使广告靠近网站最主要的内容　通常综合网站都会有“What is new”或者发布网站自身新闻的位置，这往往是一个网站中最吸引人的部分，因此广告如果放在这位置附近会吸引更多人的注意。

（6）将广告链接到一个特定的页面　将广告链接到一个特定的页面，而不是客户网站的首页。没有人喜欢七弯八绕才能获取自己所需的内容，因此广告应该链接到企业最想宣传的那个页面。

（7）适当运用动画图片　统计表明、动画图片的吸引力比静止画面高三倍。但是如果动画图片应用不当则会引起相反的效果，如太过花哨或文件过大影响了下载速度。所以通常广告商会限制图片的大小。

（8）不可忽视纯文字的作用　在电子邮件杂志中可以放置纯文字广告。由于纯文字广告通常可以表现100字左右的文字内容，而且几乎不影响下载速度，所以措词得当的纯文字广告甚至可获得高达12%的点击率。

（9）选择合适的广告网站　即使CPM价格一样，在访问量不同的网站做广告，其效果是完全不同的。高访问量的网站使企业获得所需效果的时间大大缩短，从而为企业赢得了时间。

总之，网络广告过程是一个极其复杂的系统化过程，它需要企业以及各方面的大力协同，才能完成广告宣传活动。

11.3.3　网络广告的沟通

发布广告的过程实际是一个与目标受众信息沟通的过程。一个有效的沟通过程必须符合"5W"要求，即Who（谁）；What（说什么）；Which Channel（通过什么渠道）；Whom（对谁说）；What Effect（产生什么效果）。因此，有效沟通必须考虑三个基本因素，即信息源（信息发送者）、信息和沟通对象（信息的接受者）。此外，还需考虑能够将信息转化为接受者可以理解的形式，利用某种渠道传播，信息接受者能够理解并能促使其作出反应，广告实质上是一种沟通活动。

1. 传统广告沟通模式　菲利普·科特勒提出了一个沟通过程模型，他认为传统的广告沟通就是一种大众沟通模式，由八个主要沟通因素组成，沟通中的主要当事人，即发送者和接收者；沟通工具，即信息与媒介；沟通功能，即译出、译入、反应与反馈。图11-1描述了这种模型。

科特勒对沟通过程中各种因素的分析方法与其他人有所不同，他不是按照信息流程（从沟通者到沟通对象）的顺序进行分析，而是按照规划流程（从目标沟通对象推至沟通者）的顺序来分析。他指出，广告沟通者必须制定下述决策：目标沟通对象是谁（确定接收者）；应该期待何种反应（确定反应与译入）；应该发展何种信息（确定信息与译出）；应该利用何种媒介（确定媒介）；信息应具备何种来源属性（确定发送者）；应收集何种反馈（确定反馈）。

利用大众沟通模式进行广告宣传，其根本任务是将信息送达目标受众，并给受众留下深刻的印象，使接受者最终采取行动。由于它面对的是个体不确定的"公众"，所以只能采取诱导说服的方式，试图通过具有诱惑力的生活片断、生活方式、幻想、音乐、形象，甚至名人、明星、科学证据、专家等，在受众头脑中形成某种印象，潜移默化地诱导受众成为购买者，而常常不涉及产品本身的性

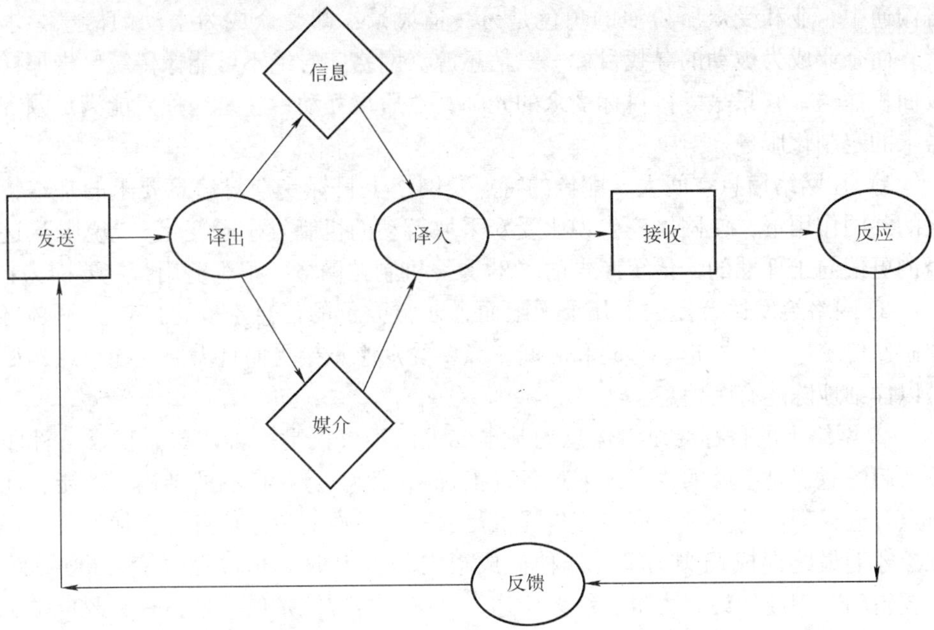

图 11-1 科特勒的沟通过程模型

能、结构等。

由此可见，大众沟通模式是一种典型的“推”的策略。其特点为：

1）大面积播送，不是直接将信息送到细分市场。

2）信息传送和反馈是隔离的、单向的、非交互的、有时差的。

3）强势信息灌输，试图用某种印象劝诱目标受众成为购买者。

理论研究和实践均表明，大众沟通模式对受众的影响力正在下降，它已不能适应现代消费者主动寻找适合自己需要的信息、理性地作出购买决策并追求消费个性化和定制化服务的需要。

2. 网络广告沟通模式

（1）网络广告沟通模式的特性

1）即时互动的特性从两方面使网络广告产生了变革

① 它改变了传统广告沟通中信息发送和反馈单向流通、相互隔离、有时差的缺点。它使发送者和接受者在沟通中能实现即时的双向沟通，随着互动的逐渐深层次的展开，企业和顾客之间的双向沟通越深入，相互的依赖性就越强，其他企业进入这个细分市场的壁垒就越高，最终会形成企业和顾客之间“一对一”的营销关系。

② 它改变了传统广告沟通中“推”的方式。网络的交互特性使企业在网络上抛弃这种强势灌输的沟通方式成为可能，交互性提高了顾客的主动性，网络广

告沟通中企业和受众所扮演的角色是另一道风景：即受众成为主动的信息寻求者，而企业成为被动的寻找目标——信息源。网络广告绝不可能像传统广告那样大面积播送，它只是等待目标受众的光临，然后再互动，它是一种更能满足顾客需求的定制化服务。

2）在网络信息空间大、廉价的特点及网络上目标受众对信息要求的基本特点的共同作用下，使网络广告说服受众采取行动的机制发生了变化。“说服”这个词更偏向于理性的，传统广告的“劝诱”机制在网络上很难适用，主要因为：

① 网络给发送者提供了几乎无限而且非常廉价的信息空间，广告主不必再像制作传统广告那样担心空间和时间，只要受众愿意接受而且需要这些信息，尽可以详细地陈述有关信息。

② 网络上的目标受众对信息的基本要求已不仅仅是一种印象，仅靠某种印象唤起的意识是不够的，必须通过各种报告和阅读，分析产品的结构、性能、优缺点等进行理性的决策。网络广告提供足够的事实性的参考信息，再加上某种好印象才能最终促成购买决策。这种促成很大程度上取决于“摆事实、讲道理”的逻辑的、理性的说服力量。综上所述，网络广告应该是信息型且具有逻辑说服力的广告，而不像传统广告是印象型的具有潜移默化功能的广告。

商品分类信息内容丰富且翔实。传统广告垂青于创意或名人效应，其目的是要尽可能地引起大众注意，因为传统广告面对的是被动的信息接受者，而网上分类商品广告所面对的网络消费者具有理智性，网上广告对商品介绍内容越丰富越翔实，就越能引起他们的注意，并激发他们的购买欲望。

强调身临其境的多媒体形式。网络环境下，网络消费者最担心的是看不到实物，缺乏感性认识，因此，应多采取多媒体技术，展示商品信息，营造出一个身临其境的氛围，达到促销目的。

注意广告信息的智能化。网上广告信息实在太多，查寻困难，因此，网络广告应以多角度的商品主题词分类为主，辅之以同类商品和相关商品的联想式搜索调用方法，用智能化的信息手段来达到促销的目的。

（2）网络广告沟通模式　网络广告的沟通兼具大众沟通模式和个体沟通模式的特点。个体沟通模式是指两个或更多的人相互之间直接进行沟通的形式，它具有传授双方双向交流、针对性强、直接反应的特性。由于利用大众沟通模式进行狂轰滥炸式的广告宣传已经演绎到无以复加，消费者不堪忍受而纷纷厌恶和逃避广告，广告主花了大笔广告费却得不到回报，于是，广告主、广告商开始寻求更为直接有效的信息沟通模式。以直复营销理论为基础，用面对面、电话、电传、电视直销、直接邮寄等方式进行信息传播的个体沟通模式很快成为广告主和广告商的新宠而备受青睐。

虽然目前所采用的个体沟通方式在一定程度上实现了企业与顾客的双向交

流，能在广告的同时销售商品，并通过回复卡、电话查询、订货付款等环节把相关信息汇入顾客数据库，使广告活动更具针对性，且与大众沟通模式相比有非常明显的优越性。但是，一方面，它们需要沟通双方必须在通道的两端同时出现；另一方面，它们仍然是传统的“推”式策略的延伸；再者它们影响受众采取行动的机制仍然是“劝诱”。在信息交流的过程中，发送者作为主动方、受众是被动方的地位仍未改变，所提供的广告信息由于受到时间、空间的限制不能做到详细全面，传播的范围也有限。而网络的出现使信息沟通模式发生了质的变化，网络既可以作为大众沟通媒介，又可以作为个体沟通媒介，特别是它的即时互动特性是其他媒体所不具备的，由此而形成了网络广告沟通典型的“推”、“拉”双向互动模式。图11-2和图11-3分别为网络广告与传统广告的沟通模式，表11-1列出了网络广告与传统广告的差异。

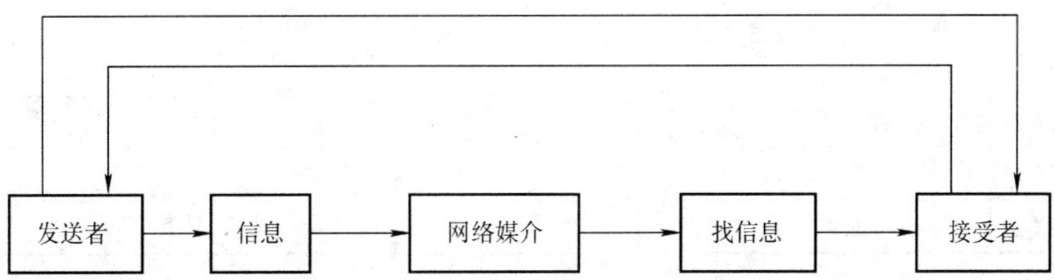

图11-2　网络广告沟通模式

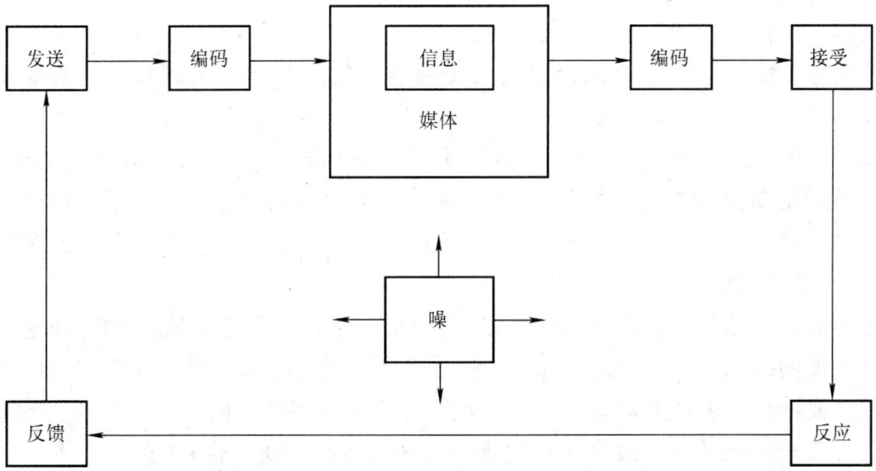

图11-3　传统广告沟通模式

在网络广告沟通过程中，网络的交互特性提高了信息接受者的主动性，使受众成为信息沟通的主动方。他们在网络上主动寻找适合自己需要的信息，一旦确定了他们所需要的信息源，可以立即通过在线的Form表单或E-mail地址与企

表 11-1 网络广告与传统广告的比较

比较内容	传统广告	网络广告
空间及内容	广告空间是一种商品，必须购买，价格昂贵而且有限。无论你购买的是 15s 的广播或电视的广告页面，这点空间只能把你的故事开头讲完，其他引人入胜的内容和创意只能无奈地删除，舍本求末，努力在消费者心中塑造一个产品的深刻印象	网络广告的空间几乎是无限的，而且成本低廉。企业可以花很少的钱而提供企业和产品的百科全书式的信息。由于此便利性，企业可以根据消费者对信息需求的不同而相应剪裁信息的内容，使之更好地符合每一个访问者的不同需求。喜欢直观的可提供三维动画的多媒体信息，喜欢数据的提供各种报告、说明书和统计资料及链接等
策略	推	推和拉互动
受众的收入水平	较低	较高
受众的能动性	被动	主动
信息传递	单向	双向
沟通	一对多	一对一

业进行即时互动，这种由受众向发送者索要特定信息的沟通形式是一种“拉”的方式。企业虽然成为被搜寻的目标，但企业在网络广告沟通中不应是静态的、被动的。由于目前网络上信息量非常庞大，并且每天都有新的信息源加入，在这样的信息“海洋”中，如果企业只是在网络上建立起自己的网页，就静静地等待顾客的光临，被动地接受顾客的“拉”，必然会被信息的汪洋淹没，不会引起受众的任何反应。因此“拉”的方式不能大面积播送信息去影响众多的受众，企业必须发挥能动性，根据目标受众的反馈主动地将信息“推”给目标受众，将目标受众的注意力吸引过来，引导他们进入企业的网页，并以方便快捷的服务赢得受众的好感，为留住顾客实现双向互动奠定基础。这种“推”不同于传统广告沟通的“推”，不是采用强势信息灌输的方法，而是以软件营销理论为指导，遵循网络礼仪的软性的“推”，即通过提高网站的知名度、保持网页的独特个性、设计富有创意的动态标志、增加目标受众感兴趣的内容、提供一些附加利益等方法来影响受众，激发他们的热情，吸引他们主动与企业链接。“推”的方式还有利于网络媒体机构发布大众型广告信息，或直接利用所掌握的 E－mail 地址传送产品信息。网络广告正是通过“推”与“拉”的有机结合，实现了信息发送者与接受者的即时双向交流。接受者可以根据自己的需要主动与发送者链接，及时提出个性化的要求；发送者也可以根据接受者传递的信息及时发现受众需求的变化，调整发送的信息，使之更好地满足受众的需求，并通过顾客数据库

建立与顾客的长期关系，将最新信息直接用 E－mail 传送给老顾客。互动程度越高，企业和顾客之间的双向沟通越深入，相互间的依赖性就越强，最终会形成顾客与企业间“一对一”的沟通关系，培养顾客的口碑忠诚。

网络广告在促成顾客采取行动方面的机制也与传统广告不同，传统广告的“劝诱”机制在网络上很难见效，其主要原因有：①网络广告的内容显示控制在浏览者手中，浏览者可以根据自己的需要随心所欲地链接或剪裁。②多媒体技术的发展使顾客可以对虚拟产品全方位、动态地进行观察、试用，有身临其境的感觉。③网络给发送者提供了几乎无限的廉价信息空间，广告信息的设计制作不必担心空间和时间，可以提供百科全书式的详尽信息。④网络广告的目标受众平均教育程度与平均收入高于总体人口平均水平，它们是一群具有理性消费决策能力的特殊受众，不会仅凭印象就采取行动。因此，网络广告更多地采取基于信息的理性诉求，主要依靠逻辑、理性的说服力促成消费者采取行动。网络广告是信息型的具有逻辑说服力的广告。

11.3.4 网络广告中介

1. 网络广告中介服务种类　企业投放网络广告，以至推行整套网络营销策略，离不开各类网络中介服务。企业的连线、建站、网页主持、网页链接、广告设计及网上销售等各项任务都需要专门的知识、技能和设备，而从事传统营销的企业很少能够全面具备这些条件。同时，所有这些功能的完成需要大量的投资，一般企业难以独立承担。因此，寻求网络中介服务商的帮助就势在必然。

从建立网站及发布网络广告角度，企业将涉及以下几类网络中介服务商的关系：

（1）网络服务供应商　网络服务供应商的主要功能是为客户提供上网所需的各类硬件，如调制解调器（Modem）、路由器（Route）、网络服务器（Server）及各类联网线路（普通电话线、T－3 线路等），并负责把企业连接上网。无论企业是否建立自己的网页，只要是想连接到互联网，就需要有自己的连线服务商。

（2）在线服务商　此类公司负责企业上网之后的各类网上服务。与网络广告相关的服务包括：

1）搜索服务。如前面提到的雅虎、Lycos 和 Infoseek 等公司为客户的网站提供登录，并为网上用户提供搜索器（Search Engine），网上用户可利用搜索器找到已登录的公司网站。

2）网站主持（Web Site Host）服务。帮助企业建立网站，提供网络空间，并负责网站的维护和管理。

3）信息服务。把公司广告及其他各类信息刊载于自己的网站上。此类网站除了搜索网站、ISP 网站，还包括多种形式：①网上出版商（Online Publishers），在网络上出版电子报纸和刊物，企业可以把广告刊登在上面，如纽约时报（The New York Times Times，http：//www. nytimes. com）和今日美国（USA Today，http：//www. usatoday. com）。②首页评估者（Website Evaluators），对公司网站首页的形象、特色、内容和访问率等进行评估，把首页优良的公司推荐给消费者，并提供链接，这样可以大大增加公司网站的访问率。③网上虚拟商业街，这是一类特殊的网站，它不仅仅刊载企业信息，更主要的是以虚拟方式实现商店全貌，并完成网上购物。例如，著名的 Internet Shopping Network（http：//www. Internet. Net/pathIBMtax）通过在全球范围内聚集了众多的网上虚拟商店，从而成为网上巨大的购物中心。

(3) 网络广告公司　与传统广告公司为用户提供广告设计制作的职能相同，只不过活动地点移至网上，因而需要具备网上广告的知识、技术和设计理念。

实际上，这些不同类型服务商之间的服务内容往往是相互交错重叠的。提供连线服务的 ISP 常常也提供网页主持服务，许多网上广告公司也能提供上网服务或网页主持服务。

在此基础上，着重讲述网络服务供应商、信息服务商和网络广告公司的选择问题。

2. 网络服务供应商的选择　在美国，现已有近 4000 多家网络服务供应商，并在继续增长。所有这些供应商都提供上网连接服务，企业可以通过当地电话线或其他线路连入互联网。其中，有上百家服务商所提供的线路的传输在 10MB/s 以上，一座大城市里可以一下子找出几十家这样的公司。供应商的选择将决定企业信息的传播是否迅速、畅通，并且能在多大范围内传播，从而会直接影响到公司网站能否有效运行。

首先需要注意的是，选择供应商时不能光看名称。许多提供连接服务的公司，尤其是那些老牌的通信公司，在名称里并没有“网络”字样，却能提供很好的全国性线路服务。如 Sprint 公司与 MCI 通信公司都是美国最大的连线服务商，其中 MCI 公司的线路传输速度达 622MB/s，是目前最快的线路，而常用的 T－3 型线路的传输速度仅为 45MB/s。其次，在某些情况下，ISP 的选择可能并非由企业决定。如果企业委托某一家公司主持网站，那么就等于选择了该公司的连线供应商；如果企业选择了某一家公司设计网站，那么这家公司往往已经有了其连带的网站主持人与网络服务供应商。

在选择 ISP 时，应主要考虑以下问题：

(1) 网络扩展能力　互联网是一张可自由扩展的网。每一家连线供应商都是通过出租网线（Backones）和设置路由器连接各个城市，但每一家供应商的连接范围与能力都是有限的，为了扩大本公司用户的网络巡游空间，就必须与其他众多的供应商线路之间实行网间连接（Peering），这一连接是通过称为“网络连通点”（Network Across Points，NAP）的枢纽站进行的。美国有四个这样的网络连通点，分别位于芝加哥、旧金山、华盛顿和费城附近。对于期望建立全国性网站的企业而言，需了解供应商的网间连接情况，这是决定企业网站搜索范围的主要因素。

（2）地理位置　连线供应商还可以进一步分为三类：①全国性主网供应商（Backbone Provider），他们在全国范围内铺设网络干线，通常为 T-1 或 T-3 型高速线路。②当地供应商，他们在本地铺设线路，并分别与主网和当地用户连接。在他们当中，有一些原是当地的校园，他们在本地铺设线路，并分别与主网和当地用户连接。另一些则是地区电话公司。③其他 ISP，他们既不铺设自己的线路，也不具有强烈的当地特色，而是从其他供应商那里租用线路，但他们提供较全面的在线服务，具有较强的网站主持能力。

对于某些地区而言，可以获得的主网供应商很有限，如铺设到美国密苏里州杰克逊（Jackson）市的主网供应商只有 BBN，铺设到阿拉斯加州伯明汉（Birmingham）市的只有 GoodNet。而相比之下，几乎所有的主网供应商都连接到华盛顿、旧金山、芝加哥。

对于可以有众多选择的企业而言，也需考虑究竟使用全国性供应商还是本地供应商。建立全国性网站的企业未必一定要选择全国性供应商。由于本地供应商的客户少，与本企业联系更为紧密，因此往往能提供更为周到的服务。同时，在技术方面，有一些小的供应商已经能够提供 100MB/s 的线路，而绝大部分的大供应商还未能做到这一点。

（3）线路阻塞问题　企业通常是通过较慢的当地线路连接主网的。现在，这些线路经常出现阻塞现象，严重影响网上用户的使用。解决这一问题的办法是：①选择离主网较近的供应商，使公司网站服务器放置在传播速度较快的端口，这些端口通常在大城市内。②多路连接，当一条线路发生堵塞时，另一条线路可起疏通作用。

（4）价格问题　在租用频带上，有两种计价方式，一种是租用固定频宽，租金低，称为 TieredPricing；另一种方式是租用可扩充频宽，租金较高，称为 BurstablePricing。然而，后一种租用方式在企业无法预测未来公司网站的访问量时十分有效。

企业在选择供应商时可集中考察以下九个方面的情况：

1）ISP 与其他网络之间的连接情况如何。

2）对于较小的 ISP 而言，要了解他们所使用的网线的提供者以及连接到主网上的速度。

3）ISP 的全球能力及服务内容范围如何。

4）是否拥有训练有素的工程技术人员，是否能迅速解决安全问题，是否有足够的资金。

5）连通两地的时间有多长。

6）线路是否通畅，有多少应急疏散频道。

7）其网上服务规模有多大，本公司业务在其中占多大比例。

8）如何计价。

9）应全面搜集有关 ISP 的资料，不要仅仅在自己所知道的供应商范围内选择，因为在此之外还可能有提供更好的服务或更低价格的供应商。

3. 信息服务网站的选择　信息服务网站对于企业而言就相当于报纸杂志。信息服务网站选择的目标在一定的广告预算的限定下达到尽量高的广告报答率与暴露频次。

与普通报纸杂志相同，信息服务网站也由于其提供的信息种类不同而拥有不同类型的读者。因此，企业应该首先调查网站的主要读者类型特征，并与本企业目标市场进行比较，据此可以得出一批符合目标受众的备选网站。

进一步选择时需要根据各网站的收费标准，目标受众到达范围以及访问频率等确切数据。对这些数据进行线性规划，以得出在一定广告预算下的最佳网站组合。

然而，问题就在于如何得到有关网站的目标受众到达范围以及访问频率等确切数据。这些数据的获得需要专门的网络反馈与测量技术，而一般企业是无法对这些网站的有关数据进行一一测量的，他们往往需要现成的资料。有些网站的确提供此资料，但这些资料是由网站单方面提供的数据，缺乏证实。这就涉及网站审计问题。

网站审计（Web Site Audit）是指由专门的网站审计机构对网站的受众规模（Eyeballs）、访问频率等数据进行测量，并提供证明的过程。现在，网络广告主们已经越来越意识到网站审计的重要性。但是，目前网站审计尚未能全面推行，主要因为审计标准未加以确定。

4. 网络广告公司的选择　网络广告公司进行广告设计与制作时，企业需要着重考虑两个方面的问题：一是本企业的广告制作小组应如何组建；二是应选择什么样的网络广告公司。

（1）企业广告小组的组建　随着网络广告的发展，企业开始考虑如何组建网络广告制作小组。该制作小组的组建可以来自两股力量：一是本企业的广告人员；二是外界广告公司的力量。关键问题是如何结合这两股力量。

一个较好的方法是使用本企业力量进行广告基本方针的策划及广告主题的制定，在此基础上利用广告公司的力量进行广告创意开发。这种方法的优点是：本企业广告人更清楚企业的内部情况和目标，而广告公司则更擅长于紧跟时代发展的步伐，提供最先进的网络广告制作技术和理念。以这一方式结合两股力量将容易达到较好的效果。此外，强调充分利用外界广告公司力量的原因还在于防止本企业广告人员低估网络广告制作的难度，高估他们以往广告制作的经验，而增加了网络广告制作的难度，而导致网络广告行动的失败。

位于洛杉矶的 W3 - design（NickRothenberg）说：“企业很少能在内部找到像我们这样富有经验的广告制作人员，因为在过去的几年中，我们全心致力于网络广告技术的开发。”一方面该公司竭力宣传专业网络广告公司的优势，另一方面对于那些决心独立进行网络广告制作过程的企业，W3 - design 公司也从不强求，因为这些企业往往最终会聘用公司的人员对企业内的广告人员进行培训。

M. H. Riley I/O 通信网的业务总监认为，企业在选择最好的网络广告制作小组组合时应郑重考虑两点：

1）应同时在企业内部和外部寻找具有远见并且来自不同领域的人。

2）选择那些对网络营销带来的机会抱有极大热情的人。

企业内部人员的特长在于营销，而外部人员的特长在于技术。企业的营销人员将进一步思考如何谋求广告小组在营销和技术专能方面达到更好的均衡，这样，企业的网络广告小组将会赶超其竞争对手所使用的最先进的网络广告设计软件。

（2）选择广告公司　企业在选择广告公司时必须弄清这家广告公司究竟能够提供哪些服务，以及愿意提供哪些服务。一些广告公司并没有全力投入网络营销领域。他们不愿意投入时间和资金去学习和掌握这一新的媒体，而往往在观望这一领域是否能真正带来利润。相比之下，好的广告公司则会不断地去挖掘与评估最新的网络营销机会与工具，并不断实验如何使用这些工具，以达到既定的互动目标。他们还会在不同的客户服务过程中积累经验。企业必须像在传统营销中那样，仔细评估这些网上营销服务中介的能力。

下面是企业在评价广告公司时需认真考察的问题。

1）其核心竞争能力是什么？（如果它不具有互动式广告的设计与开发能力，则不予考虑）

2）该公司有多少工作需要转包给其他代理人完成？（有时，一些广告代理商既不能独立完成广告制作任务，也不能组织外部力量按时完成，甚至不具备网络广告方面的基本技能）

3）分派给本企业的广告小组成员能力如何？（可以通过查询他们以往的项目记录得知这一点）

4）该广告小组有多少人？他们是全职为本企业服务，还是同时为几家企业负责广告策划？

5）该公司是否在着手广告设计前进行创意整体营销策略规划？

6）如果该公司与某一网络服务商存在业务关系，则这种关系的紧密性有多大？是否意味着选择该广告公司就必须连带地选择网络服务供应商？

7）该公司是否有战略眼光？（好的广告公司能够综合品牌、广告设计与开发，使客户获得理想的投资回报）

8）它建立过多少网站？是否有足够的建网经验？目前业务进展情况如何？

9）它是否有能力展示更为复杂的网页设计技术？（企业需要进一步挖掘以评估其真正的实力有多大）。

项目小结

本项目从引例“今麦郎不惜重金投入网络广告”入手，阐述了什么是网络广告及网络广告的特点，并将网络广告与传统广告媒体进行了对比，总结了网络广告的主要形式，还着重阐述了网络广告的沟通模式、网络广告的发布等内容。在整个网络广告的学习中，始终与传统广告做对比研究，从而加强读者对网络广告内容的深入理解。

关键概念

1. 网络广告　Advertise Online
2. 网幅广告　Banner
3. 图标广告　Button
4. 大众沟通模式　Mass Communication
5. 个体沟通模式　Individualized Communication

复习思考题

1. 现阶段我国网络广告存在的哪些问题？
2. 什么是网络广告，与传统广告相比有何特点？
3. 网络广告的形式有哪些？各有什么特点？
4. 简述网络广告发布渠道。
5. 在网络广告策划的过程中，需要注意哪些问题？

实践与训练

策划一个营销水晶饰品的网络广告并发布。

案例分析

肯德基是世界上最大的炸鸡快餐连锁企业，在各地共拥有11000多家餐厅，遍及80多个国家和地区。

在肯德基400多种食品当中，由山德士上校近半世纪前开创的吮指原味鸡，一直受到消费者的青睐。它是由11种神秘配方裹粉烹炸而成，融入大块精选鸡肉，皮香肉嫩，鲜嫩多汁，吃起来绝对是一种享受。

2007年，肯德基吮指原味鸡推出了几款广告，多媒体全方位进行宣传，给消费者带来新一轮的视听体验。此次互动通过利用iCast浮层广告技术形式，制作出本款精美的网络广告，有效融合了相关元素，表现干净利落，精准到位地传达了品牌和促销信息。

1. 广告设计　该广告以浮层形式表现，突破了传统的富媒体广告的视觉界限，以更宽广的显示使广告主的信息极度彰显，让用户印象深刻。

在画面上，将产品、人物及促销实物结合在一起，相互搭配，加深了观看者对产品和促销内容的记忆。在表现上，首先突出了广告产品诱人的色泽及美味的口感，让人看着就有想奔到肯德基大吃一顿的欲望；同时深入人心的加菲猫，在这里更加顽皮可爱，让人说不出的喜欢，吃好吃的美味，得心爱的玩具，这种双重的刺激，真让人心痒难耐啊！

主画面结束后，广告语震撼露出，进一步深化了记忆，吃美味快行动，上猫扑还有更多惊喜，把心里仅存的一点犹豫完全打消。

2. 广告创意

1）采用浮层大幅面展示，画面表现力大大增强。人与加菲猫展开夺食大战，猫棋快一着，让人忍俊不禁。嘴角含笑之际，殊不知美味的鸡肉、可爱的卡通形象于无形中深入脑海，无怪乎你食指大动、跃跃欲试。

2）整个广告元素不多不少，创意鲜明，画面表现干脆利落，信息传达掷地有声，构成了一个有机的整体。

3）播放完毕后，采用黄色窄竖条形式，既突出抢眼，又完整地表达了广告主要信息，吸引人随时点击互动。

3. 广告效果　吮指原味鸡作为肯德基的主打食品之一，多年来备受顾客钟爱，这次“买吮指原味鸡套餐送加菲猫玩偶”活动引起了广泛关注，在此次网络推广中采用富媒体技术为活动宣传造势，取得很强的效果。

（资料来源：http：//promote. yidaba. com/wlgg/1521577. shtml）

思考题

试分析肯德基网络广告与其传统广告相比的优势与及效果。

项目十二　网络营销管理与评价

学习目标

◆ 了解网络营销效果评价的重要性和必要性

◆ 掌握网络营销效果评价与控制的思路和方法

◆ 掌握企业开展网络营销效果的评价工具

引　例

当一个网站建成之后，网站的结构、功能等基本要素在一定时期内通常是保持稳定的。当网站运营一段时间后，随着竞争环境和消费者购买行为的不断变化，原有的网站要素可能对网站效果的发挥产生明显的阻碍作用，这种情况下对网站进行改版升级是非常必要的。有时候，也许仅仅是非常微小的改变，就可能带来意想不到的效果。网上购物网站 www. Perfume. com 就是一个网站改版成功的网络营销案例。

（1）网上购物网站改版后的效果　在线香水购物网站 www. Perfume. com 在 2005 年 8 月 2 号将网站进行改版后重新发布，结果网站的客户转化率由网站改版前的 3. 68% 提高到 5. 52%，客户保持率由网站改版前的 25% 提高到 50%，销售利润增加了 8%。这些数据表明，该网站在改版之后的网络营销效果取得了明显的提升。作为网络营销研究者，我们希望知道，Perfume. com 改版的秘诀是什么，从这个网络营销成功案例中，我们能得到哪些启发？

（2）网络营销案例分析　对 Perfume. com 网站改版前后进行对比分析可以发现，实际上，该网站在改版中并没有进行很大的改变，只是在一些细节方面进行了调整，更加容易吸引用户的注意力，主要表现在购物车按钮的位置、导航结构、产品分类等方面。这就是在线购物网站 Perfume. com 改版成功的秘诀。

Perfume. com 在网站改版再造中，将商品价格和购物车的按钮放在页面更为显著的位置，避免用其他过量的信息转移用户的注意力。更改了网站导航结构，以设计师和品牌名称作为产品细分目录。在这以前，Perfume. com 发现顾客常常在品牌和设计师之间转来转去找不到方向，将导航调整后就将访问目标清晰地呈现出来。

网站改版后的另外一个特色是增加了一个“节省金额”提示。Perfume. com 列出商品的一般市场价格和在 Perfume. com 购买的更低的价格，显示购物者所获得的折扣优惠。同时，每当某个商品被加入到购物车时，网站都会自动计算出节约的费用。总之，改版后的 Perfume. com 随时都在显著位置提醒顾客所获得的价格优惠，以刺激顾客在线购买。

同时，网站还重新设计了在搜索引擎关键词广告上的登录页，把登录页针对用户搜索的关键词直接指向该产品的页面，消除了所有的导航因素和其他产品目录对搜索者的干扰，让潜在顾客在第一次点击后就直达搜索目标，而不是浪费时间在首页或目录中寻找。

此外，Perfume. com 还升级了网站的“about us”企业介绍页面的内容，强调公司网站数据采用的安全措施，以及其隶属上市公司 Communicate. com，获取顾客充分的信任，使其放心购买。

（3）新竞争力网络营销管理顾问评述　对于 Perfume. com 网站在改版取得的显著效果，其实一点也不意外。新竞争力网络营销思想库（www. jingzhengli. cn/sixiang. htm）有关网站优化的专题文章“网站优化设计的真正含义”中已经明确提出，网站优化设计包括三个方面的含义，首先表现在对用户优化方面，也就是说，“从用户的角度来说，经过网站的优化设计，用户可以方便地浏览网站的信息、使用网站的服务”。Perfume. com 网站正是充分考虑了用户的在线浏览和购买习惯，在对用户获取产品信息、增加网站可信度，以及设计更为合理的购物流程等方面进行了优化设计，并且充分遵照了“网络营销信息传递原理”中的基本原则，如通过对搜索引擎关键词广告的指向、合理的产品分类设计等方面做到尽量缩短信息传递渠道，让网上购物者可以用最少的时间获取最详细的产品信息，并且采用一定的心理影响因素刺激用户的购买行为。

可见，Perfume. com 网站改版成功的案例告诉我们，在网络营销导向的网站设计中，从用户需求的角度出发，对网站的基本要素（结构、功能、内容、服务）进行合理的设计，重视每一个细节问题，尤其是某些重要方面，如合理的产品分类、对产品信息的详细描述、对公司及服务的详细介绍等方面，这些实际上只是网站设计中最基础的工作而已。网络营销取得成效不仅要求网络营销人员具备专业知识，同时更需要具有高度的责任心。

（资料来源：http//www. jingzhengli. cn）

思　考　题

网上购物网站改版成功的秘诀是什么？

任务一　网络营销管理与评价概述

12. 1. 1　网络营销管理的内容体系

网络营销管理的价值在于让企业网络营销活动有计划、有目的的进行，及时发现网络营销过程中的问题并进行适当的控制，从而达到提升网络营销总体效果的目的。从目前网络营销市场发展的现状来看，企业需求开始从最基础的网站建设与推广向更高层面的网络营销管理服务市场深入。同时了解网络营销管理的内容也是网络营销主管必备的基本能力。

一个企业制订了网络营销计划，通过建立自己的网站，开展了一定的推广活动，既有连续的、长期的推广，也有临时的短期手段。网络营销的整体效果产生是通过各种方法综合作用的。推广效果如何？是否实现了网络营销计划的预期目标？此时除了对各种具体方法进行评价外，还要对网络营销进行综合评价来检验所执行的网络营销计划是否有效。网络营销评价是对一个时期网络营销活动的总结，也是制定下一阶段网络营销策略的依据。而正确评价一个网络营销计划执行状况的前提是建立合理的评价指标体系。

1. 网络营销管理内容体系分类　由于目前对网络营销管理的研究还处于初级阶段，因此对网络营销管理只能粗略地作如下分类：

1）按管理的形式分。按网络营销管理的形式分类，网络营销管理分为网络营销计划管理、网络营销人事管理、网络营销组织管理、网络营销策略实施管理、网络营销效果评价和控制等。

2）按开展的阶段分。按开展网络营销的阶段分类，可以将网络营销管理分为网络营销总体策划阶段的管理、网络营销准备阶段的管理、网络营销实施过程的管理、网络营销效果控制与评价管理等。

3）按工作性质分。按网络营销管理的工作性质分类，可以将网络营销管理分为单项网络营销策略管理、阶段性网络营销管理和连续性网络营销管理。单项网络营销策略管理是对于某一项具体的网络营销活动或者某一项网络营销策略（如邮件列表营销管理、竞争者网络营销策略调研等）所进行的管理；阶段性网络营销管理主要针对某个时期，或者网络营销发展的某个阶段进行的临时性管理措施，如在网站建成之后进行的专业性诊断，网站推广不同阶段的推广计划和效果评价等。连续性网络营销管理则具有长期性、重复性的特征，如网站内容管理、在线顾客关系管理、定期顾客调查等。

4）按工作内容分。按网络营销管理的工作内容分类，可以将网络营销管理分为网络营销基础环境管理、网络营销产品和服务管理、网络营销的内容管理、网络营销用户资源管理、用户行为研究与管理、网站流量统计管理等。

5）按基本职能分。按网络营销管理的基本职能分类，可以将网络营销管理分为网络品牌管理、网站推广管理、信息发布管理、在线顾客关系管理、在线顾客服务管理、网上促销管理、网上销售管理、网上市场调研管理。

2. 网络营销管理的一般内容　从网络营销基本职能的角度来细化网络营销管理的一般内容如下：

1）网络品牌管理。网络品牌管理是指通过合理利用各种网络营销途径创建和提升品牌，主要内容包括网络品牌策略制定、网络品牌计划实施、网络品牌评价等。

2）网站推广管理。网站推广的直接效果表现在网站访问量的增加、品牌形象的提升、用户数量的增长等多个方面，网站推广管理是网络营销管理的基础内容之一，也是最基本的网络营销管理活动，主要包括：网站专业性诊断、网站搜索引擎优化状况诊断、网站推广阶段计划的制订、各种网站推广手段管理、网站推广效果分析评价（如网络广告、E－mail 营销、搜索引擎营销等）、网站流量统计分析、网站访问量与效果转化分析等。

3）信息发布管理。信息发布管理包括网站的内容策略及内容管理、外部信息发布渠道管理、信息发布的效果管理等。

4）在线顾客关系管理。在线顾客关系管理包括用户行为研究、用户资料管理和有效利用、顾客关系营销策略的效果评价等。

5）在线顾客服务管理。在线顾客服务的基础是有效利用在线服务手段，对各种在线服务手段的特点进行研究并制定适合用户要求的顾客服务策略，这些构成了在线顾客服务管理的基本内容。

6）网上促销管理。针对不同产品服务，制定不同阶段的促销目标和策略，并对在线促销的效果进行跟踪控制。

7）网上销售管理。网上销售管理的主要内容包括在线销售渠道建设、在线销售业绩分析评价、网上销售与网站推广、网上促销等工作的协调管理。

8）网上市场调研管理。网上市场调研管理包括在线市场调研的目标、计划、调研周期管理，以及调查结果的合理利用和发布管理等。

网络营销管理贯穿于整个网络营销活动中，网络营销管理的内容也相当繁多，每一项网络营销职能均包含多种具体的网络营销管理内容。在不同的阶段，网络营销管理的任务和实现手段也会有一定的差别，有些属于阶段性网络营销管理，有些则属于长期性、连续性的管理内容。

12.1.2 网络营销评价的意义

1. 网络营销评价的概念　网络营销评价就是借助一定的定量化和定型化的指标，对开展网络营销网站的各个方面（包括网站的访问量、个人信息政策、顾客服务和产品价格等）进行评价，以期总结和改善企业的网络营销活动。

各网站采取的评价方法不尽相同，制定的评价指标也不一致，即使各自声称是最权威、最公正的，然而其评价结果却也有所不同。尽管如此，但这并没有影响专门从事网站评价的那些网站的发展，评价结果的价值也日益体现出来。

2. 网络营销评价的目的　通过网站评价，网站经营者可以更加客观、全面地了解网站实际进行的效果以及客户的满意程度，认识自己网站的地位、优势和不足，作为网站维护、更新以及进一步开发、完善的依据。网络营销评价的意义主要表现在如下几个方面：

1）网络营销评价是开展网络营销的需要。正如管理活动要有反馈一样，网络营销也应包含评价反馈环节。通过网络营销评价，判断企业所使用的战略与策略是否恰当，是否能为企业带来应有的影响与效益。同时通过网络营销评价还可以了解行业竞争状况。尤其对于购物模式的网站，通过在知名的专业网络营销评价网站上的排名，可以很清楚地了解本行业竞争对手的整体状况和各项指标的排名，从而认识自己的优势和不足，便于改进。相对于传统营销而言，网络营销是一件新事物，其中包含了大量的待探索的领域，从这一点来讲，网络营销的评价更有意义，它是实施有效网络营销的关键环节之一。

2）网络营销评价有利于改善企业的市场营销。网络营销作为企业市场营销中的一个组成部分，它的改善有利于整个市场营销的开展。不仅如此，通过网络营销评价，企业可以获得传统市场营销评价中难以获得的信息。比如，在网络营销评价中，用户在产品与服务的反馈中提出的意见和用户之间的讨论意见等。

3）网络营销评价是提高企业服务水平的需要。作为网络营销评价的原始数据，很大一部分是从消费者那里反馈回来的，这些信息直接地反映了消费者的愿望，直接为企业指明了开展网络营销的方向。网络营销评价指标体系的设定，最大程度上体现了服务消费者的愿望。所有这些对改进企业的网络营销战略、网络营销计划具有重要意义。要提高企业服务水平，开展网络营销评价是必不可少的环节。

4）网络营销评价是提高企业知名度的需要。在现代社会中，企业的宣传对于企业知名度的提高具有不可估量的作用。企业开展网络营销的目的之一就是宣传企业，在世界范围内提高企业的知名度。正确合理地评价企业的网络营销，不仅有利于企业的宣传，而且通过在知名网络营销评价网站上靠前的排名，还能树立企业的良好形象，借助于开展网络营销的第三方机构的力量来宣传企业，公正的评价结果往往会得到多种媒体的转载，收到直接广告宣传所达不到的效果，产生良好的新闻效应。

3. 网络营销评价的现状　企业对自身开展网络营销评价的方法和指标千差万别，不同的企业，或同一企业的不同时期，其评价的动机和目的也各不相同，因而具体的操作也不相同。网络营销评价的社会需求促使了许多评价机构的诞生，也促进了评价研究的发展。在网络营销评价领域，比较有影响力的是第三方评价。第三方评价服务机构的评价内容较为广泛，其评价结果的社会认可程度也较高，但其评价对象以网上购物类和网上交易类网站为主，而对网上信息服务类网站的评价较少。第三方评价服务机构的运作机制也不尽相同，有的采用会员制，有的采用企业申请、行业权威机构受理的机制，有的专门为特定的公司进行网络营销评价服务。

从总体来讲，国外网络营销评价的研究和实践要比国内成熟。

首先，在评价内容上，国外的评价内容更注重网站的功能与业务，以及客户服务的水平和质量，而国内的网站评价还主要是对网站的技术性能进行评价。这既反映了我国网络营销发展的水平差距，也反映了我国网络营销活动中对客户的重要性和价值认识存在不足。

其次，在评价方法上，虽然国内外网站评价都普遍采取流量指标评价、专家评价、问卷调查评价等方法，但国内网站评价所采用的问卷调查，其数据采样中存在数量上的不足。此外，在数据处理与分析时，较少采取加权指标评价、模型评价、动态分析评价等方法，影响了评价的准确性。

再次，虽然我国易购网和 CNNIC 在网站评价方面有一定的影响，但它们在评价方法和内容上都存在不足。迄今为止，我国还没有形成品牌的专门的评价网站，影响了评价网站价值的发挥，而国外有 gomez. com 和 bizrate. com 等一些著名的网站评价机构。

因此，我国的网络营销网站评价要加强理论研究和实践的应用，一是要加强网站评价原则、内容和方法的研究。一方面，根据行业的不同特点，确立不同行业网站的评价内容与指标体系；另一方面，积极应用多指标的加权评价法、模型评价法和动态分析法等更为科学的数据处理方法，使评价结果更为合理。二是要大力发展作为中立机构的评价网站的建设，作为一个完善和规范网络营销市场的举措及市场监管的手段。

12.1.3 网络营销评价的指标体系

传统的营销活动往往依靠一定的评价标准来判断是否达到预期目标，这些标准或者是模拟测试，或者是信件调查，总之是建立在一定数量调查的基础之上。网络营销可以量化的评价指标不多。例如，仅用实现的在线销售额来评价一个企业的网络营销效果显然是不全面的，因为企业网站对网下销售的促进、顾客服务的作用等方面的效果没有反映出来。即使对于最有可能量化监控的网络广告，除了每次点击或每 CPM 的费用之外，也难以计算网络广告的效果。因此在实际应用中，往往是对网络营销的某些方面进行初步的评价。

1. 网络营销评价所采用的方法　网络营销评价所采用的方法很多，从评价所需数据资料的获取方法来看，目前通用的有以下四种：

1）网站流量指标统计。网站流量指标统计就是通过特定的软件统计、分析文章的浏览量。国际上著名的咨询调查机构如 MediaMet rix 公司（www. mediametrix. com）、ACNielsen 媒体研究所（www. netratings. com）等均采用独立用户访问量指标来确定网站流量，并据此定期发布网站排名。国内有一定影响的网站访问量统计机构，如中国互联网络信息中心（CNNIC）的第三方网站流量认证系统（http：//www. cnnic. net. cn ）、网易中文网站排行榜（http：//best. netease. com ）也是采用网站流量指标排名方法。网站的排名一般有每星期排名、每月排名，也有昨天最新排名。国际上对独立用户通用的定义是在一定统计周期内（一个月或一个星期），对于一个用户来说，访问一个网站一次或多次都按一个用户数计算。

但是国内外关于网站流量指标的定义并不一致，国内各网站采用的定义方法也有所不同。这样在一定程度上限制了国内网站流量排名的权威性和一致性。而且最重要的是，国外咨询机构采用的是实际监测的手段，而国内网站流量主要采用在被测网站加入代码的方式，并且对于是否参与排名、是否公开排名结果完全处于自愿。这样网站访问量排名的真实性、全面性等均无法保证。即使如此，参加类似的网站排名对于提高网站知名度仍然起到一定作用。

2）专家评价。专家评价法是一种采用规定的程序对专家进行调查，依靠专家的知识和经验，由专家通过综合分析研究，对问题作出判断、评估的一种方法。例如，CTC 中国竞赛在线（http：//www. ctc. org. cn ）于 1999 年 10 月举办的“’99 中国优秀网站评选”，将网站分为综合与门户、政府与组织、计算机与网络等 10 个类别。初选由评选机构选定 20 个以内的候选网站，评选活动首先由公众在网上投票并发表意见，最终结果则由评选委员会根据综合因素评定，实际上主要取决于专家评价。

3）问卷调查。问卷调查是一种常用的调查方式，通常有抽样调查和在线调查等形式。中国互联网络信息中心历次中国十大网站的评比结果都是基于在线问卷调查的方式。这种形式的主要弊端在于有人为作弊的可能，而且为剔除无效问卷要花费较多的人力。

对于任何一家评比网站来说，建立科学的评价标准，并保持自身的公正形象至关重要。但是无论是在线调查还是专家评价，都摆脱不了主观因素的影响，因为个人的经历、偏好有所不同，对每种标准的判断就会有差异。所以，无论定量分析还是定性描述，各种评比方法都存在一定的缺陷。

4）综合评价方法。鉴于以上各种网站评价方法都有一定的局限性，电子商务网站评价需要一种综合性的评价方法，即动态监测、市场调查、专家评估为一体的综合评价模式，这需要有科学的分析评价方法，全面、公平、客观的评价体系，权威、公正的专家团体，也需要有科学、合理并有足够样本量的固定样本作为基础。

在这种评价方法中，首先要建立加权的综合评价指标体系，然后通过技术测量、专家调查、用户调查等方法收集数据，并建立监测数据库、调查数据库等，再采用定性与定量方法、比较分析方法、模型分析方法等对数据库及其相关资源进行挖掘和分析。

2. 网络营销评价指标体系建立的原则

1）科学性原则。对网络营销的评价，首先要本着科学的态度，保证待评价特性与所收集的材料之间存在必然的因果关系，或者存在内在的直接影响。

2）系统性原则。网络营销评价指标体系所包含的指标要能反映网络营销的各个主要方面。

3）可操作原则。尽管很多指标都不足以反映网络营销的某方面的特点，而有些理想化的指标从理论上能准确反映网络营销的特点，但这些理想化的指标所依赖的基础信息在目前条件下无从收集。只能选取可操作的、接近客观真实的指标。

4）简洁明确原则。网络营销评价指标体系中包含的指标要简洁明确，易于理解，便于计算和考核。

5）定性和定量相结合原则。网络营销评价指标体系中包含的指标既要有定性的，又要有定量的，这样指标才能够做到全面。

3. 网络营销评价指标体系的内容　建立一个非常科学的网络营销效果评价体系是一件非常困难的事情，因为要对各项网络营销职能的作用进行定性分析，其有关数据的收集是非常麻烦的。从实用的角度出发，网络营销评价指标体系主要包括以下几个方面：

（1）网络营销整体效果评价指标　网络营销整体效果评价指标是指网络营销实施对企业整体营销目标影响的综合评价指标，主要包括销售评价指标、客户满意评价指标和企业品牌提升指标。

1）销售评价指标。销售评价指标是指网络营销实施对企业产品和服务的营销提高所带来的影响，它是反映网络营销效果的最直接指标。网络营销的实施对销售带来的影响可以从以下几个方面来衡量：

① 客户咨询量指标。客户咨询量反映的是企业通过网络营销的宣传推广而获取的客户业务咨询的数量。这个指标反映了网络营销业务宣传职能的贡献，体现了企业潜在客户通过网络获取信息的重要程度和企业网站宣传推广的最终效果。这是网络营销效果评价最重要的指标之一，也是企业最关心的指标之一。

② 客户成交数指标。客户成交数指标反映的是通过网络营销开发成交客户的数量，体现了企业网络营销的实际影响力和企业竞争力。这个指标的基础是客户咨询数量指标。

③ 客户转化率指标。客户转化率指标是指通过网络营销所获取的客户咨询数与客户成交数相比较，体现企业的网络营销竞争优势和客户对网络渠道的偏好。其公式为

$$客户转化率 = 客户成交数/客户咨询数$$

④ 销售额指标。销售额指标是指企业通过网络营销所获取销售的数量，这

个指标反映了网络营销相对企业其他营销手段的重要程度。网络营销销售额指标在企业总营销额中的比重越高，就越能体现网络营销的重要性。

⑤ 利润指标。利润指标是企业通过网络营销获取的最终利润的数量。其公式为

网络营销最终利润 = 网络营销销售总收入 - 企业网络营销总投入

这一指标反映了企业网络营销低成本扩张的杠杆效应。但在企业网络营销实施初期，该指标一般会比较低。

2）客户满意评价指标。客户满意评价指标是指企业网络营销战略实施对企业客户满意度提升的影响，这一指标反映了网络营销服务型职能的作用。网络营销对客户满意度的提高，主要表现在企业通过网络向客户提供增值服务和信息支持服务，如电信公司通过网站开设话费查询等服务，快递公司提供的业务进度查询业务等。但企业网络营销与业务管理得不好也会降低客户满意度，如企业网站信息反馈不及时，查询信息错误或者滞后等情况，所以企业一旦开通网络服务，就必须做好，不然效果就会适得其反。

3）企业品牌提升评价指标。企业品牌提升评价指标是指企业通过网络营销实施，对企业品牌知名度和美誉度的提升。品牌知名度的提升来源于企业网站的推广，以及与企业网站相关的事件被网络报道、转载。网络营销对企业品牌提升的影响情况可以从以下一些数据中体现：

① 企业网站的流量和排名，尤其是和实力相当的企业比较。

② 企业网站被搜索引擎收录的数量。

③ 企业品牌名称和热点事件通过搜索引擎所搜到的数量。

（2）营销型网站性能评价指标　企业网站是网络营销的基础，是网络营销信息的传递、品牌展示和服务提供的主要渠道，也是客户与企业沟通的重要途径。企业网站和传统企业的店铺、办事处一样，是网络营销行使职能的载体。网站的专业性是企业网络营销产生效果的前提，所以对企业网站的评价是企业网络营销效果评价与控制的重要部分。

对于网站的专业化评价难以进行定量分析，但可以从以下几个方面对网站进行分析：

1）网站内容和功能的评价。网站内容和功能的评价是对网站专业性评价最重要的部分，主要是分析网站的内容和功能是否完整，以及是否能够实现网络营销预期的战略目标。具体分析内容包括：

① 网站功能是否完整，是否可以体现网络营销预期的战略目标。

② 网站内容是否完整，是否可以满足网站访问目标对象的要求。

③ 网站的功能是否正常，是否满足客户和内部管理人员的要求。

④ 网站的内容和功能是否清晰，主次是否分明。

⑤ 网站风格是否能体现企业品牌的内涵。

2）网站客户体验评价。网站客户体验要求网站在设计过程中充分考虑客户的访问习惯，尊重客户感受，注重网络礼仪，为客户搭建一个良好的网站平台。评价的主要内容有：

① 网站是否具有良好的信息导航，以方便客户对所喜好的信息的访问。

② 网站的产品信息是否详尽，产品查找是否方便。

③ 网站是否采用了弹出式广告等对用户产生干扰的形式。

④ 网站是否有详尽的正式域名。

⑤ 网站是否能及时反馈客户的在线和邮件咨询。

⑥ 网站的访问速度是否很快。

⑦ 网站更新内容的速度是否很快。

⑧ 网站是否有很好的个人隐私保护措施。

⑨ 网站字体和色彩是否有良好的视觉效果。

3）网站优化评价。网站优化是指网站是否支持搜索引擎的自然搜索规则，主要内容有：

① 网站结构是否对搜索引擎获取信息进行专业设置。

② 网站是否具有良好的网站导航。

③ 网站各个页面是否都有适合的标题和关键字设计。

④ 网站静态与动态页面设计是否应用合理。

⑤ 网站是否具有原创性内容，信息更新是否及时。

⑥ 网站是否有良好的外部链接。

4）网站的可靠度评价。网站的可靠度评价的主要内容有：

① 网站是否明确介绍了企业的基本情况。

② 网站是否具有法定证书。

③ 网站是否公布了多渠道的顾客咨询方式。

④ 网站是否进行了网站备案。

⑤ 网站的信息是否及时有效。

（3）网站推广效果评价指标　网站推广是企业网络营销实施中的一个重要项目，是企业网络营销实施效果的重要保证，所以网站推广评价是企业网络营销评价体系中一个非常重要的部分。网站推广评价主要包括以下几个方面：

1）独立访问者数量。独立访问者数量（Unique Visitors）有时也称独立用户数量，是网站流量统计分析中的一个重要的数据，与网页浏览次数分析有密切关系。独立访问者数量描述了网站访问者的总体情况，旨在统一统计周期内访问网站的数量（例如每天、每月），每一个固定的访问者只代表一个独立的用户，无论它访问这个网站多少次。独立访问者越多，说明网站推广越有成效，也意味着网络营销的效果越好，因此是最有说服力的指标之一。相对于页面浏览统计指标，网站独立访问者数量更能体现网站推广的效果，因此对网络营销管理具有重要意义。

2）注册用户数。注册用户数是企业网络营销推广效果评价的一个重要指标，也是企业网络营销整体效果评价的重要指标，因为注册用户资料是重要的网络营销资源，是开展网络营销的基础。拥有尽可能多的注册用户数量并合理地应用这些资源已成为企业重要的竞争手段。

3）搜索引擎的收录和排名。网站被搜索引擎收录的数量体现了网站对引擎的吸引力和网站原创性文字的数量，这是网站获取好的搜索引擎排名的基础。搜索引擎的排名，尤其是核心关键字的搜索引擎排名是网站推广的一个重要目标，是企业获取更多客户的前提，是网站推广效果的直接体现。

4）网站访问来路分析。网站访问来路分析包括两个方面：一方面是访问者获取网站地址的来路，另一方面是网站访问者的地域分布。

① 访问者获取网站地址的来路。访问者获取网站地址的方式有很多种，不同的来源反映了企业网站推广各种策略所起到的效果，见表12-1所示。

表12-1　访问来路分析表

序号	地址来路	分析项目
1	直接输入网址	1. 传统推广策略效果的体现 2. 网站拥有良好的知名度 3. 网站域名策略的成功
2	搜索引擎	网站优化、竞价排列、网站登录策略的效果
3	其他网站	友情链接、网络广告等策略的效果
4	E – mail	E – mail 推广效果的体现

② 访问者的地域分布。访问者的地域分布体现了网站推广在不同地域的效果和企业网络市场的分布。

5）每个访问者的页面浏览数。这是一个平均数，是在一定时间内全部页面浏览与所访问者数相除的结果，即平均一个用户浏览的网页数。这一指标表明了访问者对网站内容或者产品信息感兴趣的程度。如果大多数访问者的页面浏览数量仅为一个页面，则表明用户对网站显然没有太多兴趣，这样的访问者通常也不会成为有价值的用户。在这种情况下，即使企业网站推广力度再大，也不会获取好的网络营销效果。访问者浏览的页面数越多，表示网站越受欢迎。

（4）网络营销成本效益指标　有些网站的网络营销效益能以货币的方式核算，这固然为企业进行网络营销评价提供了极大的便利，但更多网站的网络营销是无法用数字进行量化计算的。可以按传统的广告效益核算的方法，把开展网络营销期间的销售量或利润与未开展网络营销期间的历史数据进行对比，但人工分析还不足以排除众多的干扰因素。因此，不能够完全按传统营销的收益法来分析网络营销产生的收益。

网络营销的成本效益评价，首先要确定一个标准的技术与服务水平，在此基础上再合理地进行成本核算。相同的技术与服务水平条件下，成本越高，网络营销效果越差；成本越低，网络营销效果越好。这种做法不足之处是忽略了时间的因素，没有考虑开展网络营销周期的长短，而这一点又是十分重要的。一项网络营销策略，在一定时期内可以收到良好的效果，但是如果时过境迁，可能不仅不能产生良好的效果，甚至产生负面的影响，特别是在当今瞬息万变的信息社会，这一点就尤为突出。

标准的技术与服务水平的确定，可以是全球著名网站的水平，也可以是行业内知名网站的水平 ，总之要选择一个总体上领先的网站。对于企业自身的网络营销评价，只要根据企业既定的战略和指导思想，选择一个基本达到企业期望水平的网站即可，因而选取难度较小，但对于专业的网络营销评价网站，需要投入较大的人力和财力。

建立标准的技术与服务水平，接下来就是正确合理地进行成本核算。成本核算一律采用货币表现形式，包括办公设施占用费、办公用品开支、购买硬件软件费用、硬件软件占用费、自主开发应用程序费、用户培训费用、日常维护费用、网络费用和人员工资等。其中，办公设施占用费包括房租、水电费和电话通信费等；硬件软件占用费指由于开展网络营销占用已有设备（含硬件和软件）而需要分摊的费用；自主开发应用程序费用不要与人员工资重复计算。

（5）网络营销的活动评价指标　网络营销的各项活动包括网上调研、网上促销和网络广告等，对于这些活动都应该有相应的效果评价指标。但各项活动的具体环境和目标各不相同，难以有统一的评价方法，在这里就不作介绍了。

4. 专业评价网站的评价指标与方法　无论在线调查还是专家评价都不能摆脱主观因素的影响，无论定量分析还是定性描述，各种评价方法都存在一定的缺陷，只能是在某种程度上接近评价的真实性。

（1）Consumer Reports Online　由于沿用与传统评价一样的评价方法评价网络营销，它只监控大流量的网站，虽然大多数购买者会去这些网站购物，但一些新成立的，或者网站流量小、专业化程度却很高的网站就失去了参与评价的机会；而且纯粹的专家评价方法未必能反映电子商务网站的实际状况，相对于实验室里专家评价而言，消费者或准顾客更信任其他购物者的评价。因此，如果让众多的消费者或准顾客参与网站的网络营销评价活动，使得一些中小企业或中小网站也可以参与评价，效果会更好。Consumer Report Online 的评价结果之所以有较大的影响力，是因为基于传统产品评价的《消费者报告》杂志有众多的读者，也因为该机构非营利性质。

(2) BizRate. com　该评价完全建立在大量购物者调查的基础之上，其评价结果具有相当的权威性，但同时由于 BizRate. com 在线调查频道由已超过 10 万人的实际在线购物会员进行评价，这些被调查者身份可信度或者信息的准确性无疑对评价结果产生直接的影响。

(3) Forrester Power Rankings　Forrester Power Rankings 的评价是采取专家实际购物测试与消费者调查资料相结合的方式，显然这在评价方式上会更加准确一些。然而，对两类数据结果所赋予的权重究竟能在多大程度上接近实际情况，因此对于权重的设置会为评价结果的准确性带来一定的疑问。

(4) Gomez 计分卡评价方法　该法制订了非常详细的指标，而且综合了专家评价和消费者调查等多种数据收集方法。但是评价标准显然偏重于网站的功能、外观以及与客户的关系，排名结果领先的网站说明其拥有良好的公共关系，在一定程度上意味着网络营销拥有良好的业绩。

任务二　网络营销效果评价与控制

12.2.1　网络营销评价的实施途径与指标分析

1. 网络营销评价的实施途径　网络营销评价的基础数据反映的就是站点的运作情况，因而其来源有三个主要方面：Web 服务器的统计信息、用户的反馈信息和其他信息来源。

(1) Web 服务器的统计信息　Web 服务器可以通过一些程序自动记录服务器上的各种活动，由这些记录可以统计出服务器的各种信息。例如，何时访问该站点的人数最多；服务器何时出现过错误或警告信息；是否有搜索引擎程序访问过该站点；某个用户访问该站点时先看到了什么信息，后看到了什么信息；访问该站点的用户在各个国家的人数比例等。在统计信息中，可以查看某一段时间内有多少文件被用户下载，哪些文件经常被下载，平均下载时间是多少，下载的文件有多少字节等。这些用于网络营销评价的数据，可以更有效地组织资源，为网络营销与电子商务提供依据。

在评价浏览的有效性时，应注意每个用户访问该站点时平均查看了几个页面，哪些页面查看的人数最多，用户浏览时先后查阅了哪些链接才找到所需的信息，有多少用户只浏览了第一个页面便离开了，有多少搜索引擎程序光顾了该站点，平均每个用户在该站点停留了多长时间等。

通常情况下是通过 Cookie 或令牌来区分一个单独访问者，而不是通过 IP 来区分，还可以用日志来跟踪消费者。

(2) 用户的反馈信息　可以通过电子邮件、调查表等获取用户对网络营销站点的反馈信息。电子邮件可以在一定程度上反映网站受欢迎的程度。在网页上可提供 Webmaster 的电子邮件地址，并可邀请用户在网上填写一些调查表，此外还可用一些免费软件、T 恤衫或某项服务作为奖品鼓励用户发来反馈电子邮件。

还有一种获取用户反馈信息的渠道就是在网络营销网站上设立留言板或聊天室，用户可以在线进行交流，既包括用户与网站运营者之间的交流，也包括用户之间对该网站或相关话题的讨论。除了这些网络方式外，在网站上留下联系电话，特别是 800 对方付费电话，也是一种收集用户反馈信息的有效途径。

（3）其他信息来源　在必要的情况下也可以有针对性地开展直接面向消费者的传统方式的调查，以补充网上获取信息的不足部分。如果要评价网站在吸引顾客、满足顾客需求方面的有效性，还需要借助一些加工信息的工具进行评价。

1）用户访问信息。由用户访问信息可以判断用户是否能找到他们想要的信息，这些用户大多为企业的产品或服务的使用者，想从企业的站点上获取一些最新的信息。

2）统计报告工具。有很多工具可以协助企业进行 Web 服务器记录文档的统计，并可根据企业的要求生成各种格式的统计报告。

3）交易数量统计。可统计每个季度的互联网销售量与传统销售量，并统计整个企业的总销售额。

2. 网络营销评价的指标分析

（1）初级型网络营销　对这种网络营销的评价结果表现为网站设计指标、网站推广指标、网站用户流量指标和网络营销成本效益指标均表现较差。这类网络的企业或者是刚刚起步，或者是没有对网络营销给予必要的重视。对于这类网站当前迫切的是要加大对网络营销的重视，加大投入，特别是要引进强有力的领导者，从初级做起，逐步使整个网络营销上新台阶。

（2）华而不实的网络营销　这种网站在一个较短时期内知名度极高，在评价指标上表现为网站推广指标较高，网站流量指标也较高。与此同时，网站设计指标和网络营销成本效益指标非常低。当然，华而不实型的网络营销不一定会断送该网站的前途，毕竟它还有一定的影响力，只要及时采取措施，改善两个较低的指标，其前途也是光明的。

（3）潜力型网络营销　这种网站影响力较大，在评价指标上表现为网站设计指标、网站推广指标和网站流量指标都较高，而美中不足的是网络营销成本效益指标却很低。其实这种类型的网络营销与华而不实的网络营销的区别就在网站设计指标上，前者在网站内容、网站风格等方面做了大量的努力，而后者在这些方面做得很差，完全只顾及了宣传攻势。潜力型网站的网络营销可谓是冰冻三尺，仅差最后一步就能“登峰造极”。网络营销人员应加大将无形资产转化为有形货币收入的力度，仔细研究创收的切入点。

(4) 收益型网络营销　这种网站的网站设计指标、网站推广指标和网站流量指标都不突出，但是网络营销成本效益指标却很好。造成这种现象的原因是多方面的，最主要是企业原有知名度较大，其产品或服务很受大众欢迎，因而其展开网络营销的起点比较高，很快就能通过网络营销直接受益。不过要指出的是，尽管其收益不错，但它没有充分占领其市场，没有把收益最大化。另一方面，其地位并不牢固，如果不积极加大网络营销的力度，很可能在不久的将来被后来者替代。说严重一点，就是传统经济让位给新经济。

(5) 完美型网络营销　这种网站的所有指标都处于领先地位，在很高的水平上开展网络营销活动，而且网站或企业都具有可持续发展的能力。它几乎是所有网络营销人员追求的目标，不过遗憾的是这种网站目前还没有出现。

12.2.2　网络营销风险控制

1. 网络营销风险的主要特征

(1) 客观性　网络营销风险的存在与发生就总体而言，是一种必然现象，是一种不以人们的主观意志为转移的客观存在。

(2) 可变性　风险的存在是风险发生的前提条件。由于风险发生的偶然性和不确定性，可以推论出风险存在的可变性。因此在一定条件下，网络营销风险是可以转化的。这种转化包括：风险性质的变化，风险量的变化，某些风险在一定的空间和时间内被消除后产生新的风险。

(3) 复杂性　网络营销风险的复杂性首先表现在其发生的原因，表现的形式，其影响力和作用力是复杂的。其次，网络营销风险形成的过程是复杂的，人们对其产生不能完全了解、全面掌握，在网络营销开展过程中各个环节均可能产生风险，但是风险的强弱、频度及表现是不同的，经营者对其把握存在着一定的难度。

(4) 偶然性　网络营销风险的存在具有抽象性和不确定性，但风险的表现形式却有具体性和差异性，风险的发生无论是范围、程度、频度，还是时间、区间、强度都可以表现出各种不同的形态，并以各自独特的方式表现自身的存在。对网络营销风险的认识只有通过无数次观察、比较、分析和总结，才能发现和揭示网络营销风险的内在运行规律。

2. 网络营销风险的类型　开展网络营销的企业，除了要面临在传统市场营销活动中常见的诸如资金风险、安全风险、决策风险等风险之外，还要面对网络市场特有的经营风险，主要包括以下几种：

(1) 市场风险　市场风险的产生主要源于网络市场的复杂性。面对前所未有的广阔的市场空间，企业一方面对网络消费者需求特征的把握更加困难；另一方面，竞争对手更多而且更加强大，市场竞争空前激烈。同时，由于网络市场中产品的生命周期缩短，新产品的开发和盈利的难度加大，使得企业面临更大的市场风险。

（2）技术风险　近年来，随着我国经济的快速发展，虽然网络基础设施的建设也获得了很快的发展，但是还不能完全适应网络营销快速发展的需要。技术安全风险主要指网络软硬件安全、网络运行安全、数据传输安全等方面的问题。其中，计算机病毒和网络犯罪是造成技术风险的主要原因。技术风险给企业带来的危害主要包括服务器遭受攻击后无法正常运行，网络软件被破坏，网络中存储或传递的数据被未经授权者篡改、增删、复制或使用等。技术风险造成的损失是巨大的。1999~2003 年，黑客攻击用户计算机和电话网络，已使全球蒙受 150 亿~200 亿美元的经济损失。与之相比，病毒造成的损失更为巨大。2004 年，病毒、蠕虫和特洛伊木马等恶意程序给全球造成了 1690 亿美元的经济损失，相当于 2003 年经济损失的 2 倍多。随着网络技术的普及，企业面临的技术风险有增无减。

（3）支付风险　网上支付是取代银行汇款、邮政汇款、货到付款等传统支付手段的现代化支付方式。上网购物给消费者带来了便捷、便宜，但同时也让消费者对网络支付的安全性有所质疑，最终还有部分买家因此只能望而兴叹。

目前，企业最担心的网络营销的问题是支付的安全问题，有很多企业对网上交易的安全性表示担心。这主要是因为目前缺乏网络营销所要求的交易支付和结算手段，银行的电子化水平不高，安全性差，银行之间相对封闭。消费者面临网上欺诈的危险，害怕自己的信用卡号码被盗用，担心个人隐私被泄露。而企业与企业之间安全、快捷的资金结算更有很长的一段路要走。因此，建立一个安全的交易环境将是网络营销亟待解决的问题。

（4）信用风险　信用风险是网络营销发展中的主要障碍，这是因为网络营销是建立在交易双方相互信任、信守诺言的基础之上的。我国的信用体系还不健全，假冒伪劣商品屡禁不止，坑蒙、诈骗时有发生，市场行为缺乏必要的自律和社会监督。消费者担心付款后得不到应有的商品；企业担心得到的信用卡号码是盗用的，在收款时出问题。网络技术的异化，使一定数量的网站成为经济欺诈的“帮凶”，一些网站甚至成为骗钱的工具。许多电子商务是“穿新鞋，走老路”，即“网上订货，场外交易”。

（5）法律风险　网络营销经过多年的发展，逐步走向正规化，相关的法律、法规相继出台，有力地促进了网络营销的发展。然而，尽管我国对电子合同的法律效率、知识产权的保护、网上支付、电子证据等已进行不断的研究，但这些法律、法规的内容远远不能满足电子商务发展的需要，很多的商务活动还找不到现成的法律条文来保护网络交易的安全，导致交易双方都存在风险。

（6）制度风险　与网络营销有关的制度主要指宏观经济管理制度。其中，最主要的是系统的法律制度和市场监管制度。制度的建立和实施是维持良好市场秩序的基石。企业作为市场活动的主体，在制度不健全的市场体系中从事营销活动，必然会遇到市场秩序紊乱带来的制度风险，并引发信用风险、资金风险等一系列潜在风险。而宏观管理制度的缺乏正是目前网络市场的一个重要特征。

（7）管理风险　在网络营销活动中，交易的顺利进行、企业的生产经营都依赖于严格的管理。而人员管理制度的不健全常常是造成网络营销风险的主要因素。在我国，计算机犯罪呈现出内部犯罪的趋势，大都是由于内部工作人员职业道德修养不高、安全教育及安全防范意识欠缺、管理松散所导致的。

3. 网络营销风险产生的原因　网络营销风险是企业开展网络营销的主要制约因素，而网络营销风险的形成不仅仅是企业自身原因导致的。探析网络营销风险产生的原因，有助于强化社会和企业对网络营销风险的认识，并为规避风险提供依据。

（1）国家经济管理体制的不完善是造成网络营销风险的宏观原因　国家作为市场宏观调控的主体，通过制定法律、法规，形成健全的市场监管机制，从而在对网络市场的约束和监管中发挥主要作用。与传统市场相比，虚拟的互联网是具有成长性的市场，其自发的市场体制，如价格机制、竞争机制等很不完善，企业的经营行为很不规范，加深了对国家宏观管理体制的依赖。然而，网络市场的虚拟性使国家原有的很多市场监管机制在网络市场条件下变得不适用，造成市场监管机制不健全。同时，虽然我国近期制定了一些相关的法律和法规，如《电子签名法》等，但距离完善系统的市场监管体系的目标还相差很远。制度的欠缺和管理体制的不完善必然给企业带来网络营销风险。

（2）网络安全技术的落后是造成网络营销风险的客观原因　我国的互联网技术起步比较晚，由于我国在互联网领域关键技术的落后，很多网络关键设备依靠国外进口，这不仅增加了企业开展网络营销的技术难度，更带来了一些无法预知的风险隐患。而技术落后的问题仅靠企业是无法解决的，需要国家在科研、生产、教育等诸多方面进行协调。

（3）企业自身的原因是造成网络营销风险的重要原因　对于我国很多开展网络营销的企业来说，自身的原因在网络营销风险形成中占主要部分。首先，与国外很多大企业相比，我国企业的规模普遍较小，在技术、资金、人员、管理等各方面都处于劣势，抵御风险的能力相对较弱。其次，我国的很多企业开展网络营销的时间较短，缺乏必要的经验积累，在防范和规避网络营销风险中无经验可循。更重要的是，很多企业缺乏风险意识，过多地关注网络营销的高效性和经济性，而对网络营销现实的和潜在的风险估计不足，在防范和面对风险时无法采取有效的预防措施。

4. 网络营销风险控制的方法

（1）完善国家宏观管理体制　保证市场秩序、维护经济运行是政府责无旁贷的任务。在极具发展潜力的网络市场中，政府首先应致力于制度建设和法制建设，使企业的经营活动有序开展，保证社会信用体系的建立健全。其次，政府应以防范制度风险为基础，针对所有的网络营销风险，或制定恰当的政策，或进行积极的引导，使企业对风险防范和控制有充分的准备。再次，政府还应加强对风险防范的监督和协调，为企业提供诸如市场信息、产业动态等多方面的帮助，尽可能地使企业减少面临网络营销风险的可能性。

（2）加强信息安全技术研究　网络营销要适应市场全球化的新形势，广泛应用于社会的各个领域和各行各业，并为我国企业参与国际市场竞争提供现代化的信息手段，信息安全至关重要。因此，加强信息安全研究是我国发展网络营销亟待解决的关键问题。信息安全体系的突出特点之一是，必须有先进的技术系统来支持，没有信息安全技术就没有信息安全。在安全技术方面，涉及技术标准、关键技术、关键设备和安全技术管理等环节，而核心问题有两个：一是有关的安全技术及产品必须是我国自主开发的和国产化的。没有国家自主开发的、国产化的安全技术、安全产品，也就没有真正的国家信息安全。信息安全不可能靠直接引进国外安全技术和国外安全产品来实现，否则后果是灾难性的。信息安全技术的开发与采用和国产信息安全产品的采购和装备，也应纳入法制的范围。信息安全技术产品市场是一个特殊的市场，它不仅受市场机制的调控，还要受国家安全机制的调控。因此，必须协调好国家信息安全体制与信息安全技术开发及产业法制体制之间的关系。要依靠国家的投入和政策扶持，依靠各类网络单位的积极支持，依靠信息安全产业和市场的推动，建立起我国信息安全的技术支撑体系和技术管理体系。

（3）建立健全信用评估体系　对于传统企业来说，企业诚信已提上了企业战略日程，估计没有哪个企业主会质疑诚信对于企业的重要性。对于网络营销而言，诚信主要体现在公司对产品宣传方面的诚信，以及网络服务和产品质量上的诚信。因此，我国建立完善的信用评估体系是网络营销得以迅速发展的必要保障。我国的信用评估体系要得到快速健康的发展，需要具备以下几个基本条件：

1）建立健全科学的信用评级体系。信用评级的客观性与准确性，关键取决于信用评级体系的科学性。建立信用评级体系要体现在“三个结合”上：一是国际惯例与中国国情相结合；二是定性方法与定量方法相结合；三是传统研究方法与现代先进评级技术和互联网技术相结合。

2）尊重评级规律，建立独立、公正的评级机构。信用评级机构依靠专业技术和内部管理来保证其信用评估的客观性，它不应该受到政府、企事业单位和被评级对象的干预。独立性应该成为信用评级机构的最重要的特征。

3）政府积极支持信用评级机构开展工作。离开政府的推动和规范，目前依然处于初级阶段的我国信用评级是难以获得健康快速的发展的。

4）加强对中介机构的规范管理。从某种意义上讲，建立在信用基础上的中介机构的种种不规范行为，是信用评级事业发展的最大天敌。信用评级机构要在国家有关部门的支持下，建章立制，认真规范中介的服务行为，逐步提高评级服务水平，并逐步建立健全企业管理制度，推动中国信用评级事业的健康发展。网络将在21世纪的经济中扮演越来越重要的角色。但这并不是说网络营销会取代传统营销，它是经由信息科技发展来创新和重组营销的过程。

（4）加强网络营销法制建设　维护经济运行是政府责无旁贷的任务。在极具发展潜力的网络市场中，政府首先应致力于法制建设，使企业的经营活动有序开展。在我国，应从以下几个方面加强网络营销法制建设：

1）进一步完善《电子签名法》等法律、法规，解决电子签名、电子合同、电子交易的有效性与合法性的问题。

2）研究电子商务领域适用的行政许可模式，提出切合电子商务产业发展特点、严宽适中的管理模式。

3）通过发展网上法庭、网上仲裁、网上公证、网上律师等司法辅助机制，建立灵活的法制环境，以弥补传统法律环境的灵活性不足的缺点。

4）协调管理、技术、法律、标准和商业惯例的关系，使其成为一个有机的整体，互为补充、共同发展，为电子商务的运行和发展提供全面有效的保障。

（5）加强网上支付的管理　网上支付是网络营销的一个重要组成部分。金融服务机构开展网上支付业务，可以减少银行成本，加快业务处理速度，方便客户，同时也有利于银行拓展业务，增加中间业务的收入。更重要的是在于它改变了银行支付处理方式，使消费者在任何地方、任何时间，通过互联网都可获得银行业务服务。但网上支付的安全性却成为制约网上支付发展的重要因素。为此，我国应该尽快采取相应的措施，以适应快速发展的网络营销的需求：一是各大商业银行之间尽快实现统一，可跨行业互联、互通；二是牢固树立安全第一的意识，处理好安全与发展速度的关系；三是加大支付技术上的攻关力度，进一步提高网上支付安全保障，将风险环节前移，在产品开发初期充分考虑安全性，对存在安全隐患的产品绝对不投入市场使用。

2006年4月1日，我国正式开始实施《电子签名法》，信息产业部为配合《电子签名法》的实施出台了《电子认证服务管理办法》，对电子支付进行了规定。2006年6月9日，中国人民银行发布了《电子支付指引》，从金融机构到第三方支付平台都有涉及，而且明确了与第三方支付平台商的责任，但没有提出第三方账户权限问题。国务院关于《发展电子商务网上支付若干意见》积极研究第三方支付的相关法规，引导商业银行通过银联等机构建设安全、快捷、方便的网上支付平台，大力推广使用银行卡、网上银行、电子钱包等网上支付工具。金融监管部门对网络营销网上支付的发展给予高度的重视，正在研究出台一些相关制度、办法，加强监管，促进网络营销的健康发展。

（6）强化企业制度建设　网络营销风险防范和控制的重点在企业，而企业的制度建设是有效防范各类风险、减少风险损失的主要手段。为有效防范和控制网络营销风险，企业应着重加强有关的制度建设。

1）人员管理制度。严格制定各级人员的行为权限，明确其权责范围，以此来规范企业内部人员的行为，并通过培训教育提高人员的风险防范意识和能力。

2）风险控制制度。为企业在风险决策、交易管理、危机应变等状况下提供规范的操作机制。

3）监督机制。通过严格的监督、监管，保证各项制度措施能够顺利实施并充分发挥效用。

在上述基础上，几种制度相互结合，为企业有效防范和控制网络营销风险提供制度保证。

（7）建立有效的预防机制　预防机制的建立，虽然需要企业先期投入一定的资本，但是完善的预防体系能够有效地帮助企业规避风险，避免网络营销风险给企业带来现实的损失。所以，风险防范应以预防为主。为此，企业需要建立发达的信息处理系统，及时把握行业信息、市场信息、产品信息，增强知识产权保护意识，对企业的数据库和网站进行严格规范的管理，使用有效的安全管理软件等。

5. 网络营销风险管理的基本流程设计

（1）网络营销风险的识别　在网络营销风险管理工作中，首要也是最重要的工作就是进行风险识别，即判定存在哪些风险因素，引起这些风险的主要原因，这些风险因素引起的后果及严重程度等。其他风险管理步骤都是根据这一步来完成的。

（2）网络营销风险的计量　在识别了网络营销所面临的各种风险及潜在损失之后，网络营销管理人员就应对风险进行计量，估计各种损失发生的频率及这些损失的严重程度，以便于评价各种潜在损失的相对重要性，从而为拟定风险处理方案、进行风险管理决策作准备。

网络营销风险计量主要应包括以下工作：收集有助于估计未来损失的资料；整理、描述损失的资料；运用概率统计工具进行分析、预测；了解估算方法的缺陷所在，通过减少它们的局限性来避免失误。

计量风险用来确定网络营销风险事件发生的概率及其损失程度，是网络营销风险管理中最具挑战性的工作。损失的“不确定性”正是概率统计所研究的对象。根据有关数据建立概率分布，揭示损失发生的频率及损失程度的统计规律，将使网络营销管理人员能更全面、更准确地计量风险并进行预测。

(3) 网络营销风险管理决策　传统上，人们往往仅凭工作经验和主观判断来处理风险。随着风险的日益广泛和复杂，决策的科学性和合理性将直接影响风险管理活动的效果。网络营销风险管理决策是整个网络营销风险管理的核心，但不同的决策对风险的认识不同，决策的结果也有很大差异。在网络营销风险管理决策中，决策者的损失期望值与效果值的确定是两个关键，也体现出决策者的特点。

网络营销风险管理决策是指根据网络营销风险管理的目标和宗旨，在科学的风险识别、计量的基础上，合理地选择风险管理工具，从而制定出处理网络营销风险方案的一系列活动。网络营销风险管理决策应包括以下三个方面的基本内容：

1）信息决策过程。

2）风险处理方案的计划过程。

3）方案选择过程。

(4) 网络营销风险管理决策方案的执行　在网络营销风险管理决策方案制定后，能否达到预期的风险管理目标，取决于方案的执行。执行是实现决策目标最为重要的工作。相对于风险管理决策来说，风险管理决策方案的执行更具体、更复杂、更繁琐，有时甚至是长期、艰苦的劳动。因此，网络营销风险管理要高度重视执行工作。

网络营销风险管理决策目标是要通过人、财、物、时间、信息等基本要素的管理和组织来实现的。执行对象、执行措施和执行结果等必须是现实的，只有从网络营销实际出发，按客观规律办事，并认真处理风险管理决策方案执行所涉及到的所有环节，才能收到预期的效果。同时，在风险管理决策方案执行中若遇到突发情况，应及时反馈，以便及时调整、修订风险管理决策方案。

(5) 网络营销风险管理后评价　网络营销风险管理后评价是指在对网络营销实施风险管理方案后的一段时间内（半年、一年或更长一些时间），由风险管理人员对相关部门及人员进行回访，考察、评价实施网络营销风险管理方案后管理水平、经济效益的变化，并对网络营销风险管理全过程进行系统的、可观的分析过程。通过风险管理活动实践的检查总结，评价风险管理问题的准确性，检查风险处理对策的针对性，分析风险管理结果的有效性；通过分析评价找出成败的原因，总结经验教训；通过及时有效地信息反馈，为未来风险管理决策和提高风险管理水平提出建议。

网络营销风险管理后评价应包括风险管理决策后评价、风险管理方案实施情况后评价、风险处理技术后评价、风险管理经济效益后评价、风险管理社会效益后评价等内容。网络营销风险管理后评价的主要评价方法有：影响评价法、效益评价法、过程评价法、系统综合评价法等方法。

项 目 小 结

网络营销管理的价值在于让企业网络营销活动有计划、有目的地进行，发现网络营销过程中的问题并进行适当的控制，从而达到提升网络营销总体效果的目的。本项目从网络营销管理的内容入手，阐述了网络营销评价的内涵及意义，网络营销评价指标体系及网络营销评价方法，网络营销风险评价及控制等内容。

关 键 概 念

1. 网络营销管理　The Management of Internet Marketing
2. 网络营销评价　The Assessment of Internet Marketing
3. 专家评价　The Experts' assessment
4. 问卷调查　The Questionnaire Survey
5. 综合评价方法　The Comprehensive Assessment Method
6. 网站设计指标　The Indicator of Website Design
7. 网站推广指标　The Indicator of Website Extension
8. 网站流量指标　The Indicator of Website Throughput
9. 网络营销成本效益指标　The Cost – benefit Indicator of Internet Marketing

复习思考题

1. 网络营销管理的价值是什么?
2. 为什么要对网络营销进行评价?
3. 网络营销评价指标体系有哪些?
4. 如何实施网络营销评价?

实践与训练

选择一家网站，利用搜索引擎优化工具和 Alexa. com 网站数据对该企业的推广效果进行简单评价。

案 例 分 析

中信银行借助 2005 年 11 月更名之势，掀起了 2006 年整合营销传播的浪潮。一时间，CCTV 黄金时段 TVC、户外、平面媒体、网络、营业厅都在传递着同样的声音和视觉信息。不同的媒体平台担负着不同的传播任务，或者针对不同的目标群体确定各自的传播目标，最终实现中信银行的品牌形象的树立，以及相关产品、服务的推广。

随着中国互联网行业的迅猛发展，网络用户和宽带用户数量急剧上升，使得广告主不得不重视网络媒体的使用。网络营销已经成为各行业领先品牌整体传播策略中不可或缺的组成部分。相应的是，使用互联网媒体的在线互动营销，给广告主提供了丰富的传播手段和应用方式。

1. 中信银行2006年网络营销策略要点

1）网络媒体是电视媒体的重要补充。计算机、网络、宽带越来越多地进入人们的工作与生活，互联网上海量的丰富资讯使得一部分用户每天长时间挂在网上，加上相当数量的网络游戏爱好者，构成了一个不看电视或很少看电视的典型的人群。例如那些IT精英，十有八九不看电视或没有时间看电视。即使是电视观众，看电视的时间也会明显受到上网时间的冲击。

因此，中信银行2006年的整合传播策略当中，很明确的策略之一便是在央视黄金媒体覆盖的前提下，使用网络媒体进行精准辅助营销。

2）网络用户是更高端和更活跃的目标群体。虽然有很多调查数据表明上网的人群是过亿的群体，但是对广告主来说，只有那些重度使用网络的人群才真正有意义。如果按每周至少上一次网的人来界定这个群体的大小，显然是过于宽松和乐观的看法。此时靠常识或直觉来判断会显得更有意义。

不容置疑的是，网络用户是一群更活跃、更高端的群体，他们是当代社会的领导者。互联网的普及应用，给这部分人带来的不仅仅是一种工作上的便利，更是给他们带来一种生活方式变化的途径。这个数以千万计的群体，对于任何产品和服务的消费都是不能忽视的，无论你的营销市场有多大。更重要的是，这个高端、活跃、最具影响力的群体正在高速增长。

3）网络媒体能够满足品牌、产品、服务的深度传播要求。网络媒体不同于其他任何一种成熟媒体的地方是网络媒体自身的整合性。人们可能更多的是把网络媒体的互动性作为其特性，实际上互动只是其中一个特性而已。

强调网络媒体自身的整合性，是要说明在网络这个无国界、可以无限延伸的平台上，能用于传播的途径和手段很多，视频、游戏、邮件、网页、网络广告、推广网站、富媒体、在线调查等，在作网络营销的时候，本身就需要进行整合。这就是说在网络媒体上，广告主可以根据需求进行品牌、产品或服务的推广。而且在网络平台上，先进的技术可以保障传递信息的灵活性和快速转变，而传统媒体基本是无法实现的。

4）持续传播，有效到达。随着网络媒体价值的突显，广告主进行网络营销的门槛也不断上升，为了保证媒介投资的收益最大化，持续传播的策略能够保证最大范围的有效到达以及到达的频次。

2. 中信银行网络营销的执行与应用要点

1）中信银行品牌推广。中信银行网络营销在作品牌推广时，除了诉求“承诺于中，至认于信”和“支持的力量”等品牌核心价值之外，主要是利用中信银行在世界银行中的排名、亚洲银行大奖、最佳外汇交易银行等殊荣，作为品牌价值的支撑。作品牌推广的时候，广告的展现数（Impression）可能比点击数（Click）更为重要，这对于媒介计划的制订会有用。

2）产品推广。如果作网络营销，不作产品推广可是大错特错。网民在网络上很多时候是在低关心度地浏览，而且对于广告也从来不会主动去关心。因此，网络推广多结合具体的产品或服务，再加上出色的广告创意，才能得到满意的效果。在作产品推广时，点击率是企业追求的指标，显然企业希望用户能够进入企业的网站或者是专题页面进行详细的了解，并进行互动。

3）在线事件营销。2006年世界杯是属于媒体四年一遇的盛会，网络媒体也不例外。各大媒体都拿出最强的内容资源和媒体自身的推广资源来进行报道。中信理财宝卡赞助搜狐世界杯比分竞猜的活动，目的是利用网民和网站对世界杯这一事件的重视与关注，竭力进行推广，取得了良好的效果。

4）在线品牌形象调查。在经历了六个月的网络推广之后，利用网络媒体进行中信银行品牌知名度的在线调查，短时间内，充分利用网络媒体的特性，针对性地取得网民对中信银行的品牌认知的关键属性。虽然在线调查无法取代常规的市场研究，但是在有限的研究范围内，则是非常有效的。

通过在线投票的方式来进行调查，快速获取网民的观点和意见，对于广告主从事多方面的营销活动都有帮助。比如说，可以在线测试产品概念，测试广告创意，进行包装测试，等等。不但能得到比较客观的测试结果，而且可以逐步建立起相应的数据库。这也是网络营销的另一重要特点。

总之，通过本案例可以看出，中信银行2006网络营销推广的过程中，利用网络媒体的特征，进行多角度、多方位的在线整合营销，而且随着网络媒体技术的不断进步，这种精确化的高端市场营销，势必为广告主所青睐并得以迅猛发展。

（资料来源：http：//www. examda. com）

思 考 题

1. 案例中提到中信银行的网络营销应用，请结合案例归纳这些应用的特征。
2. 网络营销的基础是什么？这些基础对营销有哪些推动作用？

参考文献

[1] 冯英健. 网络营销基础与实践 [M]. 北京：清华大学出版社，2002.
[2] 张卫东. 网络营销理论与实务 [M]. 北京：电子工业出版社，2005.
[3] 魏想明. 网络营销 [M]. 北京：机械工业出版社，2005.
[4] 祖强，李宇红，等. 网络营销 [M]. 北京：清华大学出版社，2004.
[5] 符莎莉. 网络营销 [M]. 北京：电子工业出版社，2006.
[6] 丁薇. 网络营销实用教程 [M]. 北京：人民邮电出版社，2005.
[7] 曲学军. 网络营销 [M]. 大连：大连理工大学出版社，2005.
[8] 赵晓鸿. 网络营销技术 [M]. 北京：中国人民大学出版社，2006.
[9] 董惠良. 网络营销 [M]. 北京：高等教育出版社，2001.
[10] 潘维琴. 网络营销 [M]. 北京：机械工业出版社，2005.
[11] 魏修建. 电子商务物流 [M]. 北京：人民邮电出版社，2002.
[12] 李晓红. 网络营销 [M]. 北京：中国财政经济出版社，2004.
[13] 张涛. 网络营销 [M]. 广州：广东高等教育出版社，2006.
[14] 陈月波. 网络营销与案例评析 [M]. 北京：中国财政经济出版社，2008.
[15] 孙宏勤. 市场营销 [M]. 北京：化学工业出版社，2008.
[16] 姜旭平. 网络营销 [M]. 北京：清华大学出版社，2003.
[17] 王立新. 网络营销 [M]. 北京：机械工业出版社，2002.
[18] 李纲，等. 网络营销教程 [M]. 武汉：武汉大学出版社，2005.
[19] 钟强. 网络营销学 [M]. 重庆：重庆大学出版社，2005.